二十一世纪普通高等院校实用规划教材　经济

新编客户管理实务

李伟其　李光明　主编

清华大学出版社
北　京

内 容 简 介

客户管理是经贸管理类各专业的专业基础课，更是金融、保险、旅游、贸易、物流、营销类专业的主要课程，也是目前企事业工作人员必须培养的基本技能。本书以当前经济发展和教育改革为背景，以适应高素质、高技能的应用型人才培养为目标，全面、系统地介绍客户管理知识与实际技能。本书在国内外客户管理研究的理论以及国内外企业客户管理实践的基础上，结合我国经济改革和市场发展的新实践，以及学科新的理论和前沿知识及动向，系统地阐述客户管理的基本内容、工作实务和基本技能。全书共分九章，分别为：客户管理概述、客户的选择与寻找、客户调查与信息管理、客户分类管理、客户信用管理、客户满意管理、客户忠诚管理、客户服务管理、客户关系管理。本书语言生动、案例丰富、内容编排合理，系统性、逻辑性强，形式生动活泼，具有较强的可读性、针对性和实用性。

本书可作为本科院校、高等专科学校、高等职业技术学校、成人高等学校的金融、保险、旅游、服务、市场营销及相关专业的教学用书，也可作为第三产业的企业管理人员、市场营销人员、服务人员的培训教材。

图书在版编目(CIP)数据

新编客户管理实务/李伟其，李光明主编. --北京：清华大学出版社，2016　(2018.7 重印)
(二十一世纪普通高等院校实用规划教材　经济管理系列)
ISBN 978-7-302-43665-2

Ⅰ. ①新…　Ⅱ. ①李…　②李…　Ⅲ. ①企业管理—销售管理—高等学校—教材　Ⅳ. ①F274

中国版本图书馆 CIP 数据核字(2016)第 084699 号

责任编辑：桑任松
封面设计：刘孝琼
版式设计：杨玉兰
责任校对：周剑云
责任印制：杨　艳
出版发行：清华大学出版社
网　　　址：http://www.tup.com.cn, http://www.wqbook.com
地　　　址：北京清华大学学研大厦 A 座　　邮　　编：100084
社 总 机：010-62770175　　　　　　　　邮　　购：010-62786544
投稿与读者服务：010-62776969, c-service@tup.tsinghua.edu.cn
质量反馈：010-62772015, zhiliang@tup.tsinghua.edu.cn
课件下载：http://www.tup.com.cn, 010-62791865
印 装 者：北京密云胶印厂
经　　销：全国新华书店
开　　本：185mm×230mm　　印　张：18.5　　字　数：403 千字
版　　次：2016 年 7 月第 1 版　　　　　印　次：2018 年 7 月第 2 次印刷
定　　价：39.00 元

产品编号：067462-01

前　　言

在互联网时代和全球化的今天，随着市场经济的发展，客户与客户管理的重要性越来越显著。因为市场是由客户构成的，所以没有客户就没有市场，也就没有企业生存的基础。企业只有满足客户的需求，科学有效地管理好客户，才能得以生存与发展壮大。因此，客户管理在企业经营和发展中所发挥的作用和带来的效益越来越明显，也越来越得到企业的高度重视。管理客户的目的就是要培养能够给企业带来价值的好客户。

在经济活动中，客户与企业是交易的对手，各自要维护与争取自己的利益，但同时又是合作的伙伴，需要互相理解沟通才能完成各自的目标。现在的企业都认识到客户有其双重性：客户管理得好，客户就会忠诚于企业，并为企业做贡献；客户管理得不好，则会给企业造成损失。客户是企业的合作伙伴，主客双方都应把对方看作"利益来源"。

服务业与互联网的发展，促使客户管理在理论与实践上突飞猛进。尤其在贸易、金融、保险、医疗、娱乐、旅游、物流及新兴发展的"互联网+"产业中，为了确保能够有更多、更好的客户，企业必须对客户进行科学有效的管理。由此，工作在营销第一线的业务人员、服务行业的客户经理，以及那些正在学校学习的、将来可能会从事营销、电子商务、客户服务等工作的学生，都迫切需要或必须具备客户管理的实际知识和技能。客户哪些方面需要管理？怎样才能有效管理？客户管理的实际操作有哪些方面？在本书中你将可以得到满意的答案。本书遵循理论联系实际的原则，每章都配有学习目标、项目任务、开篇引例、思考与练习、案例分析等特色栏目，避免了以往高校课程教学偏重理论，导致学生实践能力较差、不能迅速适应社会和工作岗位要求的不足，突出了实用性和技能性。

本书的"新"表现在三个方面：一是内容新，书中总结了最近一些企业培训的经验，吸收了最新的教学科研成果，特别是增添了最新的案例；二是角度新，书中对客户管理的内容、方法、技巧以及对实务技能进行了全面、系统、深入的阐述，与一般有关客户管理的教材不同，突出应用型，以培养学生的实践能力和解决实际问题的能力；三是方法新，每章都有配套的实训项目，教学时既可循序渐进，依次讲授，也可突出重点，按实训项目安排教学内容。全书共九章，分为客户管理概述、客户的选择与寻找、客户调查与信息管理、客户分类管理、客户信用管理、客户满意管理、客户忠诚管理、客户服务管理、客户关系管理。

本书可作为本科院校、高职高专院校市场营销、工商管理、广告、经济管理、电子商务、网络经济、物流管理、国际贸易、旅游、金融保险等专业的教材，也可供广大正在或志在从事营销及相关活动的人士阅读，或作为企业的培训教材。

本书由桂林航天工业学院教师李伟其编写第一、二、三、五、六、九章，并进行统稿；由李光明编写第四、七、八章。

在本书的编写过程中，编者参阅了国内外许多客户管理方面的相关教材、文献、资料，并从公开发表的书籍、报刊和网站上选用了一定的精品课程课件、案例和资料，在此特向有关单位和个人表示感谢。

本书尚有不妥之处，敬请有识之士批评匡正。

编　者

目　　录

第一章　客户管理概述 1

第一节　客户的概念 2
第二节　客户的种类 4
　　一、从销售的角度划分 4
　　二、按客户的性质划分 5
　　三、从企业利益的角度划分 5
　　四、从企业系统的角度划分 7
　　五、按客户在渠道中的作用划分 8
　　六、按客户交易的现状划分 9
第三节　客户与供方之间的关系特点 10
第四节　客户生命周期 11
第五节　客户管理的内容与任务 13
　　一、客户管理的含义 13
　　二、客户管理的基本内容 14
　　三、客户管理的任务 16
　　四、客户管理的流程 17
第六节　客户管理的发展与创新 18
　　一、客户管理发展的主要因素 18
　　二、客户管理的创新 21
本章小结 21
思考与练习 22
实训项目题 22
案例分析 23

第二章　客户的选择与寻找 24

第一节　客户的选择 24
　　一、客户选择的影响因素 25
　　二、客户选择战略 25
　　三、一般客户选择的要点 27
　　四、经销商客户选择的要点 29
　　五、经销商客户选择的方法 33

第二节　客户识别 34
　　一、客户群体的识别 35
　　二、识别客户特性的"6C"分析法 35
　　三、客户的初步评价 37
　　四、识别最佳客户的流程及方法 38
第三节　潜在客户的寻找 38
　　一、潜在客户及分类 38
　　二、分析、测量潜在客户的流程 39
　　三、寻找潜在客户的途径、步骤和方法 40
　　四、通过参加会展吸引和寻找潜在客户 43
第四节　潜在客户的转化 46
　　一、促使潜在客户转化的要点 46
　　二、渠道机构在促进潜在客户转化中的作用 50
　　三、对潜在客户中的中间商开展促销活动 50
本章小结 51
思考与练习 51
实训项目题 51
案例分析 52

第三章　客户调查与信息管理 53

第一节　客户调查的内容 53
　　一、市场调查与客户调查 53
　　二、客户调查的基本内容 54
　　三、企业客户经营情况调查 56
　　四、客户调查资料的来源 58
第二节　客户调查的步骤 62
　　一、确定调查主题 62

二、设计调查方案...............64
三、展开实际调查活动...........68
第三节　客户调查的方法...........69
一、观察调查法.................69
二、询问调查法.................71
三、实验调查法.................72
四、焦点人群法和德尔菲法.......73
第四节　客户调查的误区...........77
第五节　客户信息的管理...........78
一、建立客户资料卡.............78
二、设计客户数据库.............81
三、完善互动式客户数据库.......82
本章小结.........................83
思考与练习.......................84
实训项目题.......................84
案例分析.........................85

第四章　客户分类管理.............86
第一节　客户构成分析.............87
一、客户一般构成分析...........87
二、各种基本比率分析...........88
第二节　客户管理分类.............89
第三节　客户 ABC 分类管理方法....93
一、ABC 分类的步骤与标准.......94
二、ABC 管理方法...............96
第四节　大客户管理..............100
一、大客户的含义..............100
二、大客户管理工作的复杂性....101
三、大客户的识别..............102
四、大客户发展坐标分析........103
五、大客户管理的解决方案......104
六、大客户经理的责任和评估....106
七、培养大客户的忠诚度........107
第五节　建立客户资源管理系统....107
一、建立客户信息系统..........108

二、构建销售服务支持平台......108
第六节　客户赢利能力分析与管理..109
一、客户赢利能力分析..........110
二、提高客户为企业赢利的能力..112
本章小结........................116
思考与练习......................116
实训项目题......................117
案例分析........................117

第五章　客户信用管理............121
第一节　客户信用管理目标........121
一、信用的含义................122
二、信用管理目标..............122
第二节　客户信用调查与评价......123
一、客户信用调查..............123
二、客户信用评价..............127
第三节　信用管理................130
一、制定信用标准..............130
二、确定信用额度..............133
三、合同管理..................135
第四节　追账实务................136
一、追账的一般方法............136
二、追账技巧..................141
本章小结........................144
思考与练习......................144
实训项目题......................145
案例分析........................145

第六章　客户满意管理............149
第一节　客户满意的理念..........149
一、客户满意的概念............149
二、客户满意的含义与意义......151
三、客户满意的层次............151
第二节　客户满意度..............153
一、影响客户满意度的因素......155

二、客户的隐含期望 158

第三节　客户满意度测试与分析 159

一、客户满意度指标 159

二、客户满意度的测试对象 160

三、客户满意度的测试内容 161

四、客户满意度的测试方法 162

第四节　产品满意管理 163

一、了解客户需求 163

二、适应客户需求 164

三、提供满意产品 165

第五节　服务满意管理 166

一、服务是产品功能的延长 167

二、实施服务满意的方法 167

第六节　客户不满意管理 169

一、正视客户不满 169

二、洞察客户不满 170

三、安抚客户不满 170

四、辨别客户不满 171

五、妥善处理客户不满 172

六、"不满意"危机公关 173

第七节　客户投诉管理 174

一、客户投诉的意义 175

二、客户投诉的范围 175

三、客户投诉处理程序 176

四、建立投诉管理体制 177

五、投诉处理的一般方式 178

六、投诉处理的正确措施 179

本章小结 182

思考与练习 182

实训项目题 182

案例分析 182

第七章　客户忠诚管理 184

第一节　客户忠诚的含义及意义 185

一、客户忠诚的含义 185

二、客户忠诚的意义 185

第二节　客户忠诚的分类 186

一、客户忠诚的类型 187

二、客户满意度与忠诚度 188

三、客户忠诚度的测量 189

第三节　客户忠诚价值及管理实施 190

一、客户忠诚的价值 191

二、客户忠诚管理实施 192

第四节　培养忠诚客户 193

一、培养客户忠诚的策略 193

二、培养客户忠诚的方法 194

第五节　客户流失管理 196

一、客户流失原因分析 196

二、客户流失的主要管理措施 197

第六节　中间商客户的忠诚管理 202

一、激励中间商客户 202

二、窜货管理 206

第七节　网络客户的忠诚管理 210

一、网络客户的忠诚效益 211

二、诚信是网络客户忠诚的基础 211

三、网络客户的忠诚特点 212

四、建立网络客户的忠诚 212

本章小结 213

思考与练习 214

实训项目题 214

案例分析 215

第八章　客户服务管理 216

第一节　客户服务概述 217

一、客户服务的含义 217

二、客户服务的特征 218

三、客户服务的目标 219

四、客户服务的类型 220

第二节　客户服务管理理念 222

一、客户服务的现实发展 222

V

二、客户服务的重要性......................223
三、客户服务管理理念与原则.........224
第三节　客户服务的标准..................226
一、客户服务标准的作用............226
二、客户服务标准的内容............227
三、制定客户服务标准................231
四、实施客户服务标准................236
第四节　组建客户服务团队..............236
一、设计客户服务岗位................237
二、客户服务人员的素质要求.....238
三、客户服务人员的选拔............239
四、客户服务人员的培训.............240
五、选拔客户服务团队的领导者.....242
第五节　提高客户服务水平的策略
　　　　与方法..................243
一、加强沟通的策略................243
二、留住客户的策略................245
三、网络客户服务的策略.........246
四、提高服务质量的方法.........249
本章小结..................................251
思考与练习.............................252
实训项目题.............................252
案例分析.................................253

第九章　客户关系管理............256

第一节　关系与客户关系..................257
一、关系与客户关系的概念............257
二、客户关系的类型.................258
三、企业选择客户关系类型的
　　考量.................................259

第二节　客户关系管理理念......................261
一、客户关系管理的含义.........261
二、客户关系管理的作用.................263
三、CRM 组织系统.........................265
第三节　客户关系管理的内容与方法......267
一、客户关系管理的主要内容.........267
二、客户关系管理的基本方法.........269
第四节　客户关系管理系统的构建
　　　　与实施..................271
一、客户关系管理系统的构建
　　基础.................................271
二、客户关系管理系统的模型
　　设计.................................273
三、客户关系管理系统的实施
　　步骤.................................275
四、中小企业实施客户关系管理的
　　途径.................................276
第五节　客户关系管理平台的建立......277
一、客户数据库.........................277
二、呼叫中心............................278
第六节　客户伙伴关系的建设......279
一、建立客户伙伴关系.........279
二、改善客户伙伴关系.........280
三、发展客户伙伴关系.........281
本章小结..................................282
思考与练习.............................282
实训项目题.............................283
案例分析.................................283

参考文献..................................287

第一章　客户管理概述

【学习目标】

通过本章的学习，要求理解客户与客户管理的基本概念，了解客户生命周期的理念，掌握客户分类的方法，掌握客户管理的任务与内容。

本章关键词：客户；客户管理；供方；客户种类；客户生命周期

本章项目任务：1. 如何划分客户；2. 怎样判断客户所处的生命周期阶段

【开篇引例】销售保险的不同结果

两个保险公司的业务员到一所小学去推销保险。一个公司的主管带领 3 个助手到学校的门口摆摊，一天下来，卖了 20 多份保险，感觉很不错。另一个公司的业务员则找到学校管后勤的校领导和校医，在他们的帮助下召集了一次全校的班主任会议，宣传了保险的作用，并许诺了一定的奖励，结果第二天就通过班主任签订了 800 多份合同，其中 80%是学生合同。从这两个业务员的不同做法，我们就可以领会到客户管理的理念。

(资料来源：李光明. 客户管理讲义. 2015)

什么是客户管理？我们用一个例子来做说明。有一个养鸭专业户，他的鸭蛋又大又香，产量也高，很有名气，叫"汤鸭蛋"。同村的人养的鸭子都不如他的鸭子。问他有何诀窍，他说其实很简单，就是对不同的鸭子进行分群饲养，如生蛋的与不生蛋的分开，老鸭与新鸭分开，公鸭与母鸭合理搭配。由这个例子可见，如果管理得当，鸭子就会产生良好的价值；然而如果管理不善，鸭子就会失去自身的价值，甚至造成亏损(消耗粮食不生蛋)。同样的道理，企业的客户就好比能生蛋的鸭子，如果企业对客户管理有方，客户就会热情、积极地配合企业的各项政策或活动，并产生价值，就像"汤鸭蛋"的鸭子一样；而如果管理不善，客户就不能产生效益甚至会带来风险。客户管理的目的就是要培养能够给企业多"产蛋"(产生价值)的好客户。

目前，许多企业尤其是一些民营企业仍主观认为，拥有高质量的产品或服务，就能够吸引大量的客户群体，所谓"酒香不怕巷子深""皇帝女儿不愁嫁"，只要有了好的鱼饵，就不愁抓不到大鱼。然而，这种好事越来越少。客户的需求变得越来越挑剔，他们不仅要求企业拥有高质量的产品和服务，而且要求企业拥有敏捷的反应能力，能够全面满足他们的需求。企业中存在着许多问题，如员工服务客户的意识淡薄、企业管理观念落后、客户忠诚度低、应收账款无法收回、客户投诉解决缓慢、不能提供客户所需的产品，等等，其根本原因都在于企业不能与时俱进地贯彻实施客户管理战略。

在学术界，关于客户管理的讨论越来越多。科特勒认为，客户观念是营销哲学发展的新阶段，现代营销必须以客户的具体需求为中心。营销专家詹姆斯·穆尔说："现代企业的命运掌握在客户手中，客户是企业利润的最终决定者。"的确如此，越来越多的营销实践证明，企业成功的关键在于重视客户的需求，提供满足客户需求的产品和服务，有效地管理客户，并确保客户获得较高的满意度，以增加其重复购买的可能性，从而通过维持长期的客户关系来营造一种最新、最前沿的竞争优势。企业界尤其是服务行业将客户管理作为营造企业差别化竞争优势的一条重要途径。而一些大的国际软件服务商，如 IBM、SAS、SAP 等开始将客户关系管理方案软件作为本企业的一项主要业务，希望能够在客户管理的浪潮中占领新的阵地。

所有的迹象表明，客户管理已经成为现代企业管理中最有效、最先进的方法与策略，客户管理已成为企业营销管理的主要内容之一。客户管理的指导思想就是对客户进行系统化的研究，以改进对客户的服务水平，提高客户的忠诚度，并由此为企业带来更多的利润。客户管理主要以现有市场为出发点，把营销重点放在现有客户身上，满足客户的要求，培养忠诚的客户群，从而达到低营销成本、高营销效率的目的，同时在此基础上扩展市场，开发新客户，最终实现客户价值和企业利益的最大化。

第一节　客户的概念

什么是客户？如何理解客户？这是学习客户管理相关知识时必须首先理清的问题。

客户是企业的利润之源，是企业的发展动力，很多企业将"客户是我们的衣食父母"作为企业客户管理的理念。那么到底什么是客户呢？不少人将顾客与客户混为一谈，尽管顾客与客户都是购买和消费企业产品的人或者组织，但顾客(Customer)和客户(Client)的概念是有区别的。

在现代营销管理的观念中，顾客可以由任何人或机构来提供服务，而客户则主要由专门的人员来提供服务。因为客户是针对特定的某一类人或者某一个细分市场而言的。客户的需求是具体的、个性化的，例如银行的贷款客户、医生的病人、不同的保险客户。因此需要专门的人员与资源来满足客户的需求，这是与一般的"顾客"不一样的。当然，也可以说客户是顾客的一部分。

因此，可以这样定义：客户是接受企业产品或服务，并由企业掌握其有关信息资料，主要由专门的人员来提供服务的组织和个人。客户的含义可从以下几个方面来理解。

1. 客户不一定是产品或服务的最终接受者或用户

处于供应链下游的企业或个人是上游企业的客户，他们可以是批发商、零售商或中介商，而最终的接受者可能是消费产品和服务的人或机构。只有当他们消费这些产品和服务时，他们才是用户。

2. 客户一般由企业专门提供服务

如前所述，客户不同于一般顾客，他们有具体的个性化的需求，因而由企业专门提供产品与服务。

3. 客户也在企业内部

人们习惯于为企业之外的客户服务，而把企业内上、下流程的工作人员和供应链中的上、下游企业看作是同事或合作伙伴，而淡化了服务意识，造成服务的内外脱节和不能落实。客户管理中的客户，其内涵已经扩大化，在关系营销中甚至将公司内部上流程与下流程的工作人员都称为客户。

4. 客户一定在企业存有相应的信息资料

企业，尤其是许多服务行业的企业会将客户的信息资料建成数据库，以提供能够满足客户需求和有利于发展业务的服务，而一般意义上的顾客则大多不会在企业内保存相应的资料。

5. 客户是所有接受产品或服务的组织和个人的统称

在现代客户观念指导下，个体的顾客和组织的团体都统称为客户，因为无论是个体或是组织都是接受企业产品或服务的对象，而且从最终的结果来看，"客户"的下游还是客户。因此，客户是相对于产品或服务提供者而言的，他们是所有接受产品或服务的组织和个人的统称。

6. 顾客与客户的共性和区别

顾客与客户的共性：都是购买或享受产品(服务)的组织和个人。顾客与客户的区别：①稳定性。客户比顾客购买的稳定性要大得多。②主动性。在交易过程中，一般情况下，顾客比客户主动。③交易的次数。大多数顾客是一次性交易，而客户是多次购买。④交易量。一般情况下，客户购买的数量多于顾客。⑤时间性。客户与企业之间比顾客与企业之间有更长期的业务关系。⑥产品或服务的提供。顾客可由任何人或机构提供产品或服务，而客户主要由专门人员提供产品或服务。⑦信息资料。企业内一般会保存客户的信息资料，而不会保存顾客的资料。两者最大的区别就在于，顾客只是"没有名字的一张脸"，而客户的资料却很详尽地保存在企业的信息库之中。从这一意义上来讲，客户与企业之间的关系比一般意义上的顾客更为亲密。

对于不同行业、不同企业的客户可以有不同的理解。例如，制造业与服务业的客户是不同的，前者侧重于中间商或企业组织，而后者则侧重于个人；而同样是服务业，旅游业的客户与保险业的客户也是不同的。客户对于企业的共同属性是：客户是与其利益既冲突又统一的"上帝"；客户是渠道、变现的手段、增值的工具(企业、品牌的传播者和塑造者)；客户是双赢意义下一起成长的伙伴。简单地讲，所谓客户，就是帮助企业销售产品、为企业挣钱的人。客户是企业销售体系的重要组成部分，是企业的重要资产之一。

第二节 客户的种类

客户的种类可因划分的角度不同而有所不同。

一、从销售的角度划分

销售产品或服务要满足客户的不同需求，且客户的购买行为受到经济、价值观、文化、环境等方面的影响。从销售的角度划分，客户可以分为以下四类。

1. 经济型客户

经济型客户希望投入较少的时间和金钱，以获得最大的价值。因此他们往往只关心价格，可能这次在这个商店购买该产品，因为它便宜；下一次又会在另一个商店购买其他品牌的产品，因为促销价更便宜，他们是"便宜"的忠诚客户。由于他们只购买便宜商品，所以销售给他们的商品利润要比其他客户的低，但是，因为他们是客户，企业对他们的服务一点都不能少。

2. 道德型客户

道德型客户具有较好的道德意识，要求购买双方都应遵守社会道德与法规，例如购买正版而不购买盗版图书与光碟的人。道德型客户觉得在道义上有义务光顾社会责任感强的企业，那些在社区服务方面具有良好声誉的企业可以拥有这类忠实的客户。

3. 个性化客户

客户的需求是各自不同的，例如不同的病人需要看不同的医生，银行贷款给不同的客户，客户购买不同的保险等，他们的购买行为、关系等具有个性。通常个性化客户需要人际间的满足感，诸如认可和交谈。因此，特别需要加强沟通与服务。

4. 方便型客户

方便型客户一般对购买的商品与服务比较随意或不太讲究，方便是吸引他们的重要因素。方便型客户常常愿意为个性化的服务额外付费，如提供送货上门服务的超市常常更吸引他们。

二、按客户的性质划分

按客户的性质即购买差别划分客户类型是最主要和应用最广泛的划分方法。根据该方法，可以将客户划分为以下三种类型。

1. 零售个人客户

零售个人客户即零售客户或消费者，是指购买产品与服务用于最终消费的个人或家庭。

2. 商业客户

商业客户即中间商或零售商，是指将购买的企业产品或服务出售给另外的客户，或附加在自己的产品上一起出售给另外的客户，以获得赢利的客户。

3. 组织客户

组织客户也叫组织市场。组织客户可以划分为政府机构(以国家采购为主)、特殊公司(如与本公司有特殊业务往来的公司)、生产制造商、非营利组织等。

例如，某粮油公司的客户类型分布如表1-1所示。

表1-1 某粮油公司的客户类型分布

业态分类	客户类型
学校食堂	事业单位
超市	零售商
便利店	零售商
食品加工厂	生产商
公司专卖店	公司直销，个人客户
批发中心	批发商
军队	政府机构

三、从企业利益的角度划分

从企业自身的利益出发，企业不需要与所有的客户都建立关系，应当要弄清楚以下几个问题：企业的客户是否给企业带来利益？能给企业带来利益的客户有多少？如何分配企业的资源？

1. 为企业带来不同利益的客户

凡是那些能为企业带来销售量、同时能给企业带来赢利的客户都是客户管理的首要目标，不要把任何有价值的客户留给竞争对手。对于在不同的角度和不同的生命周期能给企业带来不同的利益并且成为企业利润来源的客户，对其进行分类管理非常重要。下面就是一个典型的例证。

【案例1-1】王雷的客户划分

王雷是某公司的业务员。业务部每月都要开 3 次工作会议，汇报自己的工作情况。王雷第一次参加上旬工作会，主任要求每位业务员按照客户的发货情况进行汇报，王雷就对自己客户的交易额进行了统计分析。到了中旬，第二次会议召开，除了上次的要求以外，主任又要求对客户交易的品种和花费的营销费用特别是广告、促销、人员、返利的费用进行统计分析。月底的总结会上，主任又特别增加了一项指标，要求按照客户的货款回收情况和应收账款情况对客户进行统计分析。王雷只好根据不同的数据对自己的客户进行统计分析。

后来，王雷向主任请教："听说肯德基是按回头率来划分消费者的，我们为什么搞这么复杂，要按照几种不同的标准来划分客户呢？"

主任笑笑说："肯德基有它的情况，所以有它自己划分客户的方法。我们是生产企业，靠销售产品，而且客户基本都是中间商。月初的会议主要检查销售情况，客户的购买对我们完成任务很重要，可以看出客户的市场价值。中旬要检查品种与费用的情况，要控制销售成本，重点是看哪些客户具有较好的效益价值。下旬要对客户进行总体考核，但信用与风险的控制是第一位的，同时回款率也关系到我们的业绩。因此，对客户应当有不同的分析指标，因为他们在不同的时段、不同的角度、不同的方面给我们带来不同的价值。肯德基的策略不也是如此吗？"王雷听后，心服口服。

(资料来源：李光明. 客户管理讲义. 2015)

2. 好客户和差客户

好客户是指喜欢企业的产品或服务，使企业有生意可做并给企业带来利润的那些客户，他们往往是企业的长期客户。好的客户会这样做：①认为企业的产品有价值并愿意购买；②通过向企业提出新的要求，可以帮助企业提高技术或技能、扩大知识面，使企业充分、合理地利用资源；③与企业合作走向战略发展一致的新方向。

差客户是指虽然购买企业的产品或服务，但却使企业无利可图甚至亏损或给企业带来麻烦的那些客户。他们会这样做：①要求企业为他们做那些做不好或做不了的事情；②分散企业的注意力，使企业改变方向，与企业的战略和计划脱离；③只购买企业很少一部分产品，使企业消耗的成本远远超过他们可能带来的收入；④要求很多的服务和特别的关注，以至于企业无法把精力放在更有价值且有利可图的客户上；⑤尽管企业已经尽了最大努力，但他们还是不满意。

3. 影响企业收益与风险的不同客户

一些客户虽然能给企业带来利益，但同时却隐藏着巨大的风险。有不少客户对企业的作用不大，甚至有时还会给企业制造麻烦。比如，他们的财务状况十分糟糕，不能及时付款，会给企业带来巨大风险，就像美国"次贷危机"中的"次级客户"。如果企业没有这些客户，企业的处境可能会更好一些。因此，需要从收益与风险的角度分析不同的客户。

(1) 交易量小而对企业不忠诚的客户。这些客户是没有价值的客户。企业对待此类客户的对策就是该出手时就出手，该淘汰的就淘汰。

(2) 交易量大但对企业不忠诚的客户。这些客户常常会成为企业最危险的敌人。此类客户"挟市场"或"挟货款以令厂家"，他们以自己的销售额为资本向厂家讲条件、提要求，厂家若不能满足他们的愿望，他们就还厂家以"颜色"——窜货、降价倾销、扰乱市场或长期拖欠企业货款，给企业造成很大的损失。如果在企业所拥有的客户中，这些客户占有较大的比重，那么企业的销售和市场就很危险了。

(3) 交易量小但对企业忠诚的客户。这是可以培养的明日之星。对此类客户，企业要多扶持、培养，努力使其成为一个好客户。

(4) 交易量大且对企业也忠诚的客户。这是企业最宝贵的财富。一个企业拥有的这类客户越多，市场就越稳定、越有发展潜力。

四、从企业系统的角度划分

若把企业看作一个市场环境中的小系统，则其客户可以分为内部客户与外部客户。

1. 内部客户

在一个组织中，人与人之间、部门与部门之间、过程与过程之间往往会形成一种供方与客户的关系。提供产品(服务)者就是供方，接受产品(服务)者就是客户，因此内部客户通常是指企业(或联盟公司)内部的个人或业务部门，他们需要企业内部之间提供产品或服务以实现其工作目标。这通常是最容易被企业忽略的一类客户，同时又是最具长期获得性的(潜在的)客户。

内部客户是极其重要的客户，对于企业管理体系来说，只有每一个环节保证上一个环节不出错，一个过程连接一个过程不出问题，才能使其有效地运转，也才能保证企业的最终产品或服务的质量，从而使外部客户满意。

2. 外部客户

外部客户就是指企业组织之外的交易组织或个人。在一般情况下，客户满意就是指外部客户满意。客户满意的管理战略，其立足点也是针对外部客户的。

五、按客户在渠道中的作用划分

客户按其在流通渠道中的作用可划分为中间客户与最终客户。

1. 中间客户

所谓中间客户，是指处于产品或服务流通链中间的客户。在现代市场营销中，产品往往采取分销模式，要经过相当多的流通环节才能到达最终使用者的手中。例如，按一般商品的流通形式分，客户可以分为生产商、批发商(往往有多级批发商)、零售商和使用者。由此：①产品流通过程中存在着相当多的中间环节；②任何一个中间环节既是前一个环节的客户，又是下一个环节的供方；③对生产者来说，既不能忽视中间客户，更不能忽视最终客户；④所有的中间客户一旦作为供方，都应当把客户满意，特别是最终客户的满意作为自己作业的出发点，而不应将此任务全部推给生产商。

2. 最终客户

所谓最终客户，是指产品或服务的最终使用者。作为产品或服务使用者的最终客户对产品或服务的质量最有发言权，他们的判定、取舍和选择最具有权威性。一旦失去了他们的满意，不论内部客户和中间客户的满意程度如何高，都是没有意义的。

在一般情况下，所谓的客户满意，本质上就是指最终客户的满意。

最终客户可能有以下两种情况。

(1) 购买者与使用者不是同一个组织或个人。例如玩具，其购买者可能是父母，而使用者可能是孩子。在这种情况下，双方都是最终客户。如果购买者不满意，今后就可能不再购买；如果使用者不满意，就会将不满意转达给购买者，从而影响购买者的下次购买决策。

(2) 使用者可能包括两个或两个以上的组织或个人。例如汽车，驾驶员是当然的使用者，乘客也是使用者。在设计和生产汽车时，既要考虑驾驶员这一直接客户是否满意，又要考虑乘客这一间接客户是否满意。如果不考虑乘客的满意与否，也会导致直接客户的拒绝购买行为。

六、按客户交易的现状划分

企业按其与客户交易的现状，可将客户划分为现实客户与潜在客户。另外，还可按交易过程、交易时间序列等对客户进行划分。

1. 现实客户

现实客户是指已经成为客户的组织或个人。现实客户包括两类：一类是正在成为客户的组织或个人，如正在购买本组织提供的某种产品(服务)的人；另一类是已经接受过本组织提供的某种产品(服务)的人。一般说，具备了金钱(Money)，权力(Authority)和需要(Need)这三个要素的人才能成为现实的客户。

2. 潜在客户

潜在客户是指尚未成为但可能成为客户的组织或个人，也就是上述三个要素不完全具备的可能购买者。潜在客户是企业争取的对象，是客户管理关注的重点之一。一般情况下，客户满意程度的监视与测量对象不包括潜在客户，但并不是说对潜在客户就可以不闻不问。相反，及时调查、分析、研究和把握潜在客户的需求，是组织应该经常开展的必不可少的活动。不断把潜在客户变为现实客户，正是组织兴旺发达的标志。潜在客户包括以下三个层面。

(1) 对某个地区来说，该地区可能是潜在的销售市场，该地区的组织或个人则成为潜在客户。

(2) 对某个阶层(如以收入划分的阶层、以城乡划分的阶层等)来说，该阶层的组织或个人则成为潜在客户(目标群体)。

(3) 对某个组织或个人来说，可能是本组织的潜在客户。

具体的，应按照对产品是否有需要、有决策权、有购买力这三个要素确定潜在客户。

3. 划分客户的其他状况

(1) 按交易过程来分，客户可分为曾经有过交易业务的客户、正在进行交易的客户和即将进行交易的客户。

(2) 按交易时间序列来分，客户可分为老客户、新客户。

(3) 按交易数量和市场地位来分，客户可分为大客户、一般客户和零散客户。

按照不同方式划分出的不同类型的客户，其需求特点、需求方式、需求量等方面均不同，因此，对其管理也要采取"因人而异"的办法。

第三节　客户与供方之间的关系特点

供方是指提供产品或服务的组织或个人，例如制造商、批发商、零售商、服务或信息的提供者都可以是供方。而客户是与供方密切相关的。客户是接受产品或服务的组织或个人，例如消费者、委托人、最终使用者、零售商、受益者和采购方等都是客户。显然，没有供方就没有客户；反之，没有客户，供方也就难以存在。客户与供方的关系特点如下。

1. 供方以客户存在为生存条件

没有客户，供方就无法生存。因为客户构成消费或购买的市场，假如没有买方，卖方就失去了存在的条件。

2. 客户以供方存在为前提条件

没有供方，客户本身也无法存在。严格地说，客户是供方的客户，没有了卖方，客户也就无从谈起。因此，客户与供方是相互依存的。

3. 客户与供方是相对的

作为某项产品的接受者，甲组织或个人是乙组织或个人的客户；而作为另一项产品的提供者，甲组织或个人又可能是丙组织或个人，甚至可能是乙组织或个人的供方。供方与客户是相对的，一个组织或个人既可能是供方，也可能是另一供方(或分供方)的客户。在现代社会中，几乎每一个组织或个人都既是供方又是客户。要确定一个组织或个人是供方还是客户，需要先确定具体的环境和具体的产品。

4. 客户对供方具有决定性

客户不是简单的接受者。在接受之前，客户对供方有要求(不论是明确的还是隐含的)；在接受之时，客户有权拒绝接受；在接受之后，客户还有权向供方反馈自己的意见(不论是直接反馈还是间接反馈)。也即是说，客户对供方是否反馈信息及反馈怎样的信息是有决定权的。

5. 供方往往是一种组织

个体的供方在竞争中没有优势，所以供方往往形成组织，有自己的管理者，更有自己的管理体系。在一般情况下，供方组织被视为客供双方矛盾的主要方面。

6. 客户往往是消费者

一般情况下，客户是指消费者，而消费者(包括政府机关的服务对象)一般都是个人(当然也有组织机构)。个人相对于组织来说往往处于弱势，因而国家有保护消费者合法权益的法律。也就是说，在客户一方的背后有法律的支持。在欧美发达国家，消费者因自己的权益受到损害告到法院而胜诉，往往可以获得巨额赔偿。

7. 针对一个供方，其客户往往多于一个

绝大部分的供方组织，其客户都不止一个。虽然供方可以用组织的力量来对付某一个客户，但一旦若干个客户联合起来，统一反对(投诉)供方，供方就会受到巨大的外在压力。

8. 针对一个客户，其供方往往也多于一个

这里的"多于一个"，既是指各种产品的供方，又是指某一种产品的供方。客户可以在若干个供方中选择。而对若干个供方来说，就存在着竞争的问题。

9. 客户与供方的关系是变化的

就某一种产品或服务而言，客户与供方的关系并不是固定不变的。今日双方存在供需关系，明日双方的供需关系就可能解除，甚至可能反过来，客户成为供方，而供方成为客户。尤其是在电商时代，B2B、C2C 的双方在电商平台上都是可以互变的。

10. 客户与供方的关系不均等

在买方市场条件下，供方需要客户，希望客户越多、越稳固越好；而客户却可能是"三心二意"的，掌握着选择权。要使客户选择自己，供方就应使客户满意，用优质的产品和超前的服务去吸引和巩固客户。但在卖方市场条件下，就是供方掌握主动权了。

第四节　客户生命周期

客户生命周期是指一个客户在购买产品或服务时与企业产生关系的过程，强调的是客户从有潜在需求、产生意向、真正购买到结束购买的发展过程。客户的生命周期是非常重要的，因为它直接影响到客户对一个公司的长期价值。客户生命周期可分为如下四个时期：开发期、成长期、成熟期、完成期，如图 1-1 所示。相应地，客户的情况也分为四种类型。

(1) 潜在客户，即目前还没有成为企业客户，但完全有可能成为现实客户的目标客户。一般来说，潜在客户是具备了有需求、有购买力、有购买决定权三个条件中一个及以上的组织或个人。

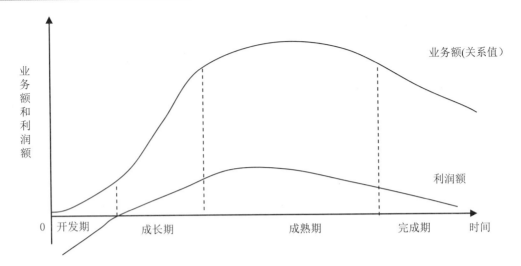

图 1-1　客户生命周期曲线图

(2) 有意客户，是积极询问的人群或者已经登记在册准备购买的目标客户。

(3) 现实客户，是正在使用产品和服务的人。首次成为现实客户的是新客户，是进入开发期的客户，这些客户的早期消费行为，对预测其将来的消费行为极有帮助。新客户随后会进入成长期和成熟期。

(4) 历史客户，是那些不管自愿还是非自愿，不再使用公司产品和服务的人。历史客户是进入完成期的客户群体。

观察客户的生命周期可以发现，开始的时候，没有成为客户的人对公司产品和服务很有兴趣(因为他们是公司锁定的目标市场)，经过一段时间以后，他们成为真正的客户。这些客户最初的购买行为非常重要。随着时间的推移，客户可能会变得越来越有价值，也有可能越来越没有价值。最终，他们可能不再是公司客户。下面以特定的行业为例，来了解客户生命周期的情况。

通常情况下，伤残保险公司更愿意发展体格比较健康、有低风险的人成为保户。这些人通过填写保险公司的表格以后，就成为有意向者。有意向者必须经核保审定，才能成为公司真正的客户。这样的一个过程对于个人来说常常带有侵犯性，因为他必须进行相应的体检。许多有意向者会由于体检不合格而永远不能成为保险公司真正的保户。

再来看银行信用卡部的情况。他们的目标市场常常定位于需要信用借款且有能力偿还的人。某人只要填写信用卡申请表，就可成为有意向者。当申请表通过审批，申请人就会成为真正的客户，就可以启用他的信用卡。一个真正的客户，丧失客户身份的原因也是多方面的。自愿流失者是指将卡片撕毁或仅仅指那些停止使用信用卡的人；而非自愿流失者是指直至停止付费，直到账号取消，信用卡也接着被取消的客户。

对于处于生命周期不同时期的客户，应该采取不同的策略与措施，方能获得较好的收入与价值。

第五节　客户管理的内容与任务

一、客户管理的含义

由于不同研究者和使用者的出发点和观念不同，客户管理的定义也有所不同。有的人认为客户管理就是指如何管好客户，而有的人认为客户管理就是客户关系管理(CRM)。事实上，对于什么是客户管理，目前在学术界和企业界都还没有一个统一的定义。总结国内外学术界和企业界的多种观点，结合目前客户管理的一些新特点，我们可以对客户管理定义如下：客户管理是指经营者在现代信息技术的基础上收集和分析客户信息，把握客户需求特征和行为偏好，有针对性地为客户提供产品或服务，发展和管理与客户之间的关系，从而培养客户的长期忠诚度，以实现客户价值最大化和企业收益最大化之间的平衡的一种企业经营战略。

这个定义包括以下几种含义。

(1) 客户管理不是一个简单的概念或者方案，它是企业的一种管理理念和经营战略，贯穿于企业每个部门和经营环节，其目的在于理解、预测、管理企业现有的和潜在的客户。

越来越多的经理人员意识到客户管理不仅仅是营销部门和客户服务部门的责任，而且是贯穿整个组织内的、跨越不同职能部门之间的一个根本性经营战略。它涉及企业战略、过程、组织和技术等方面的变革，以使企业更好地围绕客户行为来有效地展开自己的经营。

(2) 客户管理是现代管理思想与科技的结合。信息技术的引入，使得客户信息的积累和共享更为有效，如一些新技术(知识发现技术、数据仓库技术、数据挖掘技术等)有效地促进了数据获取、客户细分和数据挖掘。

(3) CRM 是客户管理的一部分。CRM 始于对客户行为和特性的深入分析，以取得对客户及其偏好、愿望和需求的完整认可，然后应用这些知识去制定营销战略、编制营销计划和开展营销活动。同样，客户管理也必须以与客户之间的互动接触为基础。

(4) 客户管理的目的是实现客户价值最大化和企业收益最大化之间的平衡。事实上，客户价值最大化和企业收益最大化是一对矛盾统一体。坚持以客户为中心、为客户创造价值是任何客户管理战略必须具备的理论基石。而企业是以赢利为中心的组织，追求利润最大化是企业存在和发展的宗旨。客户价值最大化意味着有可能穷尽企业的资源和能力去全面满足所有客户的需求，这样做必然会增加公司的成本，降低公司的利润。但是，为客户创造的价值越多，越可能增强客户的满意度，提高客户的忠诚度，从而挽留住客户，有利于增加客户为企业创造的价值，最终可最大化企业收益。

【案例 1-2】从王永庆卖米看客户的管理价值

王永庆 15 岁小学毕业后，到一家米店做学徒。第二年，他用父亲借来的 200 元钱做本金自己开了一家米店。为了和隔壁那家日本米店竞争，王永庆颇费了一番心思。

当时大米加工技术比较落后，出售的大米里混杂着米糠、沙粒、小石头等，买卖双方都是见怪不怪。王永庆则多了一个心眼，每次卖米前都把米中的杂物拣干净，这一额外的服务深受顾客欢迎。

王永庆卖米多是送米上门，他在一个本子上详细记录了顾客家有多少人、一个月吃多少米、何时发薪等。算算顾客的米该吃完了，就送米上门；等到顾客发薪的日子，再上门收取米款。

他给顾客送米时，并非送到就算。如果米缸里还有米，他就将旧米倒出来，将米缸刷干净，然后将新米倒进去，再将旧米放在上层。这样，米就不至于因陈放过久而变质。他的举动令不少顾客深受感动，于是专买他的米。这样，他的生意越来越好。

从这家米店起步，王永庆最终成为台湾工业界的"龙头老大"。后来，他谈到开米店的经历时，不无感慨地说："虽然当时谈不上什么管理知识，但是为了服务顾客、做好生意，就认为有必要掌握顾客需要。没有想到，由此追求实际需要的一点小小构想，竟能作为起步的基础，逐渐扩充演变成为事业管理的逻辑。"

(资料来源：http://club.1688.com，2015-01-04，有删改)

二、客户管理的基本内容

客户管理的基本过程是对客户信息进行分析处理并做出决策的过程。因此客户管理最主要的内容包括以下三部分。

1. 营销过程管理

在现代客户管理中，营销过程管理是非常重要的部分，营销过程决定着营销结果。一般来讲，营销过程可分成四个阶段：客户需求收集阶段、营销方案设计阶段、营销实施阶段和信息跟踪阶段。可将跟踪计划与业务计划结合起来进行，把计划分为日程表、周计划和月计划。日程表主要报告当天的事情进展如何；周计划报告客户的状态有没有改变；月计划报告有没有完成计划。日、周、月三个阶段的工作都是可以量化的，根据这些量化的数据可预测下个阶段的工作。强调客户管理在营销管理中注重管"过程"，并不是说就不管"结果"。在客户管理的理念中，最终结果被分割成为阶段性的结果，前一阶段的结果就是下一阶段开始的前提。过程管理主要侧重于客户的开发管理、信息管理与服务管理。

2. 客户状态管理

除了管理过程以外，对客户状态的分析与管理在客户管理中也非常重要，这实际上可以看作是营销过程管理的基础。通过客户状态管理，深入分析和了解处于动态过程中的客户状况，从而清楚不同客户的利润贡献度，使得营销员能够选择应该供应何种产品给何种客户，以便在合适的时间，通过合适的渠道去和客户做交易。状态管理主要侧重于客户的服务管理、满意管理与客户关系管理。

3. 客户成本管理

现代客户管理所创造的全新的商业模式，将彻底改变客户服务机制的作用。只有真正准确地预测客户服务的成本，才能估算出每一元钱的回报。预先知道每一位客户能产生多少业务、可能购买什么以及答复他们的成本是多少，企业便可以根据每个客户所创造赢利的潜能来提供相应水平的服务。成本管理主要侧重于客户的分类管理、信用管理与忠诚管理。

传统的观念认为，"客户就是上帝"，而现代客户管理的理念则认为，"客户并非都是上帝"。统计数据表明，有相当比例的客户是会让企业产生亏损的，如服务费用过高的客户，形成呆账、死账的客户，带来诉讼的客户，等等。在有些企业，其20%的客户带来的收入是平均所花费成本的6倍以上，而另外有20%的客户所花费的成本却是他们所带来收入的3~4倍。

【案例1-3】顾客就是上帝吗？

作为一种营销理念，"顾客就是上帝"的出现应追溯到19世纪中后期的马歇尔·菲尔德百货公司。一般认为，这家公司的创始人马歇尔·菲尔德(Marshall Field)提出了"顾客总是对的"(The customer is always right)这一影响深远的营销理念。同时，马歇尔·菲尔德百货公司还将零售业当时所奉行的顾客自慎(caveat emptor)，即商品一旦出售概不负责的原则，改为无条件退货。该百货公司在商店内设置凳子等便民设施，让那些在购货时犹豫不决的顾客坐一坐，并建立了休息区，供过于疲劳或者兴奋的顾客稍事休息以便有精力继续采购。

在中国，"顾客就是上帝"似乎是一句随处可见的口号，但在这句貌似舶来品的短语中，"上帝"一词其实并没有特别对应的翻译。通常西方并不会用上帝(god)这个词来表示对顾客的尊重，其实应当代之以"顾客优先"(customer first)、"顾客总是对的"(The customer is always right)，或者"顾客就是国王"(The customer is king)等。

2012年的美联航事件是一个很好的例子。一对中国夫妇带着女儿从美国返沪，一位50多岁的空姐上前调整了一下他们行李的摆放。他们认为空姐无权这样做，而空姐则坚持这是她的工作职责，于是闹僵了。男乘客情绪激动，朝空姐连说了三声"you shut up(闭嘴)"。

空姐认为这侮辱了她，导致她无法在航班间正常服务，把事情报告了机长。机长以"可能危害飞行安全"为由要求中国夫妇下机，否则将导致航班无法正常起飞。中国夫妇坚持不肯下飞机，机长联系警察，警察上机将二人带下飞机。在这里，中国乘客不耐烦地重复用"shut up"打断别人，显然是一个不懂得尊重别人的"上帝"。而在国内往往被忍让的"上帝"遇到了 9 · 11 之后偏向加强航空管理的美国，自然是被荷枪实弹的警察请了下去。

(资料来源：李光明. 客户管理讲义. 2015)

三、客户管理的任务

客户管理的任务主要包括市场营销、销售实现、客户服务和决策分析四个方面，这些都是客户与企业发生关系的重要方面。从这几个方面着手才能保证客户管理业务的实现，从而实现资源的整合和协调，确保客户管理的一致性和有效性。

1. 市场营销

客户管理中的市场营销不仅包括对传统市场营销行为和流程的优化及自动化，还包括商机测量、获取和管理，以及营销活动管理和实时营销等，贯穿于整个营销过程。个性化和一对一成为营销的基本思路和可行做法，最初在接触客户时企业需要实际测量客户的需求，针对具体目标群体开展集中的营销活动。营销既要具有互动的设计，又要针对客户的喜好和购买习惯，将实时营销的方式转变为电话、传真、网络等的集成，旨在使客户以自己的方式、在方便的时间获得他需要的信息，形成更好的客户体验。在获取商机和客户需求信息后，应及时与销售部门合作以激活潜在的消费行为，或与相关职能人员共享信息，改进产品或服务，从速、从优满足客户的需求。

2. 销售实现

客户管理扩展了销售的概念，从销售人员的不连续活动到涉及公司各职能部门和员工的连续进程都纳入了销售实现中。销售人员及其他员工将潜在客户发展为现实客户并保持其忠诚度是关系到企业是否赢利的核心工作，因此客户管理对于销售实现是十分重要的。在具体流程中，销售实现被拓展为销售预测、过程管理、客户信息管理、建议产生及反馈、业务经验分析等一系列作业。

3. 客户服务

客户管理与传统商务模式相比，最明显的改进之一，就是把客户服务视作最关键的业务内容，将其视同企业的赢利来源而非纯成本开支。企业提供的客户服务已经超出传统的帮助平台，成为能否保留并拓展市场的关键。只有提供更快速和周到的优质服务，才能吸引和保持更多的客户。客户服务必须能够积极、主动地处理客户各种类型的询问、信息咨询、订单请求、订单执行情况反馈，并提供高质量的现场服务。同时，客户服务中心已经超出传统的电话呼叫中心的范围，向可以处理各种通信媒介的客户联络中心演变，可接受并使用如 E-mail、传真、网络及其他任何客户喜欢使用的方式。越来越多的客户通过网络查询产品、发出订单，而且对企业提供自助服务的要求也越来越高。

4. 决策分析

客户管理的另一个重要方面在于创造和具备了使客户价值最大化的决策和分析能力。首先，可以通过对客户数据的全面分析来规范客户信息，消除交流和共享的障碍，并测量用户的需求，对潜在消费的优先级定位，衡量客户满意度，以及评估客户带给企业的价值，提供管理报告、建议完成各种业务的分析；其次，可以在统一的客户数据基础上，将所有业务应用系统融入分析环境中开展智能性分析，在提供标准报告的同时又可提供既定量又定性的即时分析，并将分析结果反馈给管理层和企业各职能部门，从而增加信息分析的针对性价值，以便企业领导者权衡信息，从而做出全面、及时的战略决策。

四、客户管理的流程

客户管理首先应当对客户进行识别和选择，以支持企业在合适的时间和合适的场合，通过合适的方式，将合适价格的合适产品和服务提供给合适的客户。它的基本流程如下。

1. 客户信息资料的收集

客户信息资料的收集主要是指收集、整理相关资料，分析谁是企业的客户，以及分析客户的基本类型、需求特征和购买愿望，并在此基础上分析客户差异对企业利润的影响等问题。

收集、整理和分析客户信息的目的是分辨出一般客户、合适客户和关键客户，这是客户管理的基础。进而与合适客户和关键客户建立深入关系，并根据客户信息制定客户服务方案，来满足客户的个性化需求，提高客户价值。

2. 客户信息分析

客户信息分析不能仅仅停留在对客户信息数据的分析上，更重要的是对客户的态度、能力、信用、社会关系进行评价。具体包括以下内容。

(1) 客户是关键客户还是合适客户？

(2) 哪些客户在哪段时间导致了企业成本的增加？

(3) 企业本年度最需要与哪些企业客户建立商业关系？

(4) 本年度有哪些合适或关键客户？他们对企业的产品或服务提出了几次抱怨？

(5) 去年最大的客户今年的订货量如何？

(6) 哪些客户已把目光转向别的企业？

3. 客户信息交流与反馈管理

客户管理过程也是与客户交流信息的过程，实现有效的信息交流是建立和保持企业与客户良好关系的途径。客户反馈可以衡量企业承诺目标实现的程度，在及时发现为客户服务过程中的问题等方面具有重要作用。

4. 客户服务管理

客户服务管理的主要内容有：服务项目的快速录入；服务项目的安排、调度和重新分配；事件和升级；搜索和跟踪与某一业务相关的事件；生成事件报告；服务协议和合同；订单管理和跟踪；建立客服问题及其解决方法的数据库。

5. 客户时间管理

客户时间管理主要包括两方面的内容。第一，针对客户处于的不同生命周期，设计安排对客户投入的时间资源，控制好与各方面相适应的时间投入要求；第二，进行客户管理的日程安排，如设计约见客户与活动计划，进行客服事件和团队事件安排，把事件的安排通知相关的人，包括任务表、预算表、预告与提示、记事本、电子邮件、传真以及配送安排等。

第六节　客户管理的发展与创新

一、客户管理发展的主要因素

客户管理在企业管理中的应用越来越广泛，尤其是在一些服务行业，如金融、保险、证券和酒店等，其发展速度更是惊人。客户管理的蓬勃发展主要源于以下三个方面。

1. 竞争因素

在竞争日趋激烈的市场上，产品质量和特征日益趋同，仅仅依靠一些好的产品是不足以提升企业的竞争优势的。随着市场和信息沟通渠道的日趋饱和，企业对客户的争夺空前白热化，客户渴求与自己的供应商之间建立一种新的、不同于传统销售模式的主客关系。市场研究表明，客户希望与供应商之间发展更亲密的关系，如果供应商提供的产品或服务令他们感到满意，即使产品或服务的价格高一些，他们也愿意支付。然而，企业必须看到，随着客户所购买产品的类型及其在客户生命周期中所处阶段的不同，客户希望与供应商建立的关系类型也有所不同。此外，随着信息技术尤其是网络技术的发展，客户对信息的获取也更加方便，在购买商品或服务时，他们可以很容易地发现更多的企业选择、产品选择和价格选择。

因此，在当今快速发展和高度竞争的市场空间中，产品不断更新换代，新产品层出不穷，单纯依靠产品质量已很难延续持久的竞争优势；而忠诚的客户关系却具有相对的稳定性，能够消除环境变化给企业带来的冲击，因此许多企业开始将客户管理作为一项长期的战略任务，以寻求新的差别化竞争优势。企业也不再只是把客户看作创造利润的机器，它们开始希望与每个客户都保持一种更亲密的、个性化的关系。此外，在当今市场上，客户与供应商之间存在更多的接触点和互动点，如电话、传真、邮件、网页、E-mail、QQ、微信等。调查表明，客户赖以决策的信息比以前要多得多，这就使企业与客户之间的接触更加复杂化。客户接触的复杂化也促使企业不得不从整体的角度来考虑对客户个性化、针对性的管理，例如，针对客户的需求特性定制化设计各种接触渠道，以最大化地利用各种渠道优势。新的渠道如互联网、复杂的电话自动化应答系统等，它们为企业提供了史无前例的机会。采用这些渠道，企业能更方便地接触客户群体，而且这些新渠道能够很方便地被整合到新的业务流程中去。随着接触能力的不断开发和积累，必将为企业带来巨大的经济效益。

2. 科技因素

从设计技术、生产技术、销售技术到信息技术，以及现代数据库管理技术，企业在想尽一切办法来应用新的科学方法，以实现特色战略和成本战略的有效管理，为客户提供更为快速和优质的服务，进而减少老客户的流失率，保证企业的正常运转和发展。

在众多技术中，信息技术的进步是实现客户关系管理的关键，使构筑"一对一"关系成为可能，使 CRM 成为客户管理新的发展平台。运用现代数据库技术，企业可以根据客户的个人资料、购买历史等信息来预测客户的未来行为，并据此采取相应的措施来满足客户的需求，从而更好地发展客户关系。同时，科技进步增强了生产的柔性，使得制造商和服务企业能够个性化地设计、生产和提供产品和服务，满足单个客户而不是群体客户的需求。事实上，这些技术的出现已经引发了新的营销变革，在这场变革中，选择权转换到了客户手中。

【案例 1-4】汽车公司的定制服务

某汽车公司的销售经理接到一位客户的电话，客户要求定制一辆汽车，前座只能有一个座位，理由是他的体型太大，体重 120 公斤。经理马上与对方 QQ，将他的活动形象及各项指标传送过来，设计人员根据传送过来的资料马上用计算机进行设计，而经理此时却与客户在 QQ 上聊足球。半小时后，一辆新定制的漂亮小车设计图及外观图发给客户。他非常满意，但随即又提出新的要求：后排座位也只能有一个，因为他的太太的体重比他更多一点，约 140 公斤。客户又将他太太的数据资料传送过来，20 分钟后，新车设计出来了，客户提出了一些小的改动就确定下来，随后定价、付款、定交车的方式与日期、售后服务等。不到两个小时，这单客户的定制交易就完成了。

（资料来源：王方华. 关于营销创新的演讲. 上海：上海交通大学，2015，有改写）

在当今时代，成功的企业必须能够智能化地提供客户满意的产品，实现有效的客户服务，从而构筑与客户之间的长期关系。因此，理解并管理与客户之间的密切关系也就成为企业成功的关键。数据库技术是将企业所有数据实行集中存放的机制，任何有数据需求的员工都可以方便地访问数据库，以获得自己所需要的数据。但是，数据必须转化成信息和知识，并以适当的形式呈现出来，否则，数据没有任何价值。

目前，大数据和云计算等的出现，很好地实现了从数据到信息的转换，同时这些技术还能根据客户的历史信息来预测客户未来的可能行为。比如，哪些客户可能购买你的产品，哪些客户可能转向你的竞争对手。在这些信息的支持下，企业可以更有效地管理客户，巩固并扩大客户基础，减少客户流失率。

3. 利益因素

市场营销的目的不仅是给消费者和社会带来利益，而且在满足客户利益的同时也追求企业最大的经济利益。经济利益主要是指客户管理所能给企业带来的丰厚利润。实施客户管理，企业可以有效地培养客户忠诚度，实现客户挽留和提升客户终身价值。

众多的研究表明，保持客户忠诚可以使该客户为公司带来的利润增加 25%～85%，而了解客户及其需求偏好可以确保客户的忠诚，并无须增加额外的成本。作为客户管理的一项重要内容，发展和保持与客户的长期关系并不单单是营销部门的事，企业必须精心管理每一个客户接触点，以实现与客户的良好沟通，发展与客户之间"一对一"的长期关系。研究表明，"吸引一个新顾客的成本是挽留一个老顾客的成本的 5～10 倍"。失去高价值的客户为企业带来的损失十分惨重，而且客户一旦流失，就很难再回来。此外，客户终身价值的延伸对于企业的成功也十分重要。可采用适当的建模技术或数据挖掘技术对客户历史数据进行分析，识别客户可能购买的产品类型，从而有效地识别交叉销售和扩展销售的机会，使客户购买的产品种类更广，数量更多，以增加客户生命周期内为公司创造的价值。

市场、技术和经济利益三方面的原因，使得客户管理的理论和实践不断发展，在学术界和企业界日益受到重视。越来越多的企业开始引入客户管理，以求在当前激烈的竞争中构筑新的、基于长期客户关系的竞争优势，实现企业长期、稳定的发展。

当然，现代经济的飞速发展，特别是服务业与电子商务的迅猛发展，以及人们不断变化和高涨的各种需求，从根本上产生了对客户管理的要求，这是对客户管理的产生和发展的最原始、最直接、最本质的推动。

二、客户管理的创新

客户管理随着经济的发展不断创新，主要包括以下内容。

1. 服务为先

服务为先的基本思想是：客户的需求本质上可提供某种服务予以满足。企业若要以快于本行业的发展速度来扩大其市场份额，那么从长期来看，这要取决于它能否吸引和拥有相关行业中最成功的客户。企业应当把资源集中在首选的关键客户上，实行服务为先的客户管理创新。在同等的产品质量条件下，周到的服务、良好的态度往往能够赢得客户，而这些客户是企业利润的源泉。

2. 增值为本

客户管理创新必须以增值为本，即为客户提供增值服务，从而也为自己带来价值。增值服务是指采取独特的或特别的活动，使各关联企业能够通过共同努力提高其效率和效益。增值服务能够巩固业务上已做出的安排。增值服务的难点在于其客户是特定的，要为客户提供特别的服务，才能获得独特的价值。

3. 关系至上

客户关系管理是客户管理的主要内容，关系的发展必然带给客户管理的创新发展。企业通过技术投资，建立能搜集、跟踪和分析客户信息的系统，增加客户联系渠道、客户互动以及对客户渠道和企业平台进行整合的功能模块，形成了 CRM 管理系统。其主要范围包括销售自动化、对客户服务的支持、营销自动化、呼叫中心等。关系至上的管理创新要求企业与时俱进地采取各种措施，建立与客户的长期稳定的伙伴关系。

本 章 小 结

本章首先叙述了客户的概念，并从市场营销的角度、按客户的性质、从企业自身利益的角度等对客户进行了分类。客户是接受企业产品或服务，并由企业掌握其有关信息资料，主要由专门的人员来提供服务的组织和个人。客户的种类可因划分的角度不同而有所不同，可以从销售的角度、企业利益的角度、企业系统的角度进行划分，还可以按客户在渠道中的作用、客户交易的现状、客户的性质进行划分。

客户管理是指经营者在现代信息技术的基础上收集和分析客户信息，把握客户需求特征和行为偏好，有针对性地为客户提供产品或服务，发展和管理与客户之间的关系，从而培养客户的长期忠诚度，以实现客户价值最大化和企业收益最大化之间的平衡的一种企业经营战略。

客户管理最主要的内容包括三部分：①营销过程管理；②客户状态管理；③客户成本管理。客户管理的任务主要包括市场营销、销售实现、客户服务和决策分析四个方面。

客户管理的流程包括：①客户信息资料的收集；②客户信息分析；③客户信息交流与反馈管理；④客户服务管理；⑤客户时间管理。

促使客户管理发展的主要因素有：①竞争因素；②科技因素；③利益因素。客户管理的创新主要包括：①服务为先；②增值为本；③关系至上。

思考与练习

1. 什么是客户？客户有哪些类别？
2. 什么是客户管理？它与市场营销管理的关系如何？
3. 影响客户管理的发展因素有哪些？
4. 简述客户管理的流程。
5. 客户管理的任务是什么？

实训项目题

重点知识讲授

1. 客户的概念；2. 客户的种类；3. 客户的生命周期；4. 客户管理流程

实训项目1：如何划分客户

结合开篇引例"销售保险的不同结果"，试将本校学生进行客户划分。

提示：按客户的性质划分。第一步：分析学生保险的特性(客户需求)。第二步：分析购买者的特点(学生与学校的有关信息)。第三步：分析供应者的条件(各保险公司的情况)。第四步：结合本章的知识对学生进行客户划分。

实训项目2：怎样判断客户所处的生命周期阶段

以本校的学生食堂为例，分析判断其不同客户所处的生命周期阶段，提出管理建议。

案 例 分 析

【案例】刘波的销售问题

漓泉啤酒公司的业务员刘波，负责向本市的餐饮、酒店行业销售啤酒。虽然他拥有的客户数量不少，但每个客户的每次订货量都不大，主要原因是公司实行现金交易，客户局限于资金的占用，一般不会大量进货。在销售过程中，刘波经常遇到以下两种情况：有时客户要货很急，而货物品种数量不足，引起客户不满；有些客户进了一批货后，需要很长时间才能卖完，影响销售的进度与市场的开拓。这两种情况都令刘波头痛。

问题：

刘波面临的主要问题是什么？如何解决这些问题寻求进一步扩大销售呢？运用本章知识为刘波分析问题并提出解决问题的措施。

(资料来源：李光明. 客户管理讲义. 2015)

第二章　客户的选择与寻找

【学习目标】

通过本章的学习，要求了解客户选择的基本含义，掌握选择客户和识别客户的基本要点和方法，掌握寻找与转化的潜在客户方法。

本章关键词：客户选择战略；客户识别；潜在客户；会展；6C 描述

本章项目任务：1. 分析潜在客户；2. 怎样寻找潜在客户；3. 潜在客户的转化

【开篇引例1】李嘉诚的推销

香港首富李嘉诚是做推销起家的。他做过茶楼学徒，卖过塑料花，还卖过铁桶。开始的时候，他卖铁桶的业绩并不好。他研究市场后，决定从做酒店转为做家庭居民。但从哪里开始呢？一家一户去卖太费时间。有一次他恰好到一个亲戚家，在楼下看到几个老太太在居民区的庭院中择菜、聊天，顿时茅塞顿开。他于是找老太太帮他卖桶，结果产生了奇效，打开了市场，获取了第一桶金。

思考：李嘉诚为什么要找老太太卖桶？如果用刚毕业的大学生来卖桶，效果如何？

(资料来源：李光明. 客户管理讲义. 2015)

【开篇引例2】王强的客户开发

某企业以人员推销的方式销售公共广播软、硬件产品，该产品适用于酒店、学校、政府机构、卡拉 OK 场所等。王强为该公司新聘业务员，他通过"扫街"方式在某市开始了客户开发工作。两个月内他联络了近 300 家客户，但只有 9 家有初步"意图"。他几乎每天进行电话联系，但两个月后，仍一无所获。

思考：王强为什么一无所获？他应采取何种方法？

(资料来源：李光明. 客户管理讲义. 2015)

第一节　客户的选择

谁是企业的客户？俗话说，男怕入错行，女怕嫁错郎，选客户也是如此。客户的选择实际上是按照一个适合本企业的客户的标准，在市场上挑选适合企业的客户。即从企业的角度出发，在一定的资源条件下，选择企业目标市场的构成者，或者说去构建企业的目标市场。

一、客户选择的影响因素

影响客户选择的因素主要有以下几个方面。

1. 产品性质(工业品、消费品、服务品)

企业由于其产品的性质、用途等方面不同，其客户也是不同的。

2. 目标市场(区域)

企业面向不同的目标市场，具有不同的消费群体。例如，不同的国家有不同的消费需求、消费习惯，以及不同的购买力和购买方式，其客户当然是有所不同的。

3. 竞争对手

竞争对手的渠道策略与客户选择，必然会影响到本企业的选择。

4. 社会、经济、文化环境及人员素质因素等

根据不同的社会、经济、文化环境，企业应选择相应的客户，这与企业的营销环境密切相关。而企业营销人员和管理人员本身的素质，也会影响到企业所选择的客户。

5. 渠道策略(分销、直销)

不同的营销渠道需要不同的客户，例如分销的客户与直销的客户是完全不同的，线上的客户与线下的客户是有差异的。

6. 营销战略(长期、短期)

企业的营销战略不同，如是以市场占有率为目标，还是以树立品牌为目标，或以回收资金为目标，所选择的客户也不同。

7. 成本与企业资源

选择不同的客户，需要不同的配置资源。如果资源不够，会影响对客户的管理；而如果成本过高，则会影响企业的收益。

二、客户选择战略

客户选择战略是企业在一定的环境因素的约束下选择客户的战略指导，是客户资产经

营者必须解决的问题，是关系到企业生存和发展的重大问题。

1. 客户获得战略

这是指企业将战略重点放在获得更多更合适的客户上。一般来说，企业在产品生命周期的投入期或成熟期后期需要应用客户获得战略。比如，当企业处在迅速增长过程的时候，当快速增长有一些特殊需求的时候，当企业想要获得比竞争者更大的经济规模和更丰富的经验的时候，等等。这时企业客户资产经营的重点是获得大量的新客户，但这些新客户的需求类似于现有的客户，当前的客户群体是否能够在招徕新客户上扮演一个好角色，对于客户获得战略具有重要意义。许多小企业由于能够获得一个高效益的客户而得到发展，随后的客户产生出了更多的业务。与这些高效益的客户相比时，即使其后面的客户在成本方面不是最有利可图的，他们也是有价值的，这些客户能够使企业获得其他更有利可图的客户。不断地获得客户，是企业具有提供高质量的产品与服务能力的象征。

2. 客户忠诚战略

这是指企业将战略焦点集中在客户的回头率上，认为培养忠诚客户比获得更大的市场份额更重要。一般来说，企业在产品生命周期的成长期或成熟期前期需要应用客户忠诚战略。企业致力于客户忠诚战略是获得持续竞争优势的基础，如果企业没有稳定的客户群，企业的持续发展就没有保证。客户与企业合作时间的长短，会对企业客户资产构成的许多方面产生较大影响。对于一个忠诚的客户而言，随着时间的推移，他给企业创造的利润会逐年增加。随着客户对企业忠诚度的逐渐增强，企业的收益率会逐渐增加。有证据表明，忠诚于企业的客户倾向于将大量的时间花在企业的身上，他们担当着推荐介绍方面的角色，从而为企业带来新的客户，并且为他们服务可能比为新客户服务所花费的成本要少得多。这些因素结合起来提供了强大的证据，表明了企业的收益率直接与客户的忠诚程度相联系。

3. 客户扩充战略

客户扩充战略常常与客户忠诚战略一起使用，运用于产品生命周期的成长期或成熟期前期，以扩大客户群体。这些战略都涉及要维持企业已经与客户建立起来的关系这个问题。通过提供更为广泛的产品与服务，企业的客户群将大大扩展，从而促进企商联盟进一步发展。扩充战略使行业或者市场的界定变得越来越模糊，如保险与铁路、公路，以前是处于不同市场范畴的企业，现在却正为获得同样的客户竞争，并且正依靠着扩充战略去满足同样的客户需求。

4. 客户多样化战略

这是指企业将战略重点放在使用新产品和新服务来与新客户做生意上，也有的企业在产品生命周期的衰退期或成熟期后期应用客户多样化战略。这一战略具有较高的风险，除非有特殊机会，否则将其作为企业所遵循的战略是不合适的。如果客户多样化战略还没有被充分地研究透彻就进入了实施阶段，则企业不但要试着应付跟以往不同的客户，同时还要解决新产品的技术问题。

5. 不同的客户战略相结合

这是指企业将不同的客户战略进行综合，如通过依靠客户进行产品介绍、推荐或服务，将客户扩充战略与客户忠诚战略结合起来。

客户战略从来都不是绝对的，企业应根据具体的客户特性描述来加以确立。企业必须对不同性质的客户有一个清楚的判断，才能解决好企业客户战略的选择问题，所以企业对这些客户的真实数据应该有清楚、明确的了解。

三、一般客户选择的要点

一般客户选择主要考虑以下几个方面的内容。

1. 消费者：年龄、地点、职业、阶层、爱好

这里实质是对企业消费目标群体的分析与确定。不管是直销还是分销，都必须考虑最终的消费者。

2. 销售终端(零售)：地点、实力、规模、行业

直接面对消费者的终端，是很多企业的选择。例如，沃尔玛的大多数商品来自制造商的直接供货。

3. 经销中间商：财务能力、产品品种、信用、人员素质

经销中间商主要指分销商，下面再作详细的分析。

4. 品牌情况

客户原来是否使用或拥有品牌？是其他厂商的还是自有的？各品牌间是否存在冲突？客户"品牌"取向或策略如何？是否是补充引进新品牌？原品牌对交易及销售额的影响有多大？

5. 选择优质客户

优质客户是指那些与企业建立了相互信任关系、能够为企业提供稳定的现金流并产生效益的客户。具有以下特征的客户是企业优先考虑和开发的合适客户。

(1) 办事牢靠、为人诚实、喜欢稳定而长期业务合作关系的客户。

(2) 购买量较大或习惯于在某处集中购买、付账及时的客户。

(3) 认为本企业的产品或服务比竞争企业的产品或服务更加可靠、更好、更加物有所值的客户。

企业吸引符合以上一种、两种或三种情形的客户越多，那么企业可拥有的优质客户就会越多，客户保持率就会越高，客户群体生命周期就会越长。这样，企业客户的终生价值就会越高，为企业创造的利润就会越多。企业把利润的一部分再用于回报客户，在产品质量和服务质量有保障的同时，加上日积月累的价值回报，必然会使原来忠诚的客户更加忠诚。

6. 确定对企业具有长远利益影响的战略客户

对企业具有长远利益影响的战略客户，尽管不同的企业有不同的特定标准，但以下是常用的一般考量。

(1) 客户与企业进行交易的规模。如果企业以客户产生的收入数量为基础来定义客户，那么识别为企业提供收入的不同群体，应该说是相当容易的。80/20 原则同样适用于客户选择，即由 20% 的客户产生出企业 80% 的收入。该原则常常用来确定哪些客户为企业提供了最有意义的那部分业务。

(2) 对其他客户群体的影响。重要客户能够用两种方式影响其他的客户群体：一种是，重要客户可能被看成是他们那个领域里的市场领头人，因此他们的竞争对手以他们作为基准；另一种是，重要客户能够影响到相应的供应企业，从而影响其他的客户。

(3) 客户的稳定性。为了确保企业所关注的客户有着像企业一样长期的、持续性的业绩，能成为持久的客户，企业必须清楚地了解客户的财务结构以及他们的现金流动状况。

(4) 同类企业为争取相同的目标客户而产生竞争的激烈程度。

(5) 独特的增值机会，即企业的特色优势。有些客户有特殊的要求，而这些要求又恰恰是企业能够用其他企业所不具备的独特方式予以满足的，企业的独特方式很难被其他竞争对手模仿和复制，于是企业就获得了增加客户感受价值的机会。而那些特别愿意接受和欣赏企业独特方式的客户当然是企业的重要客户。

(6) 节约成本的机会。战略客户与其他客户相比，为其服务可能只需付出较少的代价。研究发现，为回头客服务的成本要远远低于为新客户服务的成本。

(7) 客户未来的可能性。随着时间的推移，不同的客户群体对于企业可能越来越重要或者越来越不重要。为了保留那些具有较大开发价值的客户，企业必须以多种不同的方式去考虑企业的客户未来可能发生的变化。这有助于企业在一个不确定的环境里，避免可能的威胁和抓住机遇。

四、经销商客户选择的要点

　　为了实现企业的市场营销目标，各企业都须招募合格的经销商来从事通路分销活动，使其成为企业产品分销商的一个成员。因为近年来由于宏观环境的变化，生产成本上涨，市场竞争日益激烈，任何企业都不仅需要保持昔日的销售业绩，而且还要有适度的增长，才能继续维持生存。因此，新市场的开拓便成为各公司最主要的任务。然而在目前的经济情况下，采取直接销售产品的方式毕竟不是一般企业所能负担的，绝大多数产品都必须依赖经销商的推销，因而经销商的开发就成为各企业最具挑战性的工作。例如，戴尔电脑原来只做直销，近年来也不断发展经销商。

　　但是，迄今在社会上仍有许多企业认为只要产品质量好、价格公道、能迎合消费者的需要、能给经销商带来足够的利润，在市场上要找经销商不太难。然而，若要找到能配合公司政策、符合公司需要、真正具有推销能力、忠实可靠的经销商，可得花费一番工夫。

　　也有许多企业认为食品业找食品店，电器业找电器店，所谓"成行成市"，没有"谁是经销商客户"的问题。这种观念虽然没错，但是在本质上，选择经销商时应首先分析公司产品的潜在顾客是谁，他们的购买习惯如何，通常是在什么地方购买；然后再找出哪一类经销商的顾客与本公司产品的潜在顾客相符，购买习惯也相同，那么，这一类商店才是公司所要找的经销商。也就是说，应以顾客为出发点，而不是先找经销商。如此才能方便顾客的购买，达到公司的销售目标。

　　传统上罐头食品都是由食品店与杂货店销售，但是台湾地区的牛津食品公司除了通过上述两种商店经销外，还在各地渔港通过五金商店销售。为什么五金商店也卖起罐头食品了，到底是卖给谁？有何道理？

　　鉴于近年来台湾地区渔业的发达，渔船数量增加迅速，其中又多是近海与远洋渔船。而每艘船上少者有五六人，多者达二三十人，出海作业期多为一至两星期，也有经年累月连续作业的。这对生产肉类、果汁等罐头食品的牛津公司而言，无疑是一个巨大的潜在市场。但是因为渔船出海作业大都视天气情况而定，且往返基地常无定时，虽然需求量大，却不便于派推销员来推销。牛津公司不想放弃此市场，应该怎么做才好呢？

　　经过一番调查，该公司决定利用渔港附近的五金商店来推销产品。但五金商店所卖的是五金材料，与食品罐头完全无关。那么选择五金商店的理由何在？据牛津食品公司表示，虽然五金商店所销售的是五金材料，但是他们销售的对象却是渔民。它们是渔船补给品的供应中心，而该公司的产品对渔民来说也正是必需的补给品。若能通过五金商店经销，不仅能达到将产品推销给渔民的目的，又可方便渔民在同时、同地一并解决补给品的采购，一举数得。

同样，传统上饼干也是由食品店销售的。但是国内某食品公司在产品上市时，除了经由食品店销售外，还打入了杂货店，由杂货店推销，此举无疑与消费者的购买习惯有所差别。但是若就销售对象来分析，杂货店的顾客多半是家庭主妇，而主妇们是饼干的主要采购者，二者完全相符，因此，也可经由杂货店来推销饼干。

上述例子说明一些在表面上看起来没有什么道理，可能不正确的决策，若深入分析，却发现都是绝妙的决策。其最基本的道理是在选择经销商时，不应以公司产品性质为考虑的唯一因素，而应以消费者需求(最终顾客)为前提。也就是说，选择经销商时，首先应分析产品的潜在顾客(目标群体)，以及他们的购买习惯与购买场所，以方便他们的购买为原则，使产品能以最快的方法，在最方便的场合，满足消费者的需要。

经销商的品质、经营管理能力及财务能力，都是选择经销商时必须加以调查的决定性因素。而且由于各行各业的情况不同，其需要也不同，因此对于经销商的选择，除了上述基本的决定因素外，还应针对本行业的特定情况加以考虑，以符合公司的需要。

总结起来，在选择经销商时应把握如下要点。

1. 经销商的市场范围

市场是选择分销商最关键的因素。首先，要考虑所选分销商的经营范围包括的地区与企业产品的预期销售地区是否一致。例如，产品市场在华北地区，分销商的经营范围就必须包括这个地区。其次，分销商的销售对象是否是企业所希望的潜在顾客。这是最基本的条件，因为生产企业都希望所选的分销商能打入自己选定的目标市场，并最终说服消费者购买自己的产品。

分销商也并非越大越好，应当把握适度。往往会出现这样的情况：产品在大分销商那里，不能引起足够的重视；而那些具有发展潜能的中等分销商，则可能他提供的不仅仅是利润，更是美好的发展前景，选择和培养这类分销商才是明智之举，因为他们会是真正的合作伙伴。

2. 经销商的信誉

在市场竞争激烈的条件下，经销商的信誉显得尤其重要。它不仅直接影响回款情况，还直接关系到市场的网络支持。一旦经销商中途有变，推销人员就会欲进无力、欲退不能，不得不放弃已经开发起来的市场，而重新开发往往需要付出双倍的代价。

多数制造商通常都会回避与当地没有良好声誉的分销商建立关系。固特异轮胎橡胶公司的管理者曾说："分销商的经验和财务能力通常可以退而求其次，但是分销商的品质是非常重要和不容商量的。"

3. 经销商的经营历史

许多企业在衡量分销商是否可以承担分销商品的重任时，往往会考察分销商的一贯表现和赢利记录。若分销商以往的经营状况不佳，则将其纳入营销渠道的风险较大之列。而且，经营某种商品的历史和成功经验，是分销商自身优势的另一个来源。首先，长期从事某种商品的经营，通常会积累比较丰富的专业知识和经验，因而在行情变动中，能够掌握经营主动权，保持稳定的销售量或乘机扩大销售量。此外，经营历史较长的分销商早已为周围的顾客或消费者所熟悉，拥有一定的市场影响力和一批忠实的顾客，大多成为周围顾客或消费者光顾购物的首选之地。

许多分销商被规模巨大、有名牌产品的企业选中，往往是因为他们对销售某种产品已有经验。选择对产品销售有经验的分销商能很快打开销路，因此，推销人员应根据产品的特征选择有经验的分销商。

4. 经销商的合作态度

做生意也要"你情我愿"。倘若分销商不愿销售企业的产品，即便再有实力、声誉再好，对企业而言都没有任何意义。所以，合作态度是选择分销商时不得不考虑的一个因素。分销商与企业合作得好，会积极主动地推销企业的产品，这对双方都有利。大多数分销商希望生产企业也参与促销，以扩大市场需求，他们认为这样会获得更高的利润。因此，推销人员应根据产品销售的需要，确定与分销商合作的具体方式，考察被选分销商对企业产品销售的重视程度和合作态度，然后再选择最理想的分销商进行合作。

5. 经销商的产品情况

产品情况最主要的是指经销商销售的产品品牌与种类。专卖店虽然是各公司所追求的目标，但是由于公司产品种类及其他因素，拥有专卖经销商的毕竟有限。因此，会出现经销店所销售产品的品牌及种类与本公司产品竞争的现象，从而降低本公司产品的销售量。所以在选择经销商时，对于经销商所销售的产品也应加以调查，以便能使经销商所销售的产品与本公司的产品具有相互补充功能，以收到相辅相成的效果，这样不但便于消费者购买，还可以使经销商与公司共同获利。许多推销人员都希望分销商销售自己一家的产品，甚至规定经销商不准销售其他厂家的产品。不过在市场运作中，产品线的多少往往决定着顾客的多少，也决定着产品销售机会的多少，所以产品线较多并不一定是坏事。

在经销产品的组合关系中，一般认为如果分销商经销的产品与自己的产品是竞争产品，应避免选用；而实际情况是，如果其产品组合有空档(如缺中档)，或者自己产品的竞争优势非常明显，也应选取。这需要区域市场经理及部下进行细致、翔实的市场考察。

6. 经销商的财务状况

一般生产商倾向于选择资金雄厚、财务状况良好的分销商，因为这样的分销商能保证及时付款，还可能在财务上向生产企业提供一些帮助，如分担一些销售费用、提供部分预付款或者直接向顾客提供某些资金融通，如汽车经销商允许顾客分期付款等，从而有助于扩大产品销路和生产发展。反之，若分销商财务状况不佳，则往往会拖欠货款。

7. 经销商的区位优势

区位优势即位置优势，理想的分销商的位置应该是顾客流量较大的地点。对批发分销商的选择则要考虑他所处的位置是否利于产品的批量储存与运输，通常以交通枢纽为宜。人们都知道商店地点的好坏往往会影响产品的销售，而不同的产品对于地点的要求往往有所不同，因此，在选择经销商时，对于分销店的地点也需要加以考虑。

8. 经销商的分销能力

分销商的分销能力是指渠道与网络状况、铺货点、运输配送能力等。分销商推销产品的方式及运用促销手段的能力，直接影响其销售规模。有些产品通过广告促销比较合适，而有些产品则适合通过销售人员推销；有些产品需要有效的储存，而有的则应快速地运输。此外，还要考虑到分销商是否愿意承担一定的促销费用，有没有必要的物质、技术基础及相应的人才。选择分销商之前，必须对其所能完成某种产品销售的市场营销政策和技术的现实可能程度作全面的评价。

9. 经销商的服务能力

有些产品如彩色电视机、电冰箱、空调等的销售绝对不是货物出店即结束，售前与售后服务已成为与产品销售不可分离的部分。因此，若想提高对顾客的服务水准，满足顾客的要求，除了本公司要提供良好的服务外，对于经销商所能提供的售后服务能力也应有所要求。

10. 经销商的价格

若经销商任意变动价格，往往会造成经销商相互间的恶性竞争，从而削弱经销商的力量，而且会给消费者留下不良印象，影响公司信誉。因此，有的公司在选择经销商时，会考虑是否能控制经销商的价格。

11. 经销商的社会关系

目前国内的批发、零售业有很多是小规模家庭经营方式，即经销商本人便是经营者，家庭成员就是业务员。即便是大型的经销商如沃尔玛，也必然会与社会各方面发展一定的公共关系。因此，经销商如果有良好的社会公共关系将有助于产品的销售。

五、经销商客户选择的方法

选择分销商的方法很多，这里重点介绍企业经常采用的一种方法：评分法。评分法就是指对拟选择作为合作伙伴的各个分销商，就其从事商品分销的能力和条件进行打分评价。它是根据不同因素对分销渠道功能建设的重要程度的差异，分别赋予一定的权数，然后计算出每个分销商的总得分，并选择得分较高者。评分法主要适用于在一个较小范围地区的市场上，为了建立精选的渠道网络而选择理想的分销商。

例如，一家公司决定在某地区采用精选的一级分销渠道模式(即厂家把自己的产品销售给零售商，再由零售商销售给消费者)。经过考察，推销员初步选出三家比较合适的"候选人"。公司希望选取的零售商具有理想的市场覆盖范围、良好的声誉、较好的区位优势、较强的促销能力，并且愿意与生产厂商积极协作、主动进行信息沟通、财务状况良好。各"候选人"在这些方面中的某些方面都有一定优势，但是没有一个在各方面均名列前茅。因此，公司采用评分法对三个"候选人"进行评价，如表 2-1 所示。

从表 2-1 中的"总分"栏可以看出，第一个"候选人"得到了最高的加权总分，因此该公司应当考虑选择它作为当地的分销商。

表 2-1　选择分销商的评价方法示例

评价因素	权　数	打分 1	加权分 1	打分 2	加权分 2	打分 3	加权分 3
市场覆盖范围	0.20	85	17	70	14	80	16
信誉	0.15	70	10.5	80	12	85	12.75
经营历史	0.10	90	9	85	8.5	90	9
合作态度	0.10	75	7.5	80	8	75	7.5
经销产品情况	0.15	80	12	90	13.5	75	11.25
财务状况	0.15	80	12	60	9	75	11.25
区位优势	0.10	65	6.5	75	7.5	60	6
促销能力	0.05	70	3.5	80	4	70	3.5
总分	1.00	615	78	620	76.4	620	77.25

【案例 2-1】农药公司如何选择经销商

某农药公司将其生产的"野老"牌稻田除草剂首次推上了湖北省农资市场。这一产品的上市取得了极大的成功，短短几个月就占领了湖北省稻田除草剂 90%的市场，成为农户的首选品牌，在湖北省农资行业被业内人士称为"野老模式"。"野老"除草剂之所以获得成功，除了有效的广告宣传之外，主要应归功于对分销商的选择、促销措施和监控管理。

一开始，经过多方考虑，公司决定在湖北省采用独家分销的办法来选择一级批发商。湖北省经销农药的中间商不下数千家，究竟应选择哪一家独家分销呢？在对湖北省有实力的几家农药经销商进行摸底调查后，公司最后选择了武汉市益农公司，主要是出于以下几个方面的考虑。

(1) 益农公司在湖北省实力最强的四大农药经销公司中，销售能力位居第二，仅次于湖北省农资公司。益农公司拥有较强的批发网络和分销渠道，在湖北各地均有一批忠诚的二级分销商，能把产品迅速覆盖到整个湖北市场。

(2) 虽然益农公司销售能力次于湖北省农资公司，但由于它是一家民营企业，办事效率高，没有互相推诿、互相扯皮、久拖不决的官商作风，是一个理想的合作对象。

(3) 益农公司在湖北农资行业特别是在下一级中间商中声誉很好。在进行调查摸底时，几乎所有的调查对象都异口同声地向该农药公司推荐益农公司。

(4) 益农公司财力雄厚，而且流动资金充裕。财力雄厚的益农公司有能力及时结清货款，还可能为农药公司开展广告、促销活动提供某些财务帮助。

(5) 益农公司商业信用好，货款回笼迅速。过去在市场营销、货款回笼、维护厂商企业形象等方面，益农公司从未给厂商带来过不利影响。

(6) 益农公司的老板为人正派、品德好、能力强，有与农药公司合作的诚意。益农公司内部管理有序，各项工作井井有条，员工工作积极性高，业务能力强，能同心同德地开展工作。这一切给农药公司的考察人员留下了深刻的印象，认为这家公司可以信赖。

(7) 益农公司拥有较大的专用仓库，并有一定数量的运货车辆，能保证产品仓储和运输的需要。

从以上七个方面考虑，该农药公司决定选择武汉市益农公司独家代理"野老"除草剂在湖北的分销业务。

(资料来源：李先国. 分销. 北京：企业管理出版社，2012，有改写)

第二节　客户识别

从理论上说，所有的消费者都有可能成为企业的客户，但是在现实中，某一具体企业的客户或者说客户群体是有范围限制的。因为每个企业都有其特定的经营范围(资源有限)，所生产的产品有相对应的、特定的客户群体(需求有别)。因此，只有识别企业自身的客户，企业的客户管理工作才能有的放矢。

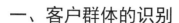

一、客户群体的识别

企业可以根据自身的角度从以下四个方面考虑对客户群体进行识别。

(1) 企业的收入来源。在流通领域中，是零售商驾驭着供应链，称为"终端为王"。因此，对收入来源的分析，企业应倾向于从零售商开始。对制造商来说，既要考虑中间商，也要考虑将最终消费者的需求刺激起来(最终消费者为零售商提供了收入)，即形成市场的"拉力"。同时，为了扩大零售商的交易量，必须了解零售商的商品类别是如何产生的以及是如何销售的，以便发现和利用新的机会。对于批发商来说，刺激零售商至关重要，因为他们是批发商收入的提供者；而对于零售商来说，收入的提供者则是购买商品的消费者。

(2) 购买产品或者服务的决策者。在客户购买企业产品和服务的过程中，对是否购买产生影响的决策者将起到至关重要的作用，他们往往左右着客户的行为，进而影响到企业的产品销售和服务的提供。

(3) 产品和服务的受益者。一般情况下，产品和服务的受益者往往就是企业的直接客户，但有的时候并不一定如此。无论如何，只有找出受益者，企业的产品或服务才能确定针对性的目标。

(4) 客户在渠道的位置如何。要考虑客户是中间批发代理商、终端零售，还是消费者。

二、识别客户特性的"6C"分析法

进行客户特性描述的意义在于为客户选择提供条件。通过描述客户的特性，企业能够确切地知道怎样才能满足客户的独特需求，或怎样才能以更低的成本为客户服务，从而达到获得持续竞争优势的目的。战略上的客户特性描述与"市场"之间的区别在于：它们在不同的分析阶段有不同的作用。首先，市场是一个整体，所以对于选取范围的标准是很有用处的——尤其是在不同的市场之间进行选择方面使用。另一方面，由于市场是由客户聚集起来的整体，所以它们不能告诉企业具体该如何行动。"客户特性描述"描绘的是具体的客户内容，因此能使企业的战略更加清楚，策略更明确。

例如，如果企业正在遵循着客户忠诚战略，那么客户特性描述将重点描绘现有的客户群体，具体来讲，企业战略的关注焦点集中在客户的回头率上，认为培养忠诚客户比获得更大的市场份额更重要；如果企业遵循的是客户获得战略，那么客户特性描述将重点描绘企业正力求获得的新客户。由此看来，客户特性描述所关心的是那些被企业看成是企业发展中心的客户群体。这是企业的目标所在，因此新、老客户中都有企业想要关注的客户特性。

客户特性描述阐明了企业想要关注的客户群体，这些应该做得相当具体，以便明确指出企业需要优先考虑的事情是什么。用来确定客户特性描述的标准是千变万化的，这是因为企业需要挑选出能够建立竞争优势的具体因素，然而，这些因素将广泛地覆盖着客户特性——描述信息简略叙述了客户个人和组织的特性及其内容，以及他们获得企业的产品与服务的情况等。

客户特性描述不一定是详尽的，但是它们必须为客户群体的本质提供一幅具体的图画，这需要清楚、明确的思路。第一，为了避免在企业的关注焦点问题上出现模棱两可的定义，就要彻底搞清楚企业目前正将关注焦点集中在哪些具体的客户群体上面；第二，为了使企业能够探讨客户感受价值和不同要求，任何一个企业可能都需要草拟出许多具体的战略上的客户特性描述。例如，一个基于推荐介绍的客户获得战略，既需要识别那些有可能提供推荐介绍的客户(这些客户或者是主动的，或者是被动的)，又需要识别那些基于这些推荐介绍而有可能采用企业的产品与服务的客户。在所有的可能性里，这两个客户群体将有着截然不同的客户特性描述。

"6C"分析可用于对客户(企业)的一些共同特性进行描述，以此作为客户识别的条件。它包括对品德(Character)、能力(Capacity)、资本(Capital)、抵押物品(Collateral)、经济状况(Condition)、连续性(Continuity)进行分析。具体内容如下。

1. 品德

诚实、正直、有责任心，以及在欠款期限内强烈的还款愿望，构成了客户的良好品德。但企业对客户的品德很难进行评估，品德的最佳衡量指标之一就是客户过去归还欠款的记录。企业可根据以往的记录来分析客户的地位和声望是否良好、经营方针是否稳健、是否出现过违约现象，以及还款愿望是否强烈等。

2. 能力

对能力的分析主要是指分析客户的经营能力、企业管理能力以及有效运用资金的能力，而这些因素最终决定了客户按期偿还债务的能力。客户的这种能力主要体现在客户被授权申请欠款及其签署有约束力欠款协议的法定地位。

3. 资本

企业对客户能否产生足够现金归还欠款的能力进行评估是必不可少的。外部资金来源包括融资以及发行新股票。一般来讲，如果公司赢利下降或经济状况恶化，外部资金来源将变得极不可靠。因此，依靠外部资金来源归还欠款是不合适的。相反，产生的收益和原有的资本(投资者权益)才是归还大多数欠款的主要资金来源。

4. 抵押物品

欠款的抵押物品可由客户的多种资产组成，包括动产与不动产。企业应特别关注抵押物品的适销性(Marketability)。当客户的主要现金流量不足以偿还其债务时，抵押物品就成为偿还欠款的第二资金来源，这相当于给企业提供了一种保护，相应地减少了企业承担的客户信用风险。

5. 经济状况

经济状况主要是指客户运营的环境，包括微观与宏观环境。企业不但要根据客户的经营特点、经营方法以及技术水平等因素来判断客户微观运营的状况，而且还要根据社会环境、经济周期、国民收入水平和行业发展现状等因素来分析客户的宏观运营环境，因为微观和宏观经济的波动都有可能会影响客户债务的按期归还。因此，企业必须对上述变动因素(尤其是客户所在的行业变动趋势和经济周期)进行预测。

6. 连续性

连续性主要是指客户的持续经营前景与能力。在当今科技迅猛发展、产品更新换代周期越来越短，市场竞争日趋激烈，以及政策变动、劳资关系变化等非客户所能把握的形势下，客户能够适应变化的形势并迅速做出调整，是其生存并发展下去的前提条件。否则，客户的事业就不具有连续发展的后劲，企业的欠款风险也随之增加。因此，连续性也就成为企业信用分析的重要内容之一。

三、客户的初步评价

客户的初步评价主要包括以下内容。

1. 要素评估

(1) 需求。包括需求度与需求量。需求度是客户对企业产品需求的程度。例如，很难把木梳卖给秃子，把防盗门卖给乞丐，因为没有需求度可言。需求量是客户对企业产品需求的数量。没有一定购买量就构成不了市场。

(2) 购买力。当客户有足够的购买力，但却因销售产品的价格高于其预期而犹豫不决时，必须进行必要的解释或调整。

(3) 决策权。如果能准确地找到决策者，那么销售就成功了60%。因此，分析潜在客户有无决策权，也就成为客户评估的一个不可缺少的环节。

2. 价值评价

价值评价包括对客户相对于企业的价值(如利润、市场占有率等)、推销人员的个人价值(如销售业绩)、市场的价值(如企业发展、竞争意义、需求变化等)进行评价。

3. 评价表

评价表是指对各项指标如财务、业务能力、合作态度、渠道能力等设立权重与分值，综合评分后进行评价。通常应选择综合评分在 70~85 分的客户，因为 70 分以下的客户太弱，而 85 分以上的客户太强势，都难以管理，不很适合企业。

四、识别最佳客户的流程及方法

最佳客户是从推销人员或企业的角度来进行分析的。识别最佳客户的流程如下。

(1) 确认本企业的赢利产品和服务，包括那些以后将会赢利的。

(2) 尽可能多地找出购买那些产品和服务的人：①他们是谁？②他们的购买模式如何？③他们多久才会购买？④他们购买的数量是多少？⑤他们会对什么样的产品和怎样的服务产生反应或兴趣？

(3) 找出最有可能成为潜在客户的那一类人。一个最直接的方法是：对最赢利产品的资料与购买这些产品的市场细分并加以比较，分析客户购买的原因，并找到类似特征的客户群体且有足够的数量，则这些新的客户群体就会成为可能性最大的潜在客户。然后再经过一番努力，他们就极有可能成为最佳客户。识别最佳客户是一个不间断的过程，因为目标市场随时都在变化，产品线和产品组合也将随之变化，由此业务也就一直在变化。

第三节　潜在客户的寻找

一、潜在客户及分类

潜在客户是指目标市场中那些具有购买需求、购买能力及购买决策权三项要素全部或部分的，但却因为种种原因(如不了解产品)尚未购买，有望成为现实客户的将来购买者。

潜在客户一般可以分为如下几类。

(1) 根据客户近期内可能订货购买的时间，潜在客户可分为：①热客，一个月内可能订货；②暖客，三个月内可能订货；③冷客，三个月以后可能订货。

(2) 根据客户对企业的重要程度，潜在客户可划分为重要程度最高的潜在客户、重要程度较高的潜在客户、重要程度一般的潜在客户。

(3) 根据购买类型，潜在客户可分为：①新购，完全首次购买的客户；②添购或重购，在现有品种上再行购买，或是有规律地持续不断地购买的客户；③更新购买，购买新品种的商品以代替正在使用品种的客户。

二、分析、测量潜在客户的流程

在基本确定了潜在客户后，应当对潜在客户进行分析、测量，在营销中实际就是市场细分的具体化，其流程如下。

1. 选定市场范围

企业必须根据自己的营销战略任务和战略目标，确定自己应进入哪个行业或哪种产品市场进行经营。企业应当对该产品的市场发展潜力做出估计，并确认行业和产品的有关属性，即对欲进入的市场的性质进行基本确认。

2. 分析基本需求

企业在分析市场时，需要了解产品能满足客户的哪些基本需求。因为企业向市场提供任何产品时，都必须对客户的需求类型做初步的认定。比如家用电子游戏机，就是在对早期购买计算机产品的客户进行需要分析后，从其基本需求中发展出来的一款产品。

3. 找出不同需求

确定客户对产品的基本需求，仅解决了一般性需求，还不可作为企业选定目标市场的依据。企业还需要进一步了解客户对一种产品有哪些不同的要求和想法，这就找到了可能作为细分市场的所有因素。

4. 除去共同需求

潜在客户中共同的需求是设计和开发某种产品的基本要求，这只是产品的最低要求。去掉这些共同需求后，企业就可以发现具有相互区别的需求类型。如手机要能通信是必需的，但随着人们的实际需要，对手机的功能和外形有了不同的要求，这就是不同的需求差别，这些差别可以成为设计产品和确定营销组合的依据。如在物流运输的共同需求下，有对飞机、高铁、汽车等不同的需求因素。

5. 为不同的市场取名

不同的需求构成了划分市场的不同元素。但在还没有进行市场检验之前，还不能确定哪些因素划分是适当的。企业为了便于对分析的市场加以确定，需要为可利用的因素细分出的各子市场暂时取名。如"价格灵敏者""追求时髦者""讲究利益者""经济实惠者"等。

6. 确认各细分市场的特征

自此，企业应当对可能采用的细分因素所可能得到的细分结果进行市场调查确认工作。通过访问客户、查看以前的统计资料和其他的市场分析方法，发现采用哪些因素可以最恰当地细分市场，继而找出这些市场具有的特点，进行营销设计。

7. 测量各子市场的潜力

企业在调查的基础上，确定了细分市场之后，需要进一步确定每个子市场的购买量和在一定时期可能形成的需求量的大小，这样才能最终根据企业的资源、实力，以及市场的竞争情况选择目标市场。

8. 分析具体客户

以各种指标(如品种、价格、购买量、购买行为等)从各方面具体分析市场具体客户的情况(如规模、数量、特点)。

三、寻找潜在客户的途径、步骤和方法

1. 寻找潜在客户的途径

(1) 朋友和熟人。朋友和熟人中蕴含着丰富的潜在客户的资源。销售人员可以从亲朋好友中列出潜在顾客的名单。名单列出后，随着不断结识新朋友，要定期进行更新调整。

(2) 利用关系链。寻找潜在客户的有效途径之一，是通过无穷的关系链。每次访问客户之后，都可以向客户询问有无其他可能对该产品或服务感兴趣的人，这样，不必花很多时间，就可以开发出新的潜在客户。

(3) 有影响的人物。有影响的人物是指那些因其地位、职务、成就、人格而对周围的人有影响的人。他们是人们见解的引导者，其影响力就像车轮的辐条一样，辐射至四面八方。

(4) 无竞争关系的其他销售人员。销售与本企业无竞争性产品的其他销售人员，是获取潜在客户的绝佳途径。

(5) 上门推销。销售人员大多是先确定可能有潜在客户的区域，然后开始挨家挨户上门推销。

(6) 观察。通过个人观察寻找潜在客户，是指注意周围的人群，以发现潜在客户。

(7) 名单和客户电话簿。当销售人员接手一个地区的销售工作时，公司会为他提供一份客户名单或电话簿。这当然是一个有利的起点。此外，销售人员还应注意其他信息来源：报纸、贸易出版物、企业名录和企业电话簿。

(8) 直接邮寄信件。通过直接邮寄信件寻找潜在客户，是一种很有效的方法。潜在客户

收到一封信，并被告知，如果他们对产品或服务感兴趣，可以回信。尽管回信率很低，但是这种做法仍然是有价值的。即使每 100 封信只能做成一两笔生意，这种做法仍是有利可图的，特别是那些昂贵的商品或服务。

(9) 广告。许多大公司利用广告帮助销售人员发展潜在客户。如可以在杂志广告的下面提供优惠券，让读者来信索取信息；贸易杂志经常在背面设一个信箱栏目，读者可以通过这个信箱从广告商那里获得更多的信息。

(10) 讨论会。实物产品(如药品)与服务产品(如保险和证券)的推销中经常召开讨论会，这种方式正被越来越多的公司用来寻找潜在客户。

讨论会有很多优点：会上可以向多个潜在客户做宣传，从而最大限度地利用时间；会上有充足的时间进行演示；还可以吸引那些以个人见面方式很难见到的潜在客户。听众是基本合格的潜在客户(只要他们来，就表明他们是感兴趣的)。另外讨论会还可以把潜在客户和满意客户联系起来。

为了最大限度地增加到会人数，应该选择中性的地点，如饭店、宾馆或大学。如果在公司的办公室里举行讨论会，就有可能减少参加的人数。连续举行两天讨论会，可以增加与会人数，因为第一天没有时间到会的人，第二天可以到会。使潜在客户参加的最好办法是采用三步骤法：邮寄邀请信，电话确认，最后提醒。

(11) 电话推销。电话推销有多种形式和用途。最广义的分类包括进入式和外出式的电话推销。顾名思义，进入式的电话推销是潜在客户打电话给公司；而外出式的电话推销是销售人员去接触潜在客户。处理订单是最简单的电话推销操作，也是通过进入式电话实现推销的典型例子。

(12) 唤醒"休眠"的客户。尽管销售人员可能有成见，但"休眠"的客户仍是很好的潜在客户。

(13) 运用五大媒介。报纸、杂志、电视、广播、网络提供了潜在客户的丰富线索，应了解经常在五大媒介上出现的各种信息，例如：①出生；②结婚、订婚；③社会新闻；④管理人员变动和升迁；⑤本市的新居民；⑥新开业的商店；⑦房地产信息；⑧建筑计划和许可证的发放；⑨社区事件和参与者。另外，还有各类经济、文化、政治、社会新闻等。

贸易杂志是一个有特别价值的信息源，它们描述工业发展趋势，报道贸易方面的新闻，包括即将出台的计划、管理阶层的变迁，以及最近的交易等。

商业电话簿和名录，是提供潜在客户信息的重要来源。电话簿，俗称"黄页"，不管是分类的还是常规的，都提供了许多潜在客户的线索。分类电话簿是按照产品和服务类别编排的，对销售人员显得尤其有价值。

(14) 商业展览会。许多公司依靠展览会上的展示发现潜在客户，后面将作专门介绍。

2. 寻找潜在客户的步骤

寻找潜在客户的步骤一般应遵循由里到外、先里后外的原则来展开。

首先是内部检索。内部检索是寻找顾客的首要步骤，也是最直接、最有效的步骤。通过内部检索能减少推销的盲目性，保证寻找客户的准确性和针对性，为顺利开展业务起到增强信心、提高效能的作用。内部检索主要通过以下几个方面来进行。

(1) 职工查询表。发放职工查询表来让企业员工了解市场和客户情况，并视其效果予以奖励，既可以有效地激发员工的潜能，又能提高员工的积极性，还可以增强员工的主人翁意识。

(2) 客户名册。客户是企业的有机组成部分，没有客户也就没有企业，特别是常用客户，他们往往使用过企业的产品，并对其留下了较好的印象，一般都比较愿意介绍新客户来与他们共同使用企业的产品；而新客户又有较强的从众心理，乐意接受"过来人"推介的产品。因此，从客户名册中寻找客户是进行推销的重要步骤。

(3) 财务部门。与本企业有财务往来的企业，一般与本企业有着非常密切的关系，它们也愿意为企业的推销业务提供各种信息，所以通过财务部门来寻找客户是必不可少的步骤。

(4) 服务部门。服务部门是企业的窗口，透过它们，客户可以看到企业的情况。尤其是维修部门，维修人员的言行对客户有着非常重大的影响，因为一般客户往往是非行家购买，他们视维修人员为权威和行家，对他们常常言听计从，故从服务部门寻找客户可起到事半功倍的功效。

其次是外部调查。开拓市场如果只进行内部检索而没有外部的调查，就犹如"井底之蛙"，所以外部调查也是企业人员寻找客户的重要步骤。外部调查主要包括产品调查、客户调查、价格调查、竞争对手调查、环境调查等内容，其中主要是客户调查，后面将详细介绍这些内容，在此不再赘述。

3. 寻找潜在客户的方法

寻找潜在客户的基本思路是由近及远、先易后难。首先要在自己的熟人圈中发掘销售机会，其次请现有顾客介绍新顾客，最后在更广阔的范围内寻找，即从市场调查走访中寻找准顾客。例如，国外某企业发明了一种试纸，能在 10 分钟内检测出患者血液中的毒品含量。推销初期，销售人员把准顾客的范围确定为医院的所有医生，结果销售效率很不理想。后来经过对产品特性的再研究，发现该试纸的主要特点是能快速得出检测结果，特别适合紧急诊断的需要。因此推销人员把准顾客的范围缩小到急诊科的医生，结果大大提高了销售效率。

业界有个"三英尺范围"规则。"三英尺范围"规则是指"凡是走近你周围三英尺范围的人，都是值得你与之谈论你的产品、服务以及生意的人"，所以随时随地都应注意潜在客户。寻找潜在客户的方法主要有下列几种，而有的在寻找潜在客户的途径中已经介绍过。

(1) 熟识圈寻找法。

(2) 顾客名册法。

(3) 推荐法。推荐法可分为：成交顾客推荐法，用这种方法寻找到的新顾客成交率在50%以上；未成交顾客推荐法；其他销售人员推荐法，这是指销售同种商品或相关商品的推销人员之间互相推荐顾客的方法。

(4) 委托助手法。委托助手法是指雇用有关人士来寻找准顾客，自己则集中精力从事具体的推销访问工作的方法。被雇用的人叫推销助理或信息员，他们可以是技术员、管理员、税务人员、服务人员或医生等。例如推销婴儿用品的人员可请妇产科医生或护士做助理。

(5) 信息利用法。信息利用法是指利用一些信息如电话簿、邮政编码簿、企业名录、专业团体会员名册、产品目录、报纸杂志信息等来寻找潜在客户。

(6) 聚集场所利用法。聚集场所利用法是指利用一些场所如产品博览会、供货会、各种交流会、培训班、联谊会、俱乐部等来寻找潜在客户。

(7) 重点突破法。重点突破法是指找到某一特定推销范围内的重点客户，通过发展该重点客户来带动其余人员加入潜在客户行列的方法。

(8) 闯见访问法。闯见访问法是指直接挨门挨户访问某一特定地区或特定行业的所有组织和个人，从中寻找潜在客户的方法。它又叫"地毯式访问法"，是一种最具挑战性的寻找潜在客户的方法。

(9) 广告开拓法。广告开拓法是指利用广告媒介传播信息，再通过反馈情报有针对性地寻找潜在客户的方法。

(10) 咨询法。咨询法也叫购买信息法，是指从事情报收集、整理、汇编工作的咨询公司，购买或租用现成的资料，从中查找有用的客户情报的方法。

四、通过参加会展吸引和寻找潜在客户

从企业角度来说，还没有任何一种其他的营销工具能像展览和博览会那样有深度和广度地把宣传产品、企业与同客户的交流直接结合起来。展览会是企业收集信息和联系客户的重要场所和途径。通过展览会来吸引潜在客户的流程如下。

1. 确定企业参展目标

企业在决定参加某个展览会或博览会之前，首先应确定其参展目标。参展目标主要包括以下几个方面的内容。

(1) 了解市场信息和客户需求。

(2) 展现企业形象和产品形象，宣传企业品牌。

(3) 发展新客户。

(4) 了解行业现状。

(5) 会见老客户，听取意见，交流感情。

(6) 参加行业交流。

(7) 寻找企业和产品的新市场。

(8) 认识竞争对手(了解哪些竞争对手参加展出)。

(9) 销售产品。

通过对参观展览会与博览会的潜在客户所追求的目标的研究，可使企业在制定营销战略和销售策略方面打下坚实的基础。

一般参观展览会和博览会的潜在客户带有如下的愿望或要求。

(1) 了解市场状况及行业的发展。

(2) 掌握市场供求信息和对未来的预测。

(3) 寻找需要购买的产品，以适当条件成交。

(4) 考察市场新产品的应用特性。

(5) 收集解决企业问题的方案和信息。

(6) 寻找合适的新供应商。

(7) 了解本行业的竞争对手情况。

(8) 会见老供应商，交流信息，反馈意见与要求。

2. 选择合适的展览会和博览会

企业在考虑和制定目标前，还需要了解和选择合适的展览会和博览会。

按照展览会和博览会的特点，可以将其划分为两种不同的类型：一种是订货博览会，主要以订货为主，来参观的潜在客户基本上是为下一个销售季节选择产品。这种类型的博览会的特点是，产品在预定的周期内销售，客户可以立刻做出订货的决定，而不必只将信息返回，然后等待公司的决策。另一种是各种国际性博览会，例如每年一度在南宁召开的东盟博览会，直接销售的意义相对缩小。订货前需要进行长期的谈判，因为要解决的不仅仅是价格问题，还有一些技术、贸易等问题。这种与客户的谈判往往有较多的专业人员参加。

决定是否参加展览会和博览会的因素是多方面的。简单的方法当然可以是所有的展览会和博览会都参加，但这样的话企业承受的费用就会过高，而且来参观展览会的观众会有相对一部分重复。因此，在选择时可以增加一些附带的考虑因素，如专业方面、观众结构方面等。

3. 制订并实施计划

企业选定将参加的展览会或博览会后，就需要制订计划并予以实施。包括以下工作：①制定参展实施方案；②预算并落实参展费用；③办理参展手续；④组织参展人员；⑤准备参展物品、材料、设备等；⑥实施参展活动，如分工、布展。

参展的费用主要由五个部分组成：①交付给主办单位的参展费；②供展出的展品费(包括运输费)；③展台的搭建费和运转费；④广告费、新闻发布会、组织费和促销费；⑤人工费(包括差旅费等)。

4. 评价与控制

对一次展览会或博览会的评价包括：①对参观观众的统计；②对会谈的评价；③对展台工作的评价；④对参展成果的评价(如新客户数、销售量、签约情况等)。控制主要是指对费用与进度的掌握。

5. 展台

展台在展览会和博览会上起着企业名片的作用，它必须与企业所展示的产品、企业的形象以及企业参展的目标相一致。在形象演示方面，展品必须完美无缺，适宜向观众展示产品的功能和优良的特性。展台和展品的组合应使观众的视觉和听觉感到满意，并引起他们的兴趣。每一个展台不论其大小，都包含三个部分，对这三个部分的要求决定了展台的总体规模。

(1) 展示部分。展示产品的部分所需的规模取决于企业的参展目标。这部分包括：展品展示、情况介绍板、录像演放和示意。其作用主要是吸引潜在客户。

(2) 会谈部分。根据产品特点和会谈的方式，可搭建休息室、封闭式会谈间或咨询台。要提高企业的形象，就必须投入资金租用较大面积的场地以满足会谈的需要。其作用主要是与客户进行沟通。

(3) 其他部分。这部分包括厨房、储藏室、放广告和样本的小仓库、衣帽间、技术装备间和办公室等。

6. 展台的运作

(1) 展台人员。它包括多方面的人员，如展台负责人、技术人员、翻译等。对展台人员的挑选主要依据专业素质和个人特性两个方面。展台工作人员原则上是企业人员，也可是展会组织人员或外聘人员。

(2) 展台的组织。对来到展台上的观众必须给其时间以观看展品。展台人员应注意观察某位观众对什么感兴趣，并从中寻找到合适的机会与之交流，因为他可能是企业寻找的潜在客户。在向感兴趣的观众问候之后，展台人员应介绍自己和观众感兴趣的展品。对已认识的来访者在互致问候后可以直接转入正题。

在展示运作中，应注意以下事项。

① 在进行会谈时一定要避免匆忙，善于倾听的人才会知道别人的问题。

② 观点、动机、批评性的意见、应用目的、质量要求及签约决策的迫切性等，都应通过有意识的提问来了解。

③ 通过了解来访客人的专业能力和决策权力，找到一个共同的认知点。

④ 在意见分歧或依据不同时，应敏捷地做出反应，尽可能寻找到具体的解决方法。

⑤ 在会谈结束时，尽可能约定下一次碰头的时间，例如，拜访的日期、寄送具体报价或技术资料的时间。

⑥ 在最后填写来访报告时，应将来访者所有愿望都记录在内，否则在博览会的紧张气氛中一些具体的问题马上就会被忘记的。

7. 广告与公关

广告与公关工作是参展规划中不可缺少的一部分，需要周密地准备相关工作，如在会场悬挂标语、条幅，播放音像资料，开发布会，拜访重要客户等。

客户的选择、识别和寻找既是循序渐进的，又是相互补充、互为因果的，甚至可能是互相结合、同时开展进行的，因此，不能主观、机械地按部就班。

第四节　潜在客户的转化

寻找到潜在客户之后，应当将潜在客户转化为现实客户，即使潜在客户具备需求、购买力、购买权三个条件并产生购买行为。

一、促使潜在客户转化的要点

企业根据市场需求，开发出适销的产品，制定出合理的价格，选择适当的分销渠道以后，必须通过多种方式进行宣传，及时地将产品及服务信息传递给潜在客户，实现与其潜在客户，即经销商、供应商、其他利益密切相关者及公众的有效沟通，并采取恰当的促销手段，以便激发潜在客户的购买欲望，促进其购买行为，使其转化为现实客户。

1. 强化客户的需求和欲望

产品的品质和文化品位都有助于加深客户的认知，而真正的转化动力是客户的需求。

要转化潜在客户，就要提供合适的产品，就必须把握客户的内心世界。只有充分地与客户进行沟通，使其了解了产品知识、品牌价值、产品的效用需求及其评价标准，把握客户的个性品位等因素，才能找准潜在客户的心理，使其转化为现实客户。企业产品是企业向客户传达利益的工具和载体，也是满足客户需求与欲望的形式。企业发展产品策略必须从市场出发，设计出强烈刺激客户需求的产品，强化客户欲望，诱导其购买。市场上最成功的产品往往不是最好的产品，而是市场最需要的产品，即通常所说的适销对路。

2. 加强品牌建设

品牌不仅仅是属性，更是利益。客户本质上是购买利益，因此属性需要转换成功能和情感利益。品牌还是一种文化的象征，它已远远超出了产品的技术和工艺方面的特征。如百事可乐，代表了美国新一代的追求和选择。品牌还反映一种个性，如万宝路是粗犷个性的张扬。品牌还体现了独特的消费者群体，加强产品品牌建设，有助于潜在客户的转化。

在同类产品较多的情况下，企业只能通过富含客户追求的品牌来达到目的，这是客户较高层次的需求和欲望。通过品牌力量的扩张，来达到市场的扩张。产品属性易复制，但品牌个性、文化价值、利益和其组合是难以复制的。通过品牌力量的渗透扩张，形成品牌接受力，进而形成品牌偏好、品牌忠诚，可使产品占有市场，获得竞争优势。

3. 降低客户付出成本

物美价廉，当然会使潜在客户怦然心动而变成现实客户。但是，客户的付出成本不只是产品的价格，还包括付出的时间成本，甚至还包括在客户使用产品中所带来的烦恼与不快，以及对购买产品后可能产生的不良后果的担忧。另一方面，客户绝对不会买他不认同的价值，无论这种价值有多么真实。客户不认同，产品就卖不出去，即使价格定得很低也会是这种结果。客户只会购买他们认同的价值，所以定价也要导入由外而内的营销思考模式。由外而内的营销思考模式是：首先要分析客户的认识，根据认知价值对产品进行定价。作为定价的关键，不是卖方的成本，而是买主对价值的认知。而认知价值是利用其他沟通手段在购买者心目中建立起来的。

4. 提供购买便利，创造购买条件

每一个"双十一"都是马云与小伙伴的幸福蜜日，网上购物的便利使多少足不出户的"宅人"由潜在客户变成了现实客户。企业应当站在客户的角度，考虑如何给客户方便以购得商品。企业必须深入了解各种不同客户对购买方式的偏好。从企业角度看，企业生产出来的产品，只有通过一定的市场营销渠道，经过物流过程才能在适当的时间、地点以适当的价格供应给广大客户，满足市场需要。这时，企业考虑的是如何大量销售、如何降低成本。为了形成优势，企业必须不断分析市场状况和客户购买行为，以及如何根据客户购

物方式的偏好给客户最好的服务、最大的方便。

企业销售系统的设计必须以客户便利为先决条件，其次是企业的营销目标。从转化潜在客户角度看，分销系统的设计必须考虑以下条件。

(1) 为客户提供空间便利。销售渠道必须为客户购买产品提供方便，如为客户节省运输成本、寻找成本等。

(2) 为客户节约时间。为客户提供快速交货的分销方式，可以获得一种潜在客户群。

(3) 尽可能增加产品品种和种类。客户喜欢在一个分销点提供较多的花色品种，使其有更多的挑选余地和选择机会。

(4) 分析不同类型分销机构的优势和劣势。不同分销机构的分销成本、推销能力等均有所不同，如制造商的代表接触每个客户所耗费的费用较少，因为总费用由几个委托人分摊。

(5) 关注竞争者的分销方式。分销系统的设计还必须考虑竞争者采用的渠道方式。与竞争者采用相同或不同的渠道方式时，分销效率的影响是很难确定的，有时可能是正面影响，有时可能是负面影响，这要视具体情况而定。

(6) 适应经济环境变化。销售系统的设计还必须考虑经济环境，例如在经济不景气时，生产者要求以最经济的方式将其产品推入市场。

5. 重视与客户的接触与沟通

促进潜在客户转化的中心是如何与潜在客户进行沟通，只有进行了充分的接触与沟通，才能具备客户转化的条件。企业应根据对建立的潜在客户数据库和接触通道的分析，确定适当的潜在客户，并采取适当的方式和选择最佳的时间与潜在客户进行沟通。而且，要利用多种沟通工具，在不同媒体上传播相互关联的信息，不断地(连续地)与潜在客户进行双向沟通，以对潜在客户产生最大影响。

接触的主要目的是选择在某一时间、地点或某种状况下，企业可以与客户进行沟通。企业要决定如何及何时与客户接触，以及接触方式与接触时间对主题有什么重要影响。其中接触的方式和时机与其传达的信息内容密切相关。

所有的客户都应该有接触产品的通道。大部分的人都是通过一定的接触通道，促使其购买产品的。对企业来说，第一步就是要列出影响客户购买产品或使用产品的所有接触通道清单。在接触管理中企业必须解决以下两个最重要的问题。

(1) 在接触通道中，最能影响客户购买决策的关键通道是什么？

(2) 在接触通道中，最能影响潜在客户的信息传递的关键通道是什么？

企业必须与其中间商、最终客户、内部员工、股东、企业外部公众进行沟通，中间商与他们的客户、客户彼此之间、客户与公众之间等也都存在各种各样的沟通。

通常企业沟通的几种主要工具是广告、销售促进、公共关系、人员推销、直复营销，每种工具又有多种组合。同时，电信与互联网使得沟通的形式与内容都更加便捷与丰富多彩，而产品的样式、包装、价格、销售人员的风格也是沟通传播信息的一个组成部分。

沟通首先必须确定目标视听众。目标视听众与目标市场(潜在客户)不一定完全相同，前者范围往往比后者更加广泛。例如，润肤霜的目标客户为20～30岁的女性，但其目标视听众可能包括产品制造商、零售商、批发商、医生、护士、药剂师、教师、美容师、客户的亲朋好友、潜在客户等。这些视听众要么直接影响销售，要么通过影响潜在客户而间接影响销售。

确定了目标视听众后，下一步就要确定沟通目标，使沟通与潜在客户反应发生联系。例如，沟通要寻求视听众的认知情感和行为反应，即通过传播沟通来改变客户态度和行为。

在沟通中必须对沟通效果——受众的反应进行记录、统计和测量，输入数据库。根据受众的反应，计划和调整下一次的沟通，循环往复，以求得最大的沟通效果。其过程如下：①设立数据库；②制订沟通计划；③执行沟通；④客户回应；⑤调整数据库；⑥调整沟通计划；⑦执行；⑧客户回应。

6. 促进潜在客户购买动机

促进动机就是使客户的欲望具体化、动力化，促使潜在客户购买本企业的产品。应该利用潜在客户的注意，比如，可以为潜在客户提供一套演示资料或者教程，让其充分了解公司的产品或服务信息，产生购买心理冲动。一般要考虑以下因素。

(1) 当前哪些客户在寻求信息资料。

(2) 客户从什么渠道寻求信息资料(这决定着企业信息传递渠道的选择以及怎样配合客户发动宣传攻势)。

(3) 信息资料来源的相对重要性(各种资料来源对购买者来说可信度是不同的)。

(4) 购买者评价选择的重要标准，即购买者最重视哪方面的利益，企业可以根据客户所重视的产品特性来重点提供信息资料。

7. 促进客户的购买

促进购买即促使客户进行购买决策。潜在客户在决策过程中，总会遇到各种阻力，包括经济的、社会的阻力，这些阻力会影响购买者的决策。所以，了解客户购买所面临的阻力，就能通过恰当的营销手段，如价格的调整、产品的性能改进、有效的广告宣传、适当的优惠、便利的支付形式、优质的服务等来消除潜在客户购买的阻力。

8. 实现销售

达成交易，实现销售，使潜在客户的需要得到充分满足，并获得有利的评价，才有可能真正实现潜在客户的转化，并且对其他的客户产生积极的影响。企业要有正确的销售渠道作保证，要研究目标客户和潜在客户的信息，以及产品在其心目中的地位，及时开展各种销售服务活动，包括售前、售中、售后的服务工作等。

二、渠道机构在促进潜在客户转化中的作用

在促进潜在客户转化的过程中，渠道机构如中间商、金融机构、广告公司、物流企业等有间接促进作用。

(1) 收集信息和传播信息。收集客户和潜在客户以及竞争对手等的有关信息，并向目标市场客户传播有关产品和企业信息。

(2) 促销。帮助制造商进行促销活动，向其他渠道成员、客户和潜在客户促销，说服他们购买产品。

(3) 集散。渠道成员如批发商、物流公司有集散商品的功能，将不同制造商分散生产的商品集中起来，进行初步加工、整理、包装等处理，再通过运输或商品交易活动，分散供给零售企业和用户。

(4) 承担市场风险。营销渠道成员通过大批购进和储存商品，为制造商承担了市场风险。

(5) 为客户提供服务。为客户提供有关产品的信息、咨询、售后服务、广告、信用等。

(6) 寻找潜在客户。寻找潜在客户并与其进行沟通，推销产品。

(7) 融资。收集和分散资金，以负担分销活动所需费用。

三、对潜在客户中的中间商开展促销活动

对中间商的促销可以使潜在购买变为现实购买，具体有如下措施。

(1) 对中间商折让。对中间商折让是指在限定期间给中间商以较正常购买折扣、更大的特价折让。对中间商折让有以下三种主要类型：①减价。指在一定期间对某产品正常购买以后给予回扣。②津贴。指给中间商现金或实物补贴，作为其在当地做推广活动的补助。常用方式为广告津贴或陈列津贴。③提供免费赠品。

(2) 与中间商合作广告。

(3) 提供同业折价券。同业折价券是由制造商提供费用，零售商为消费者提供的折价券。

(4) 布置店头宣传品(POP)。

(5) 开展中间商销售竞赛。按组织销售网点竞争的要求，给优胜者奖励。

(6) 举办销售会议。为中间商举办会议，其方式可以从在旅馆房间内的少数人简单与会，到举行一个正式的、旅行的、专业的销售联谊会等。

本 章 小 结

本章首先叙述了客户选择的影响因素、客户选择战略、客户选择的要点、经销商客户的选择要点。客户选择战略包括几个部分：客户忠诚战略、客户扩充战略、客户获得战略、客户多样化战略、不同的客户战略相结合。

本章然后叙述了客户识别的内涵、识别客户的"6C"描述性分析、客户的初步评价、识别最佳客户的流程及方法。

最后，本章叙述了潜在客户的寻找与转化，包括潜在客户及分类，寻找潜在客户的途径、步骤和方法，促使潜在客户转化的要点，渠道机构在促进潜在客户转化中的促进作用，对潜在客户中的中间商进行促销的措施等。

思考与练习

1. 什么是客户识别与客户选择？客户选择的影响因素有哪些？
2. 客户选择的要点有哪些？
3. 有哪些客户选择战略？
4. 如何对客户进行初步评价？
5. 客户识别的任务是什么？
6. 识别最佳客户的流程及方法如何？
7. 寻找潜在客户的步骤有哪些？
8. 如何通过参加展览会来吸引潜在客户？
9. 促使潜在客户转化的要点有哪些？

实训项目题

重点知识讲授

1. 客户的选择(因素、要点、流程)；2. 寻找潜在客户(途径、步骤、方法)；3. 潜在客户转化的要点

实训项目 1：分析潜在客户

结合开篇引例 2，分析谁是王强的潜在客户？王强的方法有何问题？如何改进？

实训项目 2：怎样寻找潜在客户

结合开盘引例 1，分析李嘉诚是如何寻找潜在客户的？他为什么找老太太来开辟市场？

实训项目 3：潜在客户的转化

学生 3～5 人为一组，每组选择一种产品(如房子、汽车、药品、设备、空调、保险、理财产品等)进行推销，另一组作为客户购买方(可以是个人或组织)；然后双方交换角色。将会谈过程与结果记录下来。由教师选择其中一些组，选中的学生组用 PPT 介绍自己与客户会谈的结果，并自我评价。

案 例 分 析

【案例】电器厂商的客户识别与选择

国内某电器公司将其经销商按销售对象的不同分成了门市零售与批发销售两类客户。这是因为门市零售多半是现金购买，其销售对象多是一般家庭；而批发销售则多采用分期付款方式购买。二者所需要的资金、推销、管理技术也大不相同，前者常负担较大风险，需要较高的推销技术；而后者常需有良好的销售网络与充足的资金。因此公司在对这两类客户的管理与指导上也大不相同。

问题：

如果你刚刚创业，开设了一家生产小家电的微小企业，你选择哪类客户销售你的产品？

如果你是一个银行业务员，你想选择哪类客户作为你的贷款客户？

(资料来源：李光明. 客户管理讲义. 2015)

第三章　客户调查与信息管理

【学习目标】

通过本章的学习，要求掌握开展客户调查的基本步骤和实际调查的方法，了解和避免客户调查中的误区，掌握管理客户资料信息的方法和内容。

本章关键词：客户调查；观察调查法；询问调查法；实验调查法；德尔菲法；客户数据库

本章项目任务：1. 如何进行客户调查；2. 设计客户资料卡

【开篇引例】小王的客户

小王是某食品公司杭州地区的经理。原来杭州只有一家经销商张老板，最近有一个王老板给公司打电话，要求做该公司的经销批发商，并说每年销量保证比原来的张老板多一倍。公司要求小王提供王老板的资料及参考意见。

思考：小王该如何处理？应怎样进行调查？

(资料来源：李光明. 客户管理讲义. 2015)

第一节　客户调查的内容

一、市场调查与客户调查

1. 市场调查

市场调查是对市场的情况与信息进行收集与分析，得出结论。市场调查是企业在市场营销活动中的一个重要环节，一般在企业进入市场之前必须进行，而且在整个市场营销过程中不断开展，以便为企业经营提供客观、可靠的信息。市场调查包括市场的各个方面：宏观环境(人口、政治法律、经济、社会文化、科学技术、自然地理)和微观环境(企业自身、供应商、营销中介、顾客、竞争者、社会公众)，既有历史的和现实的、个别的和一般的，又有基础的、广泛的，也有专门的、针对性的，但一般较注意其时效性。

2. 客户调查

客户调查是对潜在客户和现实客户的情况、信息进行收集与分析，客户调查的目的是为企业的市场营销和客户管理提供可靠的信息资料，它主要侧重于企业现在的客户和潜在客户的基本情况，具有专门性、全面性和隐密性。例如引例中小王的两种客户。

市场调查与客户调查的目的都是为企业营销工作服务。但是二者的区别比较明显：在调查范围上，市场调查大于客户调查；在调查内容上，市场调查比客户调查广泛；在调查对象上，客户调查的重点是与企业现在或将来有业务来往的组织和个人，尤其是个人的情况，而市场调查的对象是所有构成或影响市场的因素。但从企业的整个市场营销活动过程来看，客户调查也可以说是市场调查的组成部分。

二、客户调查的基本内容

客户调查一般可分为对个体客户的调查和对组织客户的调查，对组织客户的调查以企业客户的调查为代表，这两者的调查内容有所不同。

1. 个体客户调查

个体客户调查的基本内容包括客户的基本资料、教育情况、家庭情况、人际情况、事业情况、与本公司的关系情况、生活情况、个性情况、阅历情况和其他可供参考的资料等，具体如下。

(1) 基本资料。个体客户的基本资料主要包括姓名(绰号、小名)；身份证号码；所服务的公司名称；职位职称；家庭住址、电话及传真、手机、电子邮箱、QQ、微信；公司地址、电话及传真、注册编号；户籍、籍贯；出生日期、血型；身高、体重；性格特征，等等。

(2) 教育情况。教育情况包括高中(起止时间)、大学(起止时间)、研究生(起止时间)；最高学历、主修专业、主要课程；在校期间所获奖励；在校期间参加的社团(职位)；最喜欢的运动项目；对"文凭"的看法。

(3) 家庭情况。家庭情况主要包括已婚或未婚；配偶姓名、生日、血型、教育程度、兴趣专长；结婚纪念日、如何庆祝各种纪念日；有无子女、子女姓名(生日)、子女教育程度；对婚姻的看法、对子女教育的看法等。

(4) 人际情况。人际情况主要包括亲戚情况(人数、生活)；与亲戚相处的情况；接触最频繁、最要好的亲戚；朋友情况(人数、生活)；与朋友相处的情况；最接近、最要好的朋友；邻居情况(人数、生活)；与邻居相处的情况；最亲近、最要好的邻居；对人际关系的看法等。

(5) 事业情况。事业情况主要包括以往就业情况(起止时间)、公司名称、公司地点、职称(年收入)；目前公司职位(年收入)；在目前公司中的地位；对目前公司的态度；是否参加公司内部社团；对事业的态度；长期事业目标；中期事业目标；现在最开心的个人成就或公司福利；重视现在或未来的发展(理由)等。

(6) 与本公司的关系情况。与本公司的关系情况主要包括与本公司初次业务往来的日期；与本公司业务往来情况；与本公司关系如何；本公司中哪些员工认识这位客户，分别与客户关系如何，等等。

(7) 生活情况。生活情况主要包括过去的医疗病史；目前的健康情况；是否饮酒(种类、数量)，对饮酒的看法；是否吸烟(种类、数量)，对吸烟的看法；喜欢在何处用餐；喜欢吃什么菜；是否反对别人替他付餐费；生活态度如何，有没有座右铭；休闲习惯；度假习惯；喜欢的运动、比赛，对职业足球与篮球的看法，拥戴的球队；经常乘坐的交通工具；喜欢的聊天话题；希望给谁留下好印象，留下什么印象；对哪种成就感最骄傲，对哪种失落感最沮丧等。

(8) 个性情况。个性情况主要包括曾参加的俱乐部或社团，目前所在的俱乐部或社团；是否热衷政治活动；在所住社区与地方参与的活动；宗教信仰(态度)；忌讳(不能提到的事情)；重视哪些事；特长；喜欢看哪些类型的书；喜欢看哪些类型的电影；有何专业能力；自认为自己的个性如何；家人认为他的个性如何；朋友认为他的个性如何；同事认为他的个性如何等。

(9) 阅历情况。包括对于目前经历的综合看法；十年后的目标；个人中期目标；个人长期目标；人生的最终目标；目前最想完成的事；目前最满足的事；目前最遗憾的事；目前最想强化什么；目前最想克服什么等。

(10) 其他可供参考的资料。其他可供参考的资料主要包括与这位客户交谈有哪些道德顾虑；客户对本公司或竞争对手的看法；是否愿意接受他人建议，改变自己；是否重视别人的意见；是否非常固执；待人处事的风格；是否管理上有问题；是否与管理层有冲突；本公司能否协助解决问题，如何协助；竞争者能否更好地解决以上问题等。

掌握以上资料对于建立维护客户关系相当重要。例如可以根据这些资料，在某个客户的纪念日前，送他两张电影票，让他惊喜；也可以为他提供"如何治疗失眠"的报告(当然已知道他正为失眠困扰)；还可以利用客户的业余爱好，与他进行沟通，比如陪他看球赛。企业要以对待朋友之心去运用这些资料，而不能刻意去笼络客户，功利性地讨好，只在他购买成交时才去拜访或送礼，平时则音信全无。

2. 企业客户调查

企业客户调查主要包括以下内容。

(1) 基本资料。企业客户的基本资料主要包括企业客户的名称、地址、电话；企业的所有者、经营者、管理者、法人代表及他们个人的性格、兴趣、爱好、家庭、学历、年龄、能力；创业时间、与本公司交易的时间；企业组织形式、业种、资产等。

(2) 客户的特征。客户的特征主要包括服务区域、销售能力、发展潜力、经营观念、经营方向、经营政策、企业规模、经营特点等。

(3) 业务状况。业务状况主要包括销售实绩；经营管理者和业务人员的素质；与其他竞争者的关系；与本公司的业务关系及合作态度等。

(4) 交易现状。交易现状主要包括客户的销售活动现状；存在的问题；保持的优势；未来的对策；企业形象、声誉、信用状况；交易条件及信用问题等。

三、企业客户经营情况调查

企业客户经营情况分析一般是在对企业客户基本情况了解的基础上，再利用财务报表进行分析。其目的在于揭示客户的资本状况和赢利能力，以了解客户过去、现在和未来的经营状况。

财务报表分析包括对客户的资产负债表、损益表、现金流量表的主要项目做出较为客观的调查评估。

1. 资产项目

资产项目主要包括：现金和银行存款、存货资产、应收账款、固定资产以及其他资产等。

(1) 现金和银行存款。这种资产是十分明显的，客户一般不会在现金资产上弄虚作假，该资产的流动性最高。

(2) 存货资产。这种资产的调查可通过横向比较存货周转率和存货平均周期来分析客户存货的储存期是否合理。此外，还有存货的适销性和价格的稳定性、废弃和变质的风险、保险额是否充分，以及处理存货账户的方法和内容等。

(3) 应收账款。对应收账户的规模、账龄以及来源必须仔细分析，因为它们代表着最接近现金的项目，并且可能是归还短期欠款的主要资金来源。

(4) 固定资产。固定资产是一种财产保障。其主要的影响因素包括：固定资产是否适销、折旧计提是否足额、财产是否良好，以及保险金额是否充分等。

(5) 其他资产。如股票、证券、投资、无形资产(如品牌)等。

2. 负债和净值项目

(1) 短期负债。主要包括流动资金贷款、应付账款，以及税款和其他费用的应计额。如果客户的应付账款规模相对较大，就必须仔细调查，因为这意味着该客户可能不能及时偿还其债务。

(2) 长期负债。包括长期借(贷)款以及客户发行的中、长期公司债券。应重点分析这些债务的性质和期限，以及为满足付款的各种需要所做的准备。

(3) 所有者的权益资本或价值的大小。它反映了客户归还欠款的实力，客户管理人员应重点分析客户的资本结构，如果普通股在总资本中所占比重较大，说明其资本实力较为巩固。此外，企业还必须分析客户的资本中是否存在弄虚作假的成分等。

3. 损益表中的项目

客户的损益表反映了客户资产的质量以及经营的稳定和管理效率。主要是利润与收入。

损益表分析通常采用一个综合的报表来进行，为了便于与前一阶段的数字以及与其他同类公司的情况相比较，其中所有的项目可折算成与销售额的百分比来表示。通过比较，可判断公司经营管理水平及其发展趋势。

此外，在分析损益表时，必须注意考察编制损益表所用的会计方法是否发生变化，以及有关的非正常收入和支出项目。非正常收入项目主要是指客户固定资产出售所获取的收益，而非正常支出项目主要是指客户固定资产出售的损失、存货短缺和废弃损失等。对这些非正常项目的变动，企业同样必须查明原因以免带来欠款的潜在风险。

4. 现金流量表中的项目

现金流量表反映客户在报告期内(一般为一年)营业资金及其流动性的变化，是评估客户短期欠款偿还能力的一个主要指标。该报表显示了客户财务状况的变动，这些变化可能来自于经营、资产、负债或净值项目等，这些流动性的变化对企业来说是至关重要的。客户的偿债能力会随着流动资金的来源不同而发生变化，如果客户的流动资金来自净收入的增加，而这种净收入又是由投资规模的扩大、存货的增加以及管理效率的提高带来的，那么这种流动性是可靠的，它能实实在在地增加偿债能力；相反，如果其流动资金来自应付账款和应付票据，或来自短期欠款，企业就应该怀疑该公司的真实流动性了，这种情况下，客户的偿债能力是可疑的。

5. 比率分析项目

比率分析是根据财务报表提供的有关信息，计算出各种不同的比率，以揭示客户经营状况的一种分析方法。它是客户经营情况分析中技术性最强的一部分。正确的比率分析能够精确地揭示出客户的经营状况并可借此预测其未来的经营趋势。

比率分析中常用的比率有流动性比率、活动性比率、财务杠杆比率以及赢利能力比率四种，而每一种比率又包括若干不同的计算指标。

(1) 流动性比率。流动性比率反映了当短期债务到期时客户偿债能力的大小。如流动资金与流动负债比。

(2) 活动性比率。活动性比率又称为周转率，主要包括固定资产周转率、收款周期、应收账款周转率和存货周转率，这几项比率反映了客户为达到预定的销售额必须使用的资产量。该组比率可用于测定客户资产中特定项目的运营效率。

(3) 财务杠杆比率。财务杠杆比率主要包括债务/资产比率、债务/净资产比率和固定费用承担率，反映了客户对借入资本的依赖程度，以及客户履行长期债务本息支付义务的能力，同时反映客户负债经营管理的效率，也有的叫自有资金比率。从企业的角度来看，股权资本的数量代表客户回避运营损失风险及其资产贬值风险能力的大小，因此企业希望客户的财务杠杆比率控制在安全范围之内，例如40%被认为是一个安全"红线"。而从另外一个角度来看，客户可以通过运用外部资金来源以较少的个人投资来管理企业，假设借入资金进行投资产生的收益大于借入资金的成本，那么客户就存在增加财务杠杆比率的动机。

(4) 赢利能力比率。赢利能力比率主要包括运营利润率、销售收益率、资产收益率和普通股收益率，说明了客户的赢利能力与其投资或销售额之间的关系，它是用来测算客户总体上的经营管理效率，例如资产收益率。企业为了确保资金的安全，大多愿意满足赢利能力较强的客户的需求。

对财务报表的比率进行分析时，不仅要进行静态分析，更重要的是还要对其进行动态分析。也就是采用比较方法，分析不同时期的财务报表，从而把握公司经营状况的变迁，并预测其发展趋势。通过动态分析可以弄清公司的经营状况和赢利能力是改善了还是恶化了。比率趋势分析可以提供客户未来经营状况可能发生变化的种种迹象，对企业经营决策具有重要意义。

比率分析是一种量化的分析方法，具有其他方法所不具有的直观性和实用性。但比率分析结果的正确与否，要取决于财务报表资料的准确性。因此，财务报表的准确性大小是比率分析成败的关键。进行比率分析还要注意一点，就是不要仅从比率的表面现象上做文章，还要注意考察隐藏在数字背后的经营事实。把比率分析停留在字面上是不明智的，而且可能会得出与事实相悖的结果。进行比率分析时，必须结合客户的经营环境进行综合考虑，这样得出的结论才比较客观、更加符合实际。

四、客户调查资料的来源

熟悉资料的来源及检索方法是客户调查工作成败的关键。一个优秀的客户调查人员不但要有丰富的学识和实践经验，还要有孜孜不倦的求知欲望和毅力，以及见微知著、善于发现新信息的洞察能力。

1. 内部资料来源

本企业的内部资料是调查人员可以最先获取的资料。内部资料来源有以下两种。

(1) 本人自有资料。调查人员完成每项调查工作之后，都应把全部资料细心编制索引后归入本人自备的专用档案以作备查。无论是用公文夹、卷宗、硬盘、光盘还是索引卡形式存档，所有入卷存档的资料不但包括本人参加各项调查工作所获取的资料，而且还包括其他有关文件摘要和剪报的资料。当调查人员重新接受一项调查工作时，对这些资料就可以有选择地加以利用，以减少不必要的重复劳动。

(2) 公司档案。公司本身的业务活动可以为客户调查工作提供大量有参考价值的资料。除此之外，调查人员还可参阅公司的客户名单、历年销售记录、本公司推销人员(或代理商与经销商)提供的客户报告与客户来往电函(包括询购或索赔的信件)以及财务信息，只要细心查阅就可从中检索到大量有用的资料。

2. 机构资料来源

世界上任何一个国家都有提供客户调查资料(已公布的或未公布的资料)的机构，著名的有美国的邓白氏公司等。这种机构有官办的，也有民办的。设立这种机构的目的是为了提供信息业务，以达到信息资源社会共享。这种服务既有无偿服务，也有有偿服务。类似这样的机构，即便在最不发达的国家和地区也可以找到，它们是客户调查人员需要首先检索的资料来源处。每一位精明、干练的客户调查人员都会全力与这类机构及其工作人员保持密切联系，并详细了解它们能够提供哪方面的资料。

涉及国际贸易的外向型企业，客户调查人员需要向国外的公司和拟作产品目标出口客户的国家或地区的机构索取资料。这类机构经常采用信件的方式来答复来自各方的询问；如果登门拜访，它们可能会向你提供更多的资料。因此，这类机构经常是客户调查人员在进行实地调查时最先涉足的地方。

3. 图书馆来源

每个国家都有许多图书馆。对于客户调查人员来说，最有价值的莫过于外贸部门或促进贸易的主管部门附设的图书馆了。这些图书馆可以提供有关交易的具体数字和某些客户的基本经济情况等资料。同时，这些图书馆也可提供关于产品、采购单位等较为具体的资料。

另外，一些公共图书馆和大学的图书馆通常都存有各种集编的文献资料，这类资料起码能够提供有关客户的背景材料，也是非常有用的。

这些图书馆的名称和地址，一般可在工商名录如"世界图书馆指南"这类书籍中去检索。如果客户调查人员要调查外国客户的情况，可以到当地较大的公共图书馆去查询，相信那里的工作人员会指导调查人员如何在当地找到有关专业性的图书馆。

4. 国际组织来源

很多国际组织刊印发行了大量可供客户调查、参考的有价值的资料。其中对客户调查较为重要的国际组织有以下几个。

(1) 国际贸易组织(WTO)。可提供具体类别产品在某些国家客户销售情况的调查报告。

除了主编出版有关客户调查的书刊之外，还设有贸易咨询服务机构，并可用电脑信息系统提供某些具体类别产品的贸易统计资料。

(2) 联合国。可提供关于贸易、工业和经济等方面的系列统计资料，包括其成员国各自的统计资料，以及与开拓和发展客户有关的各类专题报告或论文。

(3) 粮农组织(FAO)。可提供关于农业及有关方面的系列统计资料和其他专题报告，包括客户调查研究的专题报告。

(4) 经济合作与发展组织(OECD)。可提供关于对外贸易、工业、科技、粮食和交通运输等方面的专题论文和有关系列的统计资料。

(5) 联合国贸易和发展会议(UNCTAD)。可提供有关会议的文件和有关国际贸易多方面的专题论文，如贸易限制措施和普惠制等。

(6) 联合国经济委员会(UNEC)。可提供关于各成员国自然地理方面的统计资料和专题论文。

(7) 国际货币基金组织(IMF)。可提供关于不同国家、地区和国际范围的外汇管制措施、其他贸易限制、对外贸易以及财政经济等方面的专题报告。

大部分国际组织还将自己出版发行的各种书刊编印成目录或书单印发给其他机构参阅。当然，这些目录或书单不一定包括最新出版的书刊或其他最新资料。但是，如果客户调查人员熟识这些国际组织的内部结构，各部门的职责范围、工作性质和特点，有关负责人或工作人员名单，并与其保持经常性的联系，也可能从中得到最新(甚至还未公开发行)的书刊或资料。

5. 政府机关来源

与客户调查人员联系最紧密的政府机关是统计部门以及与行业相关的管理部门。这些部门专门负责整理和公布各种有关系列的统计资料。有时候，即使是还未公布的统计资料，这些部门也可以提供。同时，这些部门所公布的有关人口普查的统计资料对于客户调查也相当有用，调查人员从中可以发现当地消费者的购买力，各种具体的行业和零售分销网点主要集中在哪些地方。因此，这些部门也是客户调查取得有关数据的重要资料来源处。

6. 商会来源

商会一般属于官方组织，当客户调查人员需要和它们下属的会员企业交往时，商会经常起到首要的甚至是第一联络人的作用。特别是在美国、英国等实行市场经济的国家里，商会是各会员机构的首席代表。商会经常可以为调查人员提供很多有用的资料，如会员公司名单、当地客户习惯使用的贸易方式和贸易条件、有关贸易规定等。机构较为庞大的商会还附设商业图书馆，供会员公司或非会员公司使用。

7. 行业协会来源

很多行业协会自办有定期出版的报刊，定期公布关于本行业的统计数字资料和会员名单。但也有些行业协会不愿意向非会员公司提供资料；即使愿意提供某方面资料，一般也难以满足客户调查的要求。

行业协会所收集的资料和所提供的有关企业公司的名单一般以当时的会员公司为基础，其中不一定包括所有大公司或其他为数众多的小公司，由行会提供的资料不一定能全面、准确地反映出此行业今后的发展趋势。但它们所提供的联络渠道、具体联系人员名单、有关产销方面的结构情况，仍然是很有参考价值的调查资料。

8. 商业出版社

很多商业出版社专门组织出版一些对客户调查很有参考价值的书刊，如工商行名录、商品评论、系列统计资料、工业专题论文等。客户调查人员应与这类出版社建立通信联系，请它们邮寄有关即将出版的书刊目录或书单等材料。

报纸、杂志的出版部门除了可以提供已见报的资料外，还可以提供它们服务的客户(如商业广告客户等)的资料。有些报纸、杂志的出版部门为了招揽更多的广告生意，也经常组织人力进行客户调查并将调查报告印发给那些有潜力的、经常需要在该家报纸、杂志刊登广告的客户。当然，这些客户调查一般是要根据出版社本身的业务需要而撰写，调查人员必须对其提供的资料认真审查、分析后才可选用，但其中有些仍不失为很有参考价值的材料。

9. 银行

银行是客户调查的一个重要的资料来源处。外国银行在当地开设的支行，或与国外银行建立了往来业务联系的银行，通常可提供下列资料和服务。

(1) 定期的或特约的客户报告，内容包括有关国家经济发展趋势、政策和展望，主要工业和对外贸易发展情况等。

(2) 对国外个别客户的资信情况和活动能力进行调查和鉴定，并提供有关情况报告。

(3) 提供关于国外贷款期限、支付方式、汇率变动等最新消息。

(4) 向外国商家介绍贸易机会和安排双方会晤面洽。

客户调查人员应先与本公司的往来银行联系索取有关资料。一般来说，银行只乐意向它的关系客户提供服务。不管情况如何，调查人员均可请求与本公司的往来银行尝试与其他主要银行(总行或支行)联系，索取一切可能得到的资料。

世界上有一些大型银行印刷多种定期刊物对外免费赠阅。这些期刊经常载有关于当地经济、财政和贸易等方面的资料。还有一些银行，它们的总部设在出口客户当地，但在客户调查人员的国家里却没有分支机构。尽管如此，也应该(而且非常必要)争取它们的帮助，以取得有关当地客户的资料。一般来说，它们除了可以提供有关当地客户的情况之外，还可以帮助客户调查人员与和它们有业务关系的商家进行接触，而这些商家有可能就是本公司出口产品在当地富有发展潜力的、未来的重要客户。

10. 消费者组织

很多国家都有消费者协会这类组织，其目的是保护消费者的合法权益。很多消费者协会经常查验在各自国家行销的各种产品并在某些定期刊物上公布有关查验结果，而且还对零售价格变动情况提供报告和到现场走访客户，广泛收集意见。类似这样的资料，对于客户调查是十分有用的。

11. 企业公司

无论采用哪种调查方法，活跃在当地的企业公司都是重要的客户调查资料来源处。调查人员可以通过书信联系，请求这些企业公司的公共关系主管部门寄来该公司的商品目录、商品活页图片、价格单、经销商名单、公司年度报告、发行公司股票时提出的财务报告书或其他资料，企业调查人员可从中搜集到大量关于目前竞争对手或将来可能成为竞争对手的公司的资料。

这些资料有时候也可向当地有关产品的买主或用户索取。如果这类资料能够搜集齐备，对于了解当地客户竞争情况和有关产品在当地的生产情况，均有很大的帮助。

客户调查人员甚至还可向本国的其他企业公司寻求有关调查资料。当然，属竞争对手的企业公司可能对调查人员的帮助不大，但其他非竞争对手的企业公司可能乐意调查人员分享它们的知识和经验，至少能够提供某些有用的背景材料或联络人员名单。因此，客户调查人员不应该忽视向本国其他企业公司获得有关调查资料的可能性。

12. 网络

互联网是现代获得客户资料的重要而便利来源，除了自己搜索，还可以在网上购买。

第二节　客户调查的步骤

一、确定调查主题

客户调查的起因一般来自于某种问题或需要，比如，企业制定服务标准的需要、客户的购买量下降了、客户对企业的服务有抱怨、企业开拓新市场等。有了起因，但不一定构成调研的主题，还要对问题或需要进行分析和研究。客户调查主题的确定一般包括以下四个方面。

1. 提出调查主题

调查主题往往由企业管理者提出或者是因为市场、业务发展的需要而提出。当问题提出时，有的涉及的面比较广，例如怎样让客户满意，但这样大范围不宜作为调查的主题，需进一步提炼，比如对客户的心理、动机进行研究。有的比较具体，例如对一个具体的客户，可能就有三种情况下需要调查：开展业务前的准备；业务进行中的变化；业务发展的要求。

2. 选定具体调查目标

大多数情况下，客户调查的目的有着多重性，如了解客户的实际需要、喜欢的服务方式、引起某些问题的原因、解决问题的各种措施与方案等。这些大方向的目的还需要转化为具体的目标，调查的具体目标通常以研究问题的形式出现，表明了决策者所需要的信息内容。例如客户的购买量下降，则调查的总目的是寻求提高客户购买量的方法与措施，调研的具体目标为：

(1) 客户的总体购买量状况。

(2) 客户购买本企业产品的状况。

(3) 企业客户的经营状况、地域分布等。

3. 形成假设因素

当调查的具体目标确定之后，就要对市场上各种可能的情况形成一些适当的假设。假设的接受与拒绝都会帮助研究者达到客户调查的目的。实际上就是将调查的具体目标分解为具体的问题，假设的形式有两种：根据研究资料判断的陈述性假设和要调查的各种可能的行动方案假设。为此，问题的设计可以有两个方面：一是对客户现状(行为)的原因假定分析，二是可采取的行动产生的效果或影响。

(1) 陈述性假设。陈述性假设一定要与研究目标有密切的联系，如针对客户购买量下降原因的陈述性假设可以包括以下内容：①价格影响很大。②品牌有一定的影响。③服务质量对客户有显著影响等。

(2) 不同的行动方案假设。假设也可以用于表达某个行动的不同方案。比如，某超市进行一项客户调查，目的之一是如何吸引更多的顾客前来购买，可以进行以下几个方面的假设：①改善超市员工的服务态度。②为顾客提供更多的优惠。③开展有特色的个性化服务。

并非所有的调查都需要作正规的假设，这主要取决于假设的接受和拒绝能否帮助调研人员达到调研的目的。一般来说，简单的事实收集研究就不需要作假设，而大多数的客户调查都需要假设，以使资料的收集工作有较大的依据性。

4. 判断调查需要的信息

在调查目的确定并做出相应的假设之后，就需要判断达到调研目的以及对假设进行检验所需的确切信息。

判断调查所需信息的工作对于设计问卷或调研提纲并保证达到研究目的有重要意义，但这项工作又常常被研究者忽视。另外，这项工作在调研的初期就要开始，并不局限于等到作研究假设之后再进行，同时，在调查过程中有时还要根据实际情况进行调整。

二、设计调查方案

实施调查需要有一套完整的调查方案。调查方案设计主要涉及的内容有：客户调查类型的确定，即需要什么类型的信息；资料收集方法和渠道的选择，即通过电话访问、个人访谈、邮寄问卷等；组建客户调查队伍；样本计划的选择；调查预算和时间安排；提出调查建议书等。

1. 确定客户调查类型

客户调查按其研究的问题、目的、性质和形式的不同一般分为以下三种类型。

(1) 探索性调查。探索性调查用于探询调查问题的一般性质。尤其用于对市场、客户的初步探查，例如对新市场、新客户的开发。在调查的初期，由于问题及其范围不是很清楚，不能明确调查主题，而探索性调查主要就是发现问题和提出问题，以便确定调研的重点。比如，近几个月来，超市的客户大量流失，究竟是什么原因造成的？是因为新开业的其他超市抢走了自己的客户，还是市场上出现了新的替代品？或者是客户的喜好发生了变化？或者是超市本身经营管理不善？由于影响客户流失的因素很多，一时难以分清，有时不可能一一调查。为了寻求可能的原因，应先从一些客户或中间商那里收集多方面的信息资料，从分析中发现问题，以便进一步调查。

探索性调查的目的是明确的，但研究的问题和范围比较大，在研究方法上比较灵活，事先不需要进行周密的策划，在调查过程中可根据情况随时进行调整。探索性调查一般通过收集第二手资料，或请教一些国内外专家，让他们发表自己的意见，谈自己的看法，或参照过去类似的实例来进行，多以定性研究为主。

(2) 描述性调查。描述性调查是通过详细的调查和分析，对已经找出的问题作如实的反映和具体的回答。多数的客户调查都属于描述性调查，比如对潜在客户、同类客户占有率以及竞争对手的状况描述等，其目的是收集有关的各种资料，并对这些资料进行分析研究，揭示市场发展变化的趋势，为企业的决策提供科学的依据。尤其在与客户发展业务和关系时必须做描述性调查，例如目前现实客户的状况、潜在客户的情况。

与探索性调查相比,描述性调查的目的更加明确,研究的问题更加具体。在调查之初,通常根据决策的内容,把研究的问题进一步分解。描述性调查需要事先拟订周密的调查方案,并制订详细的调查计划和提纲,包括各项准备工作(如调查表的设计、样本的选择、调查人员的选择与培训以及调查过程的管理等),以确保调查工作的顺利进行。

(3) 因果性调查。在有必要表明某个变量是否是引起或决定其他变量的值时,就要用到因果关系研究。这些变量有的是企业自身可以控制的变量,如产品质量、产品价格、销售人员的素质等;而有的则是企业无法控制的变量,如市场竞争状况、市场的供求关系等。如果能找到某种关系或联系的证据,就可以判断某种因果关系可能存在,但一定要有适当的证据来证明某个变量在另一个变量变化之后出现相应的变化,而没有其他因果因素引起这种关系。因此,因果性调查的目的就是要找出关联现象或变量之间的因果关系,弄清原因和结果之间的数量关系,进一步揭示和鉴别某种变量的变化究竟受哪些因素的影响,以及各种影响因素的变化对变量产生影响的程度。例如,客户提出销售量的下降与价格有关,就可对客户的购买价格和销售价格进行针对性的调查。

探索性调查、描述性调查和因果性调查是客户调查的主要类别,但是,千万不能将它们之间的区别绝对化。一项具体的客户调查可能会涉及几种调查设计以实现多种目标,而究竟应该选择哪几种调查设计则取决于调查问题的特征。这是选择调查类型的一般性指导原则。如对调查问题的情况了解甚少,则理想的做法是从探索性调查开始。探索性调查在下面几种情况下使用是比较恰当的:

① 调查主题尚未精确界定的时候。

② 需要设计调查假设的时候。

③ 关键变量需要隔离出来并划分为独立变量的时候。

大多数情况下,探索性调查之后应该是描述性调查或因果性调查。比如,根据探索性调查做出的假设应该用描述性调查或因果性调查进行验证,但并不是所有的调查设计都必须从探索性调查开始,这取决于调查问题界定的确切程度以及调研人员对调查问题的确定程度。比如,一项针对客户满意程度而进行的调查就没有必要涉及探索性调查阶段。有时,探索性调查也可以安排在描述性调查和因果性调查的后面。比如,当描述性调查和因果性调查使管理人员很难解释的情况下,探索性调查就可以为理解描述性调查或因果性调查提供更多的信息。

2. 选择资料收集方法和渠道

资料的收集方法和渠道选择是调查方案设计中的核心环节,也是将来调研费用发生的主要部分。第一手资料(原始资料)的获得方法很多,也很灵活,如观察法、实验法、询问法以及邮寄问卷、电子邮件、电话访问、深度面谈、专家访谈等。具体采用什么方法要依据调研的目的、性质以及研究经费的多少等因素来决定。但是，无论采取哪种方法，都要紧密围绕调研主题，周详安排。第二手资料的获得方法在前面的调查资料的来源中已经叙述，最常见的资料来源有下面几个方面。

(1) 公司自身的信息系统。

(2) 政府的统计部门、行业协会等。

(3) 专门收集资料以供出售的组织或公司。

但是，实际情况往往是企业要调查的主题是非常"个案"的，并没有被纳入正常的统计口径之内，凭经验和行业管理体系知识，难以想象谁会掌握这些资料。这个时候，企业只有预先"海选"，以确定几种渠道。实践证明，这种"海选"是必要的，即使是错的，也会为企业最终的目标提供意想不到的契机。

3. 组建客户调查的队伍

客户调查可以由企业内部人员去完成，也可以由专业化的社会组织来完成，另外还可以由企业与外部的研究专家联合形成课题小组或请他们完成课题的某一部分，如进行抽样设计或提供特殊的资料分析手段等。

在下面的情景下，寻求外部的帮助是必要的。

(1) 企业内部没有进行客户调研的技能或经验，以往做过一些但是效果不理想，没有发掘出真正有用的或想要的信息。

(2) 企业对信息的需求紧迫或量大，自身的力量难以胜任。

(3) 寻求外部力量帮助的成本要比自己做的低。

(4) 公司作为研究结果的使用者，公司的名字及研究的真实目的不宜公开。

社会上有许多专业调研机构，如何从中选择一个合适的，关键因素就是判断所选择的机构能否提供所需的资料、设备和预期的结果。下面的是一般的步骤：

① 查询在企业的课题研究领域有专门知识和经验的机构名单。

② 进行资质调查，如业绩、机构性质等。

③ 与初步选中的机构负责人进行面谈，进一步沟通，了解该机构的真实能力。

④ 依据各机构递交的项目建议书中表述的对项目的理解程度、方案设计以及费用等要项，进行选择。

企业在寻求外部机构进行调研时，往往不得不将企业的内部情况甚至是机密资料告诉外部人员，这就涉及企业的保密问题，因此一定要慎重。

4. 选择样本计划

大多数调查课题都只能从与研究问题有关的目标总体中的某个样本那里得到资料，通常指的是确定调查的对象。样本计划就是描述选择这个样本的过程与方法。一般地，客户调查具有针对性和专门性，样本数量不会太多。常用的抽样方法有以下几种。

(1) 随机抽样。随机抽样是指从调查总体中按一定规则抽取一部分单位作为样本，通过对样本的调查结果来推断总体。这样，总体里的每个组成部分都以一个已知且同样的概率被选在样本里。在要表明样本代表总体的程度时，一般使用随机抽样。随机抽样一般有以下两种方式：

① 纯随机抽样。完全不区别样本是从总体的哪一部分抽出，在全部总体中每个单位都有同等机会被抽取出来。具体可采用抽签法或乱数表法(随机号码表)。

② 机械抽样。将全部调查单位按照某个标志加以排列，并按照一定的间隔抽取调查样本。

(2) 非随机抽样。在非随机抽样中，研究总体中每个组成部分被抽中的概率是不同的，而且也是未知的。具体方法有以下几种：

① 类型抽样。把调查总体划分为性质相近的各组，然后在各组内用纯随机抽样或机械抽样的方法，按各组在全部总体中所占比重比例地抽出样本，例如按不同的交易额、按不同年龄、性别等。这种方法也叫类型比例抽样，样本代表性更大，可得到较纯随机抽样或机械抽样更精确的结果。

② 整群抽样。上述方法都是从总体中抽取个别单位，而整群抽样则是整群地抽取样本，然后对这一群单位进行全面观察，例如某地区的所有客户。其优点是比较容易组织；缺点是样本分布不均匀，代表性较差。

③ 任意抽样。根据调查人员的方便来决定样本。

④ 判断抽样。由专家判断而决定所选的样本，也称大意抽样。

⑤ 配额抽样。根据经验，主观规定各类样本的数目。

(3) 普查和典型调查。普查是对调查对象进行逐个的调查，以取得全面、精确的数字资料，信息准确度高，但耗时长，人力、物力、财力花费大。典型调查是选择有代表性的样本进行调查，据以推论总体，如选择一两个大客户进行调查。

在样本设计中，其他的工作包括确定样本数量的大小以及选择减少样本结果偏差的方法等。

5. 估计要进行的资料分析结果

在开始收集资料之前，研究者必须判断将要收集什么类型的资料，或需要什么样的结果才能达到研究目标，而且该资料也适宜提出决策建议，而一旦资料收集完毕，再补救就晚了。由于这些原因，一定要预先考虑对每个数据将进行何种分析以及做何种检验(如横列表分析、对不同被调查者应答结果的差异的 t 检验或 z 检验、方差检验、因子分析、判断分析等)。一种方法就是模拟问题答案，然后对模拟的答案进行分析，以保证分析结果能达到目标。

6. 预计调查费用及调查进度

调查方案设计到这一步就要对整个研究的费用作恰当的估计，并预测研究的价值，进行成本—效益分析，以进一步决定该调研是否要按设计的那样执行或是否有必要进行。在做费用估计时，可以根据研究阶段或费用类型进行估计，如劳务费、问卷费、差旅费、设备使用费等。另一个要考虑的因素是时间，调研组织者要对整个调研在时间上做周密的安排，规定每个阶段要达到的目标或任务。这将有利于对调研的进度以及几个阶段的工作进行协调、纠正和控制，以保证按时完成调研任务。

7. 提出一份完整的调查建议书

调查建议书是指导和控制市场调查的计划性文件，是调查过程中各阶段要进行的主要工作的一个概述。另外，从法律的角度来看，调查建议书是调查项目委托人与调查执行者的一个书面协议或合同。它可以作为检查、回顾主要决策完成情况的工具，从而确保各有关方面在调查的范围和目的上保持一致，以减少偏差和误解。

有时调查建议书也可作为选择调查执行者的依据之一以及申请调查费用的重要文件。从后者的目的来看，调查建议书一定要有很强的说服力，要表明调查者对问题的理解深度和进行研究的能力，并要强调调查项目的目的作用。

尽管调查建议书的结构与内容没有统一的要求和规范限制，但下面的几项内容是必不可少的。

(1) 概要：简要概述调查建议书的内容。
(2) 背景：总结调查项目提出的背景资料以及其他与项目有关的情况。
(3) 调查的目的：陈述调查的目的与假设。
(4) 调查方法：着重讲述进行调查的技术线路，如样本设计、问卷形式、资料的收集方法等。
(5) 进度安排与费用支付估计。
(6) 附录：可提供调查项目承担人或机构的背景资料及业绩等。

三、展开实际调查活动

1. 收集资料

通常情况下，收集资料的第一步就是对所有的现有资料来源进行全面的搜寻，以找到能有助于达到调查目的的任何有用信息。一旦找到这些现存的资料并经过分析，研究者就可以确定是否要获得原始资料，以及需要什么样的原始资料。原始资料的收集使用方案设计中所选择的方法，如采用邮寄问卷、个人访谈、观察法以及实验方法来收集。第二手资料调查完后一般要写一个文献综述。

资料的收集阶段通常是调查过程中最费时、费力和花费最大的部分，在该阶段应对进度、费用及资料收集的质量进行有效的管理和监督。

2. 资料处理

所收集到的第二手资料与原始资料必须经过适当的处理、筛选才能对其进行分析。资料的处理过程包括：审核、整理、汇编、制表以及制图等。

3. 资料分析

资料一旦经过处理，分析阶段就可以开始了。分析与解释工作要针对调查目的，其基本方法有定性分析和定量分析。定量分析的方法常见的有：时间序列法、横列表法、聚类分析法以及各种统计检验法等。

4. 提交报告

调查研究资料及结果要以适当的方式提交给调查项目委托人或决策者。调查报告一般要以书面形式出现，但经常还得作口头汇报。报告的使用者(或听众)可能是不同类型的人，因此报告中使用的语言和形式要有针对性。调查报告应该对关键的资料有一个简要的总结，并对调查的过程、资料和结论作更详细的解释。即使只作口头汇报，也有必要写出书面报告。

第三节　客户调查的方法

客户调查的方法与市场调查方法基本相同，但是在具体的操作中它也有自己的特点。采取恰当的手段和方法进行客户调查是实现调查目的的关键，也是客户调查的重要一步。只有调查手段恰当，调查方法科学，通过调查收集的资料才能及时、准确和全面。客户调查的方法有多种，每一种调查方法都有其独特的功能和局限性。因此，调查人员首先要明确各种调查方法的优缺点，然后根据调查的目的、任务、被调查对象的特点来选择合适的调查方法，同时还要注意采取这些方法的隐蔽性或公开性程度，以取得良好的效果。下面介绍几种常用的调查方法。

一、观察调查法

观察调查法是由调查人员直接或通过仪器在现场观察被调查对象的行为并加以记录获

取信息的一种方法。使用观察法进行调查，调查人员不向被调查对象提问题，而只是通过被调查对象的行为、态度和表现，来推测、判断被调查对象对某种商品或服务是欢迎还是不欢迎、是满意还是不满意等。观察法可分以下几种。

1. 现场观察法

现场观察法就是派调查人员去现场直接察看。如一家纺织公司派几名调查人员分别到几家百货商场的布料柜台，直接观察顾客对哪些花色的布料最喜欢，对哪些花色的布料不感兴趣；或者派几名调查人员到几家服装商店去观察顾客对什么布料的服装最喜欢等。使用这种方法进行调查，要确定是定期观察还是不定期观察以及观察的次数等。

2. 亲历调查法

亲历调查法就是调查人员亲自参与某种活动来收集有关的资料。如某家工厂要了解它的代理商或经销商服务态度的好坏，就可以派人到他那里去买东西。通过亲身经历法收集的资料一般是非常真实的。

3. 痕迹观察法

这种方法不是直接观察被调查对象的行为，而是观察被调查对象留下的实际痕迹。例如：美国的汽车经销商同时经营汽车修理业务，他们为了了解在哪一个广播电台做广告的效果最好(因为在同一个城市里有好几个电台，他们不可能在几个电台同时做广告)，对开来修理的汽车所做的第一件事情就是派人看一看汽车收音机的指针是在哪一个波段，从这里他们就可以了解到哪一个电台的听众最多，下一次他们就可以选择这个电台做广告。

4. 行为记录法

因为观察法不直接向被调查者提出问题，所以，有些观察工作就可以通过录音机、录像机、照相机及其他一些监听、监视设备来进行。下面是一家公司运用行为记录法进行客户调研的实例。

【案例 3-1】某交通技术公司的行为记录法运用

国内某交通技术公司接受了某市交通信号管理系统的设计，为了准确地设计红绿灯时间，他们通过计算机系统，在全市需要交通信号管理的各机动车交通要道安装了电子监视器，进行 24 小时实时监测，通过的车辆和行人的数量、时间、行为就会被记录下来。然后对这些录像资料进行分析，得出结果，作为交通信号管理系统的设计依据。这是使用行为记录法的一个典型例子。

(资料来源：李光明. 客户管理讲义. 2015)

二、询问调查法

询问调查法是把调查人员事先拟订的调查项目或问题以某种方式向被调查对象提出，要求其给予回答，由此获得信息资料。询问调查法可分为以下几种。

1. 走访面谈法

走访面谈法也叫访谈法。它是调查人员直接询问被调查对象，向被调查对象询问有关的问题以获取信息资料。通常，调查人员根据事先拟好的问卷或调查提纲上问题的顺序，依次进行提问，有时也可采取立即填表或填写简单问卷，亦可采用自由交谈的方式进行。使用面谈法进行调研，调研人员可以与一个人进行面谈，即专访；也可以与几个人进行面谈，即座谈。

2. 电话调查法

电话调查法是由调查人员通过电话向被调查者询问、了解有关问题的一种调查方法。其优点是取得市场信息资料的速度最快；节省调查时间和经费；覆盖面广，可以对任何有电话的地区、企业和个人进行调查；被调查者不受调查者在场的心理压力，因而能畅所欲言，回答率高；对于那些不易见到面的调查者，采用此方法可能会取得成功。

电话调查法适用于急需得到调研结果的场合，目前我国许多市场调研机构已开始采用这种方法。随着我国电信事业的发展，电话调查作为一种快捷、有效的调查方法，将会愈加得到广泛的重视和应用。

3. 邮件调查法

邮件调查法是将调查问卷寄给被调查者，由被调查者根据调查问卷的填表要求填好后寄回的一种调查方法。

邮寄调查法是一种普遍应用的方法，采用此法的关键是选择好邮寄调查的对象，最好是老客户，一般可利用各种通讯录、名册等查询。计算机的应用使企业的信息拥有量大增，计算机中可储存大量的客户名单，调查时只需查寻、筛选出符合要求的客户，直接打印地址便可寄出。

如果是范围较大的调查，比较常见的形式是某个企业或调查机构委托新闻媒体公布有关问题，要求人们回答，然后将答案寄到某一指定机构。这样调查者可以省时、省力，但通常要有抽奖一类的激励。

4. 留置问卷法

留置问卷法是指调查者将调查问卷当面交给被调查者，说明调查意图和要求，由被调查者自行填写回答，然后再由调查者按约定的日期收回的一种调查方法。

留置问卷法是介于面谈和邮寄调查之间的一种方法，此法既可以弥补当面提问因时间仓促、被调查者考虑问题不成熟等缺点，又可以克服邮寄调查回收率低的不足；缺点是调查地域、范围受一定限制，调查费用相对较高。一般可用于对老客户的调查。

三、实验调查法

实验调查法是指在控制的条件下，对所研究的对象从一个或多个因素进行控制，以测定这些因素之间的关系。在因果性的调查中，实验法是一种非常重要的工具。实验法源于自然科学中的实验求证方式，它通过小规模范围的试验，记录事物的发展和结果，收集和分析第一手信息资料。一般来说，采用实验调查法要求调查人员事先将实验对象分组，然后置于一种特殊安排的环境中，做到有控制地观察。

实验调查法的优点是：结果具有一定的客观性和实用性；过程具有一定的可控性和主动性；可提高调查的精确性。其缺点是：实验结果不易相互比较；有一定的限制性；花费的时间长；风险大，费用高。常用的实验调查法有下列几种。

1. 实验前后无控制对比实验

这种实验的实验对象只有一个，对进行实验前后的状况进行记录、对比。例如广告投放前后、价格调整前后某个客户产品销售的变化情况。

2. 实验前后有控制对比实验

在这种实验中，实验期间抽取两组条件相似的客户，一个作为实验组，一个作为控制组。实验组的条件改变，而控制组不改变条件。在实验前后分别对这两组进行测定比较研究。下面是一个连锁花店销售插花的例子。在过去，所有连锁店用桶陈列插花，现在工作人员试验用一个新的开口冷却器插花，他们想研究这种讲究的陈列方式对插花销售的影响。而且，插花的销售在很大程度上取决于购买者的心情、天气、花的质量和价格、当时的季节等，他们也想测量这些因素对插花销售量的影响。为了知道这种新陈列方式对插花销售量的真正影响，他们将连锁花店分为两组，同时记录了开口冷却器插花的花店和仍使用桶陈列插花的花店的销售量，而后者是作为控制组进行对照。

3. 实验组与控制组事后对比实验

这种实验是市场研究中最常用的方法，目的是减少事前猜测的影响。实验组的条件改变，而控制组不改变条件，调查人员只比较实验组与控制组实验后的结果。例如一个市场做促销，另一个不做，一个月后比较销售量的变化。

四、焦点人群法和德尔菲法

　　焦点人群法和德尔菲法都是以专门人员或专家为调查对象的群体调查方法，实质上属于询问法的范畴。但由于它有独特之处，并在客户调研中得到了有效应用，因此单独对其进行介绍。

1. 焦点人群法

　　焦点人群法又称头脑风暴法、集体思考法或智力激励法，简单地说就是座谈会。它最初是 1939 年由奥斯本首先提出的，并在 1953 年将此方法丰富和理论化，目的是使公司能得到最佳的广告方案。头脑风暴法的根本出发点是：社会中的具体个人总免不了要受知识、环境、经验、思维方法等诸多因素限制，即使学识水平再高的人也难免有某些知识或经验方面的缺陷，因此，集体思考、集体智慧是防止片面、遗漏的重要手段，是决策民主化、科学化的依据。这也是此方法自创立以来受到人们普遍重视的原因。

　　这种方法是采用会议的形式，即召集客户或相关人员开座谈会征询意见(一般 6～12 名客户)，将客户对企业的产品、质量、营销政策等问题的讨论和分析集中起来，以取得尽可能统一的结果。然后在此基础上，找出各种问题的症结所在，提出解决问题的方法或对市场前景进行预测。

　　焦点人群法与其他访问法相比，其优点是：能够使与会者开动脑筋、互相启发、集思广益，在头脑中掀起思考的风暴，获得大量有创意的建议和想法；能把调查与讨论研究结合起来，不仅能提出问题，还能探讨解决问题的途径；能节省人力、物力和时间。但是，头脑风暴法也有其缺点：参加会议的与会者受人数限制，在挑选配合不当的情况下，会影响最后调查结果的代表性；另外，有些与会者碍于地位和名誉影响，对自己认为不正确的某些观点不愿意发表个人意见；关于一些保密性、隐私性等方面的问题，不宜在调查会议上多谈。

焦点人群法用于客户调查比较少，多用于外贸市场或新市场、组织者市场的客户调查。

2. 德尔菲法

德尔菲法是 20 世纪 40 年代由美国兰德公司首创和使用的一种特殊的调查方法。德尔菲是古希腊的一座城市，因阿波罗神殿而驰名，由于阿波罗有着高超的预测未来的能力，故德尔菲就成了预言的代名词。德尔菲法在市场调研和市场预测中得到了广泛的应用。

德尔菲法是一种专家调查法，它与其他专家调查法的区别在于：它是用背对背的判断来代替面对面的会议，即采用函询的方式，依靠调查机构反复征求每个专家的意见，经过客观分析和多次征询，使各种不同意见逐步趋向一致。因此，这种方法在一定程度上克服了畏惧权威及不愿听到不同意见等弊端，使专家能够充分地发表意见，最后取得较为客观、实际的调查结果。

德尔菲法的操作步骤主要有以下几步。

(1) 拟订意见征询表。意见征询表是专家回答问题的主要依据，调查机构根据调查目的的要求，拟订需要调查了解的问题，制成调查意见征询表作为调查的手段。

(2) 选定征询专家。选择的专家是否适合，将直接关系到德尔菲法的成功与否。在选择专家时，应注意以下要点：

①应按照调研课题需要的专业范围，选择精通业务、见多识广、熟悉市场情况、具有预见性和分析能力的专家。②专家人数的多少需根据课题的大小和涉及面的宽窄而定，人数不能过多或过少，以 20 人左右为宜。③调查机构用通信方式与专家联系，专家彼此之间不发生关系。

(3) 轮回反复征询专家意见。第一轮，调查人员向专家寄发征询表，提供现有的背景材料，要求专家明确回答，并在规定的时间内寄回。然后调查人员对各个问题的结论进行归纳和统计，并提出下一轮的调查要求。第二轮，调查人员将第一轮经过汇总的专家意见及调查的新的要求和意见寄给专家，要求专家根据收到的资料，提出自己的见解。在这个阶段，专家可以清楚地了解全局情况，他们可以保留、修改自己的原有意见。而对于和总体结论差异较大的专家，应请他们充分陈述理由，这样，可再次将专家寄回的资料进行统计，并提出新的要求。由此经过几轮的反复征询，使专家的意见逐步趋向一致。需要说明的是，征询的轮次和征询的时间间隔不应一概而论，需视调查内容的复杂程度、专家意见的离散程度而定，通常征询轮次为 3～5 次，征询的时间间隔为 7～10 天。

(4) 做出调查结论。调查人员根据几次提供的全部资料和几轮反复修改的各方面意见，最后做出调查结论。

同样地，德尔菲法用于客户调查也比较少，多用于外贸市场或新市场、组织者市场的客户调查。

下面是某啤酒厂聘请大学生对经销商进行调查的问卷范本。

【案例3-3】啤酒经销商调查问卷

问卷编号：_____

访问员号：_____

复核员号：_____

访问日期：____年__月__日

我保证本访问严格按指导进行。访问员签名：_____

督导员签名：_____

介绍

您好！我叫_____。我是_____大学的学生。我们正在进行一项有关啤酒的公众意见调查(注意：这里不能提及任何特定的品牌或公司名称)。非常感谢您能抽出一点时间来接受我们的访问，告诉我们您的观点。

背景资料

贵店单位名称：_____接待人：_____

贵店店址：_____联系电话：_____

贵店企业性质：_____([1]个体户/私营业主[2]集体企业[3]国有糖酒公司[4]其他，请注明。)

一般问题

G1. 贵店的主要批发对象是_____(按先后次序，选3种)

①星级酒店；②普通酒店(带客房)；③中餐厅、饭店、酒楼；④歌舞厅、练歌房、夜总会；⑤酒吧、酒廊、酒城；⑥西餐厅、咖啡厅；⑦快餐厅；⑧小饭馆、大排档；⑨商场、超市；⑩零售店、集贸市场批零店；⑪机关、团体食堂；⑫其他，请注明。

G2. 贵店主要经销哪几种品牌的啤酒？(按先后次序，选5种)

①嘉士伯；②百威；③生力；④贝克；⑤威乐；⑥朝日；⑦麒麟；⑧青岛；⑨舒波乐；⑩蓝带；⑪蓝妹；⑫虎牌；⑬琥珀；⑭喜力；⑮五星；⑯雪花；⑰富士达；⑱科罗娜；⑲普通漓泉；⑳万力啤酒；㉑万力干啤；㉒漓泉干啤；㉓全生态漓泉；㉔凯龙；㉕金装凯龙；㉖黑狮；㉗大雪。

G3. 贵店哪个品牌的啤酒销量最好？

(参照G2的答案)_____该啤酒在贵店的年销售量是多少？_____箱(一箱_____瓶)占贵店总销售量的多少？_____

G4. 该啤酒销量最好的主要原因是(按先后次序，选4种)

①大量广告宣传；②品牌对消费者影响大；③品质优良、口感好；④价格适中；⑤包装精美；⑥(非广告)促销力度大(如瓶盖奖、促销小姐等)；⑦服务好、送货及时；⑧折扣大、

赚得多；⑨其他，请注明。

G5. 贵店在选择啤酒厂商时首要考虑的因素是_____(按先后次序，选5种)

①折扣；②送货服务及时，旺季能保证货源；③老品牌，在消费者中影响大；④质量稳定；⑤品质好，适合大众口味；⑥广告投入大；⑦促销力度大，能吸引大量消费者；⑧价格适中；⑨其他，请注明。

G6. 贵店一般为所经营的啤酒进行广告促销投入吗？_____。如果有，一般投入量占销售收入的比例为多少？_____

G7. 贵店所管辖的零售商有多少家？_____，一般多少天送一次货？_____送货时，几种主要品牌的啤酒是按多少的比例进行配送的？_____，其配送的主要依据是什么？_____

特殊问题

S1. 贵店经营燕京漓泉啤酒主要考虑到_____

①桂林本地老品牌，在消费者中影响较大；②折扣大；③广告宣传；④服务及时，货源有保证；⑤酒的质量好，适合消费者口味；⑥价格适中；⑦其他，请注明。

S2. 贵店认为燕京漓泉啤酒目前给予贵店的优惠条件是否合理？(过大[ ]、过小[ ]、适中[ ])漓泉啤酒要想进一步扩大市场份额，下一步应该采取哪些措施？

①广告宣传；②提高质量；③开发新口味的产品；④改善服务质量；⑤调整价格；⑥进一步加大优惠措施；⑦其他，请注明。

S3. 贵店所经营的燕京漓泉品牌的啤酒中，哪个品牌的销量最好？_____哪个品种赢利性最好？

①全生态型；②普通型；③清爽型；④干啤；⑤金装全生态啤酒；⑥超爽型矮炮。

S4. 您认为贵店与桂林燕京漓泉啤酒公司采取什么合作方式最好？_____

①买卖关系；②合资；③代理；④相互参股。

全生态啤酒

N1. 贵店知道新上市的全生态漓泉啤酒吗？　(1)知道[ ]；(2)不知道[ ]

N2. 贵店是否已经经销全生态漓泉啤酒？　(1)是[ ]；(2)否[ ]

如果回答"是"则跳到N4。

N3. 贵店是否打算经销全生态漓泉啤酒？　(1)是[ ]；(2)否[ ]

如果经销，希望得到什么样的优惠条件？请注明_____

N4. 您认为桂林燕京漓泉啤酒公司与其他啤酒公司相比有哪些优势？_____

N5. 您认为桂林燕京漓泉啤酒公司与其他啤酒公司相比有哪些劣势？_____

N6. 您对桂林燕京漓泉啤酒公司有何建议_____

非常感谢您的配合！

(资料来源：李国冰.客户服务实务.重庆：重庆大学出版社，2015年改写)

第四节　客户调查的误区

1. 客户调查只有大型企业才能进行

现在许多中小企业有一个错误的观念，认为客户调查需要大量的费用支出，企业难以承担，因此，客户调查是资本雄厚的大型企业的专利。同时，较专业的有市场研究能力的公司也同样存在这个错误的认识，它们忽略了中小型企业对客户研究的巨大潜在需求。实际上，客户调查的方法有多种，每种方法所需的费用支出也高低不同。因此，不同的企业要根据自己的不同需要，配以适当的调查方法，相信会有不少的中小型企业会发现，客户调查对它们制定相应的市场策略是有事半功倍效果的。

2. 抽样调查的样本越大越好

在客户调查中，有人认为：大样本的准确程度较小样本高，因此样本的数量要足够大。专业公司往往指责企业自己做的客户调研样本太小，同时企业委托专业公司做客户调研时往往也要求一个巨大的样本。它们都认为，只要有一个大的样本，便可以有一个较准确的研究结果。

但如果经过细心的分析，不难找出这种看法的错误。因为在随机抽样调查中，调查结果的准确程度往往受两种因素影响，一种是抽样误差，另一种是非抽样误差，如果这两个误差之和越小，则调查结果的准确程度越高。抽样误差的大小决定于样本的数目，随着样本的加大，样本平均数与母体平均数的差距便会减小，母体平均数估计的正确性自然增加，因此，越大的样本越可减低抽样的误差。但在另一方面，因样本的增加而增加了非抽样误差，例如样本单位拒绝回答，或调查人员在调查过程中所犯的错误，或资料处理时的错误也相应增加。因此，要改善抽样调查的准确程度，不是单靠增大样本，还要降低和控制非抽样误差，即提高调查的质量。当然，调查的样本数量是服从调查的目的的。例如，如果是针对某一客户的信用调查，则样本就是唯一的了。

3. 客户调查只能企业自己承担

随着市场需求结构、消费者需求品位的不断变化，产业结构的不断调整，产品多样化、个性化的发展，企业家越来越对掌握市场需求感到困难，害怕误入"市场需求陷阱"。于是，一些集经济学、营销学、管理学、统计学、心理学、社会学专家于一身的市场调查公司应运而生。但也有不少企业由于受传统管理模式的惯性影响，主张自行组织市场调研。那么，到底哪一种形式更好呢？事实上，这取决于企业的需要和实力。一般说来，简单、小型、少量、近距离的客户调查，可由企业自行调查；而复查、大型、大量、国外的客户调查，可以选择外部的调查结构，有时还不得不选择外部的调查结构，那当然也要看企业的财力了。

第五节　客户信息的管理

通过客户调查和营销业务的开展，企业获得了大量的客户信息。为了最大限度地获得并维护客户资源，企业必须推行科学的客户信息管理。对客户进行科学的信息管理是掌握客户需求、获得并维护客户资源的重要方法。

客户信息管理的内容一般包括建立客户资料卡、设立客户数据库、完善互动式客户数据库三个方面。

一、建立客户资料卡

进行客户管理，必须建立客户档案资料，实行建档管理。建档管理是将客户的各项资料加以记录、保存，并分析、整理、应用，借以巩固客户关系，从而提升经营业绩的管理方法。其中，客户资料卡是一种常用工具。

建立客户资料卡是客户管理的基础。除了客户的基本资料，关于客户需求、经营状况等方面的调研资料也是客户资料卡的重要内容。

1. 建立客户资料卡的用途

建立客户资料卡的用途与好处有如下几个方面。

(1) 可以区别现有客户与潜在客户。

(2) 便于寄发广告信函。

(3) 利用客户资料卡可以安排收、付款的顺序与计划。

(4) 了解每个客户的销售状况，并了解其交易习惯。

(5) 当业务员请假或辞职时，接替者可以为该客户继续服务。

(6) 可以订立高效率的具体访问计划。

(7) 可以彻底了解客户的状况及交易结果，进而取得其合作。

(8) 可以为今后与该客户交往的本企业人员提供有价值的资料。

(9) 根据客户资料卡，对信用度低的客户缩小交易额，而对信用度高的客户增大交易额，便于制定具体的销售政策。

2. 客户资料卡的内容

客户资料卡通常包括客户基本资料、客户特征、业务状况、交易状况四个方面的内容。

(1) 基本资料：基本资料即客户的原始资料，包括客户名称、地址、电话、企业所有者、经营管理者、法人代表、个人性格、爱好、家庭、学历、年龄、创业时间、起始交易时间、企业组织形式、资产等。

(2) 客户特征：主要包括服务区域、销售能力、发展潜力、经营观念、经营方向、经营政策、企业规模、经营特点等。

(3) 业务状况：主要包括销售实绩、经营管理者和业务员的素质、与其他竞争对手之间的关系、与本企业的业务关系及合作态度等。

(4) 交易状况：主要包括客户销售现状，存在的问题，保持的优势，未来对策，企业形象，声誉，信用状况，交易条件，合同及附件编号、执行情况等。

3. 客户资料卡的填写和管理

销售人员第一次拜访客户后即开始整理并填写客户资料卡，随着时间的推移，销售人员应注意对其进行完善和修订，主管应协助和监督业务员做好客户资料卡的建档工作。销售人员应妥善保存客户资料卡，并在开展业务过程中充分利用。

对客户资料卡进行建档管理，应注意下列事项。

(1) 要在访问客户后立即填写此卡。

(2) 卡上的各项内容要填写完整。

(3) 要充分利用客户资料并保持其准确性。

(4) 主管应指导业务员尽善尽美地填写客户资料卡。

(5) 最好在办公室设立专用档案柜放置客户资料卡并委派专人保管。

(6) 主管或业务员每次访问客户前，先查看该客户的资料卡。

(7) 应分析客户资料卡中的资料，并作为拟订销售计划的参考。

表3-1是一般的客户资料卡，而表3-2是某证券投资公司对客户进行建档的客户资料卡。

4. 主管善用客户资料卡

主管应关注客户资料卡的建档管理，并注意利用(或监督业务员利用)客户资料卡。下面是主管利用客户资料卡进行客户管理的基本工作。

(1) 每周至少检查每位业务员的客户资料卡一次。

(2) 提醒业务员在访问客户前按规定参考资料卡中的内容。

(3) 要求业务员外出访问时，只携带当天访问的客户资料卡。

(4) 要求业务员访问回来时交回客户资料卡。

表 3-1　一般的客户资料卡

```
客户名称：_____
客户地址：_____
负 责 人：_____；主要联络人：_____；联系电话：_____；
主要经营项目：_____
资 本 额：_____
交 易 额：_____
```

年　度	年	年	年	年	年
营业额					

与本公司业务往来状况：

备　注：

表 3-2　某证券投资公司客户资料卡

姓名： 男 ◎ 女 ◎ 位置	客户投资状况	股东代码			
		持有股票			
		市值		目标回报率	
		操作风格评估		操作频率评估	
住宅		邮编	电话	电子邮件	
公司			传真	最佳面谈地点	
职业地位		经济及收入		人生中重大的财务规划	
关键人物状况					
姓名	联系电话	关系	影响力	风格	综合理财情况记录
					备注

(5) 在每月或每季终了时，主管应分析客户资料卡，作为调整业务员销售路线的参考。

(6) 应参考客户资料卡的实际业绩，从而拟订年度区域销售计划。

(7) 将填写客户资料卡视为评估该业务员绩效的一个重要项目。

(8) 主管更应提醒自己要经常与业务员讨论前一天(或数天前)与客户交易的成果。

(9) 检阅销售、收款是否平衡，有无逾期未收的货款。

5. 利用客户资料卡进行客户管理的原则

(1) 动态管理。客户资料卡建立后不能置之不理，否则就会失去其价值。客户的情况总是在不断地发生变化，所以客户的资料也应随之不断地进行调整。通过调整剔除陈旧的或已经变化的资料，及时补充新的资料，并在档案上对客户的变化情况进行追踪，使客户管理保持动态性。

(2) 突出重点。应从众多的客户资料中找出重点客户。重点客户不仅要包括现有客户，而且还要包括未来客户和潜在客户。这样可以为选择新客户、开拓新市场提供资料，为市场的发展创造良机。

(3) 灵活运用。客户资料收集管理的目的是为了在销售过程中加以利用，所以，企业不能将建立的客户资料卡束之高阁，而应以灵活的方式及时提供给销售人员及相关人员，使死资料变成活材料，从而提高客户管理效率。

(4) 专人负责。许多客户资料是不能外流的，只能供内部使用，所以客户管理应制定具体的规定和办法，由专人负责管理，严格控制、管理客户情报资料的利用和借阅。

二、设计客户数据库

在客户资料卡信息数据搜集之后，接下来要面对的就是设计与构建客户资料数据库，储存和管理这些来之不易的"宝贝"。在设计数据库之前，企业应明确其业务需要，即所设计的数据库要包含哪些功能，简单地说，就是数据库能帮助营销人员做什么。

通常而言，一个合格的客户数据库要具有如下功能。

(1) 能够回答有关现有客户或准客户的特征和行为的特定问题。

(2) 能够在特定标准、营销经验的基础上挑选将来促销的对象。

(3) 能够跟踪促销结果并对反馈者和非反馈者进行客户轮廓分析。

客户竞争其实就是信息竞争。构建客户数据库的根本目的是为了提高企业利用客户信息的能力，即能够根据已有的事实判断出哪些未知因素将会对企业的未来发展产生影响。客户数据库的内容应反映客户服务的对象、目的与公司决策需要获取客户信息的能力和数据库整理成本等。客户数据库中即使是已经中断交易的客户也不应放弃。客户数据库一般包括三个方面具体的内容：客户原始记录；统计分析资料；公司投入记录。

一般来说，企业在设计客户数据库时要充分考虑以下八个方面的问题：

① 需要储存何种资料？要储存多少？企业能负担多少搜集资料的费用？信息系统能处理多少资料？速度有多快？

② 数据库的资料能做些什么？它有哪些分析方法？有哪些决策会以资料为主？企业员工是否会直接使用数据库来准备报告书？

③ 数据库由谁来管理？是由营销部还是信息系统管理部来负责？

④ 谁可以查阅数据库？这个系统操作难易度如何？

⑤ 数据库的安全性有多高？

⑥ 使用者多久会使用一次数据库？是需要随时使用，还是每天、每星期或者每个月使用一次数据库？

⑦ 数据库的正确性如何？

⑧ 资料更新周期需要多长时间？

三、完善互动式客户数据库

建立了关于客户的数据库并不代表能将客户管理好，虽然有很多公司在搜集客户信息、建立客户数据库方面做得非常成功，但却不能利用这些信息建立起稳固、亲密的客户关系。

如果建立的数据库只是一种单向交流，那么数据库反而会成为建立真正的客户关系的障碍。一个公司可以用它的客户信息为客户量身定做他们需要的产品和服务，更新原材料或者使用电话与客户联系，但是却没有给客户一种途径，使其可以影响这些信息的运用方法以及怎样把这种类型的信息输入到数据库中。也就是说，公司只是用它来区别不同的客户，从而送上不同的产品和服务，却没有和他们相互交换信息和想法。因此，数据库可能阻碍真正的客户关系的形成。

此外，许多公司的数据库都是在客户购物或与公司交易的时候自动搜集客户信息而建立的，例如最典型的就是电商企业与超市。一些公司是在客户第一次和公司打交道的时候记录考核他的家庭的信息，而且从那以后从来没有更新过。客户数据库中的数据适合用来统计客户家庭的人口特征以及分析客户个人的购买行为。这些数据可能非常详细，包括客户购买的每一种产品的数量、他们是怎么付款的、购买的日期、账户支付、总消费等，而且还可能把这些资料自动地与公司的内部数据联系起来。这些内部数据涉及公司在客户购买的每一种产品上产生的利润以及对客户利润率的估计。但尽管如此，这些仍然是一些交易性的数据，它只涉及公司和客户互动关系的行为层面。这样的数据实际上不能提供任何关于公司与客户关系的真正重要的信息，即客户对公司的感觉如何，这种客户关系有哪些情感方面的特征，他们的感觉到底有多强烈。也有不少公司保留了所有购买自己产品的客户的详细历史记录，比如金融机构、电话公司以及其他的公用事业公司，但是即使它们有这些记录，也主要是用这些记录来进行核算，很少会用于制定市场营销战略。

因此，只是建立客户数据库也是不够的，企业还必须要有一个高效运作的呼叫中心和售后服务团队，以增强与客户的交流和互动，不断修改和完善数据库内的数据和信息。除了技术以外，决定数据库效力的还有更重要的非技术因素，包括人才、文化观念、组织结构、领导艺术和战略观念。

随着技术手段得到越来越广泛的应用，许多公司已经意识到增强与客户的交流和互动的价值。互动式数据库的运用已经成为许多公司的共同点。对于客户管理来说，互动式数据库是一个很好的工具和一种很有价值的帮助。它们不仅向公司及其员工提供了客户消费类型、生活方式，还反馈了客户的要求、意见以及其他各种有助于公司建立并且维持与客户关系的有关信息。当今互联网技术手段与移动通信技术可以让散布在世界各地的员工与客户共享一个相同的大数据库，这样不管某个客户到了哪里，当地的员工都能有机会为该客户提供满意的服务。

本 章 小 结

本章主要叙述了如下内容。

客户调查的内容：①市场调查与客户调查的异同。②客户调查的基本内容。客户一般可分为个体客户、企业客户，这两者的调查分析内容有所不同。③企业客户经营情况的调查内容包括资产项目；负债和净值项目；损益表中项目；现金流量表中项目；比率分析项目。客户调查资料的主要来源。

客户调查的步骤：①确定调查主题；②设计调查方案；调查方案设计主要涉及确定客户调查类型、选择资料收集方法和渠道；③组建客户调查的队伍；④选择样本计划；⑤估计要进行的资料分析结果；⑥预计调查费用及调查进度；⑦提出一份完整的调查建议书；⑧展开实际调查活动。

客户调查的方法：①观察调查法，包括现场观察法；亲历调查法；痕迹观察法；行为记录法。②询问调查法，包括走访面谈法；电话调查法；邮件调查法；留置问卷法。③实验调查法，包括实验前后无控制对比实验；实验前后有控制对比实验；实验组与控制组事后对比实验。④焦点人群法和德尔菲法。

客户调查要注意避免的三个误区。

客户信息的管理：①建立客户资料卡；②设计客户数据库；③完善互动式客户数据库。

思考与练习

1. 客户调研的基本步骤有哪些？
2. 如何设计客户调研方案？
3. 客户调研的头脑风暴法与德尔菲法有何区别？
4. 开展客户调研要避免哪些误区？
5. 客户资料卡主要有哪些内容？
6. 一个好的客户数据库应具备何种功能？
7. 如何完善互动式客户数据库？

实训项目题

重点知识讲授

1. 客户调查的内容；2. 客户调查的步骤与方法；3. 客户信息的管理

实训项目 1：如何进行客户调查

(1) 实训目的：通过客户调查表的设计及客户调研，让学生掌握客户调查表设计的程序、方法和操作技巧，并实地开展客户调查，掌握客户调查的过程、技巧以及数据处理、分析的方法。

(2) 实训组织如下。

① 人员组织：以5~6人为一个小组，将学生分为若干小组。

② 企业选择：每个小组自行与一个企业联系，不同的小组选择不同类型的企业(由指导教师把关)。

③ 实训过程：让学生选定的企业，根据该企业实际经营的产品和企业的实际需要，针对经销商或消费者设计调查表，经指导教师和企业有关人员审核后，确定若干数量的调查对象开展实地调研。

④ 数据处理：学生调查结束后，指导教师指导学生对收集的调查表进行统计、分析和处理，每个小组写出3000字以上的调查报告。

实训项目 2：客户资料卡的设计

利用上述调查的数据，建立客户资料卡与客户交易台账。

案 例 分 析

【案例】陈强的问题

陈强是上海糖果公司新上任不到一个月的广州地区的销售经理。年轻而有热情，上任的第一件事就想把广州区的销售业绩提上去。因为 2 个季度以来该区的销量一直不理想，原因是与其合作的唯一的经销商"瑞昌"不愿进取，满足现状。尽管该公司 10 年来从"上糖"获得了极大的利润，得到"上糖"的支持帮助。现在"瑞昌"只重视好销的、利润高的产品如巧克力类，不愿投入精力开拓新产品、新市场，使产品系列不能全面发展。陈强多次与之磋商，均不能见效。

陈强决定与另一家"宏达"公司合作。"宏达"公司的实力、信誉、合作态度各方面都不错。但它是"瑞昌"的下家二批商，而且一年来包揽了"瑞昌"60%的销量。而"瑞昌"则表示对陈强的种种不满，并到"上糖"高层游说，要求更换陈强，扬言如果"上糖"与"宏达"合作，就对"上糖"予以报复。上级领导希望陈强拿出可解决问题的方案。

启示：企业对客户的认识是一个动态的过程，要不断地了解客户的发展情况，把握信息，有针对性地对自己的客户进行有效的差异分析，才能使自己更好地配置企业资源，同时也才能使公司产品或服务的改进更有成效，并获取商务谈判的有利地位，牢牢抓住最有价值的客户，取得最大程度的收益。

问题：

1. 你觉得陈强是否应与"宏达"合作？为什么？
2. 为陈强设计一个可行的方案。

（资料来源：李光明. 客户管理讲义. 2015）

第四章 客户分类管理

【学习目标】

通过本章的学习，要求了解客户分类管理的基本理念和客户的构成分析，掌握客户分类管理的基本步骤和方法，理解大客户的含义，掌握大客户管理的内容和方法。

本章关键词： 大客户；ABC 分类；客户构成分析；客户盈利能力

本章项目任务： 1. 运用 ABC 方法对客户分类；2. 如何判断和选择大客户

【开篇引例】肉类加工企业经理的烦恼

有一家以加工鸡肉为主的肉类加工企业的经理，最近收到很多客户的来信，有的对企业提供的产品表示基本满意，并说如果以后厂家在加工的时候再多听一下他们的意见就更好了；也有几封来信把厂家的产品贬得一文不值，指责厂家怎么生产出如此糟糕的产品，简直是在浪费资源。

经理看完信后，心里不是滋味。他很发愁，客户的口味真是难调。他准备召开技术部门和市场营销部门的联合会议，讨论怎样答复这些客户的要求。综合各方面的情况，在众多的来信中，他们归纳出四种类型的客户。

第一类客户是以一家鸡肉罐头厂为代表。他们每年要从公司订购大量的鸡肉，销售额占到 50%以上。反映的情况是：产品基本符合他们的要求，希望在加工鸡肉的时候再精细一点，以减少他们的劳动投入。另外，在价格上能否给予一定的优惠。

第二类客户是以一家饭店为代表的餐饮企业。他们每年从公司订购的产品占到销售额的 30%。要求产品要进一步加强保鲜，对肉味提出了许多具体的要求。

第三类客户是一些散户。购买不固定，厂家打折的时候购买得多，占销售额 15%。要求价格低，对鸡的来源提出了非常明确的要求。

第四类客户是一些非常挑剔的客户。他们偶尔购买，占销售额 5%左右。对产品极不满意，指责鸡肉不合他们的口味，要求鸡肉加工出来以后，肥瘦分别要均匀，花费烹调的时间要短。

思考：

归纳客户情况，然后根据客户管理原理，给这位经理提出一些建议。

(资料来源：何海怀. 温州职业技术学院，《客户管理》课程网站 http://www.wzycm.com，2015 年改写)

从开篇案例可以看出，不同客户有不同的需求和特点，客户管理必须立足于对客户进行差异化分析。不同客户之间的差异主要在于两点：他们对产品的需求不同，他们对公司的价值不同。因此，对这些客户进行有效的差异分析，可以帮助企业更好地配置资源，使得产品或服务的改进更有成效，牢牢抓住最有价值的客户，取得最大程度的收益。

第一节　客户构成分析

在对客户资料进行多方位收集的同时，要对收集到的资料进行多方面的分析，以了解客户的构成状况。这样才能在更有针对性地去面对客户的需求、满足客户的需求，真正获得客户的满意，从而实施有效的管理。

一、客户一般构成分析

1. 业务(销售)额或业务(销售)量指标基本分析

这一分析可以确定客户在某一市场方面(或行业)中的地位。其具体步骤如下。

(1) 将所有的客户按不同的方式进行划分。如可以分为批发店、零售店、代理店、特约店、连锁店、专营店；种植专业户，养殖专业户，运输专业户，等等；各行业企业有不同的划分标准。

(2) 小计各个客户的销售额或业务量(需求量)等。

(3) 合计各分类客户的销售额或业务量，并总计所有客户销售额或业务量。

(4) 计算出各分类客户的销售额或业务量占总客户销售额或业务量中的比重及大客户在总客户销售额或业务量中的比重。

(5) 运用适当的分析方法对客户进行排列与分析(下文逐步介绍)。

2. 客户与本公司的交易业绩分析

这一分析可以确定客户在本企业中的地位。其具体步骤如下。

(1) 掌握每一客户的月交易额或年交易额。具体方法有：直接询问客户；通过查询得知；由本公司销售额推算；取得对方的决算书；询问其他机构。

(2) 统计出各客户与本公司的月交易额或年交易额。

(3) 计算出各客户的销售额占本公司总销售额的比重。

(4) 检查该比重是否达到本公司所期望的水平。

(5) 运用适当的分析方法对客户进行排列与分析。

3. 不同商品(服务)的交易构成分析

这一分析可以确定客户在企业经营哪个方面(方向)的作用。具体步骤如下：

(1) 将公司对客户交易的各种产品，按照交易额由高至低进行排列。

(2) 合计所有产品的累计交易额。

(3) 计算出各种产品交易额占累计交易额的比重。

(4) 检查各客户是否完成公司所期望的交易额。

(5) 分析不同客户的各种产品交易额。运用适当的分析方法对客户进行排列与分析。

表 4-1 是从产品的销售额方面统计中间商客户的基本情况。

表 4-1　客户销售额统计表

产　品	地　区	客 户 数	销售额小计	平均每个客户年销售额	前三名客户名称及销售额	
					名　称	金　额

二、各种基本比率分析

这几种分析可以确定客户为企业增值程度、范围和效果。具体的分析有四个方面。

1. 不同商品销售毛利率分析

将公司对客户销售的商品按毛利率大小排序，计算出各种商品的毛利率。销售毛利率是毛利占销售收入的百分比，其中毛利是销售收入与销售成本的差，销售毛利率也简称为毛利率。毛利率的计算公式为：

$$销售毛利率 = \{(销售收入 - 销售成本)/销售收入\} \times 100\%$$

销售毛利率表示每一元销售收入扣除销售产品或商品成本后，有多少钱可以用于各项期间费用和形成赢利。毛利率是企业销售净利率的最初基础，没有足够大的毛利率便不能赢利。例如，银行的贷款利率一定大于存款利率，所以银行才可盈利。

如现在大型卖场的综合毛利率在 10%～12%，超市的毛利率在 15%～18%，而便利店的毛利率可能会在 20%左右。其实综合毛利率的高低也不是一成不变的，它会随着节假日的到来而随之提升。一般来说，节假日的销售中，高毛利的商品会有较大提高，从而对门店的毛利有一定的补充，这样就有助于门店的管理人员合理补货和安排利润计划。

2. 商品周转率的分析

首先要核定客户经销商品的库存量。通过对客户的调查，将月初客户拥有的本公司商品库存量和月末客户拥有的本公司商品库存量进行平均，求出平均库存量。再将客户的当月销售额除以平均库存量，即得商品周转率。商品周转率的公式为：

$$商品周转率=销售额/平均库存量$$

3. 交叉比率的分析

客户商品的库存是否适当，库存是否能有效发挥其效率等，这种绩效判定的指标叫作交叉比率。用公式表示为：

$$交叉比率=毛利率×商品周转率$$

以店铺的交叉比率为例，通常以每月或每季为计算期间。便利商店国外标准的交叉比率为 100 以上，而目前国内便利商店的交叉比率水准约为 30～50 之间。若交叉比率在 30 以下者，则可列为优先淘汰的客户。交叉比率也可用于对商品的分析，以交叉率衡量商品的好坏，只是基于商品对店铺整体贡献的多寡，故应同时考虑销售快慢及毛利高低等因素，才较具客观性。例如，有的商品可能毛利率较低，但周转率很高，就要"薄利多销"。交叉比率在 30 以下的商品，可列为优先淘汰的商品；反之，则可加强高交叉比率商品的销售，以扩大店铺整体的利益。

4. 贡献比率的分析

求出对不同客户销售的不同商品的贡献比率。其计算公式为：

$$贡献比率=交叉比率×不同商品的销售额$$

对不同客户商品销售情况进行比较分析，看其是否完成了公司期望的商品销售业务，某客户商品畅销或滞销的原因何在，应重点推销的商品(贡献比率高的商品)是什么。

第二节　客户管理分类

经过对现有客户数据的整理、分析，基本上可以做到把握每一个具体的客户，可以从客户信息中找到有多个方面相同或相似的客户群体，了解企业客户的结构，而且这些不同的客户群体对企业的重要程度、对企业的价值是不同的。

据统计，现代企业约 60%的销售额是来自 12%的重要客户，而其余 88%中的大部分客户对企业是微利的，甚至是无利可图的。因此，企业要想获得最大程度的利润，就必须对不同客户采取不同的策略。

事实上，许多公司已经开始意识到通过价值区别来对客户进行分类管理，以便获得更多的利润。这在快速交易的业务中，如金融服务、旅游、电信和零售等行业尤为明显，这些行业中已有许多公司在运用复杂的数据模型技术来了解如何更有效地分配销售、市场和服务资源，以巩固公司同最重要客户的关系。

客户管理的对象就是客户，从不同的角度出发，客户群有许多种分类。例如，客户群可按客户的地理位置、企业类型、企业规模、收入水平、年龄、所购买的产品类型、特定性等来进行分类。下面主要从管理角度对客户进行分类。

从管理的角度来看，客户可划分为四个类型，如表 4-2 所示。

表 4-2　客户层次分类表

客户类型	比　率	档　次	利　润	目　标　性
关键客户	5%	高	75%	社会与财务利益
重要客户	15%	中	15%	客户价值
常规客户	75%	低	5%	客户满意度
临时客户	5%	低	0	临时交易

1. 关键客户

关键客户又称顶尖客户，他们除了希望从企业那里获得直接的客户价值外，还希望从企业那里得到社会利益，如成为客户俱乐部的成员等，从而体现一定的精神满足。他们是企业比较稳定的客户，虽然人数不多，但对企业的贡献却高达 75%左右。这类客户通常与企业建立一种伙伴关系或者"战略联盟"，是客户中的关键部分。

2. 重要客户

重要客户又称潜力客户，他们希望从与企业的关系中获得客户价值，从而不断增加财务利益和社会利益。这部分客户具有潜在的发展价值，使之成为企业的关键客户。

3. 常规客户

常规客户又称为一般客户。企业主要通过让渡财务利益给客户，从而增加客户的满意度，而客户也希望从企业那里获得直接好处，获得满意的客户价值。一般客户是经济型客户，消费具有随机性，讲究实惠，看重价格优惠，是企业客户数量的最主要部分，可以直接决定企业短期的现实收益。

4. 临时客户

临时客户又称为一次性客户，他们是从常规客户中分化出来的。这些客户在一年中可能会跟企业订货一两次或购买一两次,并不能为企业带来大量收益。实际上,当企业考虑到以下因素时,甚至会觉得他们在花企业的钱:将他们列入客户记录所花费的管理费,寄邮件的费用(如果这样做的话),以及库存一些只有他们可能购买的商品的费用。这些客户可能最令人头痛。

在客户的分类管理过程中,企业管理人员必须注重以下问题。

(1) 细分客户群的标准。细分客户群的标准有:客户的个性化资料、客户的购买(消费)量与频率、客户的消费方式、客户的地理位置、客户的职业、客户的关系网等。

(2) 不同客户群信息的进一步分析。对每一类细分的客户群信息进一步分析,分析他们的消费特点、购买行为、消费走势、对产品服务的期望值、所需要的产品服务价格组合等,并对这些信息进行深加工。

(3) 不同客户群的管理。首先要确定不同客户群对于企业的价值以及重要程度,然后要针对不同客户群的消费行为、客户期望值等特点制定不同的销售服务策略。

(4) 资源配置系统。资源配置系统是企业对客户分类管理的延续,对于不同价值、不同消费需要的客户群体,企业应为他们配置不同的市场、销售、服务、管理资源。资源配置系统至少应包括:企业资源统计、调配系统、企业资源配置渠道、企业资源配置中的管理等几个部分。资源动态管理系统可以发挥很大的作用,在动态资源管理系统中应该加入市场资源、销售资源、管理资源、人才资源等内容。

【案例4-1】银行的客户分类管理

商业银行客户分类中最常见的是按照客户对银行的利润贡献度进行细分。

1. 客户利润贡献度的概念和运用

客户利润贡献度(Customer Profitability Analysis,或称CPA)是指一定时期内客户为银行创造的价值。通过 CPA,银行可以了解到哪些客户为银行带来价值,或造成实际的亏损,从而能据此制定出不同的营销策略,包括不同的价格、产品、服务方式等。计算时,可以用一个客户的所有账户在一定时期内为银行带来的收益除以成本(包括服务成本、资金成本、违约成本加上一些间接成本)得出。客户贡献度指标包括:综合贡献、综合贡献度、平均综合贡献、存款贡献、贷款贡献、银行卡贡献、中间业务贡献等。

综合贡献=存款贡献+贷款贡献+银行卡贡献+中间业务贡献=综合收益-运营成本

综合收益=存款收益+贷款收益+银行卡收益+中间业务收益

综合贡献度=客户综合贡献/平均综合贡献

平均综合贡献=∑客户综合贡献/总人数

存款贡献=存款收益-存款运营成本

贷款贡献=贷款收益-贷款运营成本

银行卡贡献=银行卡收益-运营成本

中间业务贡献=中间业务收益-运营成本

2. 以利润贡献度为标准的客户分类

利润是反映商业银行经营状况的综合性指标，按利润贡献度对客户进行细分，实际上是一种混合多种经营与管理因素的综合分类。按利润贡献度对客户分为以下三类：

- 富裕客户。(即 VIP 客户)。是指能为银行带来较高的、长期稳定利润贡献的个人客户，此类客户群体人数较少。富裕客户可以从多个角度或条件加以认定，例如个人存款、银行卡消费额和个人消费贷款额等。银行客户经理应当高度关注这类客户，为这类客户提供量身定做的个性化产品。一般是"一对一、面对面"的优质服务，充分满足客户的需求，逐步提高客户的忠诚度，逐渐将这部分客户发展成为银行的终身客户。从银行经营目标角度发展富裕客户业务是重中之重，战略重点是迅速识别和保留现有富裕客户，与之建立以个人客户经理为基础的深入关系，拓展专门的投资类产品，提供差异化服务。

- 大众富裕客户。是指有较大利润贡献潜力的本行客户。客户经理应重视这类客户，要为他们提供合适的理财产品，通过优质服务，促使这类客户向富裕客户转化，以达到银行、客户双赢的目的。大众富裕客户是迅速增长的个人业务产品的主要目标客户群，战略重点是通过将网点职能从服务转向产品销售等手段大力加强营销。同时针对各子客户群的需求大力开发多样化产品和优化定价，在按揭、信用卡等重点产品领域建立领先地位。

- 大众客户。这类客户的业务发生额很小，发生频率很低，对银行利润贡献较少或为负值，但这类客户却是目前银行客户群的主流，如何做好大众客户的服务，降低经营成本，对客户经理来说至关重要。大众客户业务的重点是扭亏为盈，其途径是推行低成本、高效益的标准化服务，特别要注重引导大众客户转向低成本渠道进行交易，如 ATM、电话银行等。

- 据资料统计显示，在中国建设银行的个人客户群体中，2%的个人富裕客户利润贡献度约 50%，18%的大众富裕客户利润贡献度约 60%，而 80%的大众客户利润贡献度为 10%。因此，20%的富裕客户及大众富裕客户是现在和未来中国建设银行个人银行业务的主要利润来源，应成为业务的重点，大众客户业务则应侧重于降低成本，减少亏损。

(资料来源：个人客户经理培训教材. 中国建设银行，2015 改写)

客户分类不能看成是一个简单的算术公式，也不是一个模板就可以解决的。不管是哪种模式，都需要考虑"天时、地利、人和"的因素，要从战略意义上来考虑客户分类。而对客户分类理解的差异和标准的不同，就将导致企业的经营策略有所不同。这样，追求的"个性化服务与管理"才有可能实现，市场才会消除困扰大家多年的"同质化"弊病。

第三节　客户 ABC 分类管理方法

客户管理分类根据实际采用不同的方法，例如将客户分为高价值客户和低价值客户，或者分为长期固定客户和短期偶然客户等，然后确定对分类有影响的因素，将拥有相关属性的客户数据提取出来，选择合适的算法(如决策树、神经网络等)对于数据客户管理进行处理得到分类规则。经过评估和验证后就可将规则应用在未知类型客户上，对客户进行分类。根据客户档案管理分类要求，企业可以结合各行业实际情况和客户管理的需要，分别选择客户性质、产品类别、交易历史、需求特征、盈利情况等多种分类方法。

(1) 按客户性质分类：这就是一种最为常用的分类方法，首先可以将客户分为个人消费者、中间商客户、制造商客户、政府和社会团体客户。其中每类客户又可以进一步分类，例如，零售商客户又可分为专营店、超级市场、连锁店、邮购商店等。

(2) 按产品类别分类：按产品类别分类是指企业的主要产品类别进行客户分类。在日益激烈的市场竞争中，很多大型企业采取多元化经营的战略，从生产工业用品到儿童玩具，从卡车到小轿车等，这就实际形成了购买和使用不同产品的不同客户。

(3) 按交易情况分类：主要是根据交易过程和关系稳定程度来分类。这包括：关系稳定的长期客户，又称之为老客户，与企业关系良好，定期重复购买企业的产品；新客户，开始购买和使用本企业产品的时间不长，是否能赢得他们的重复购买还是未知数；问题客户，双方关系不太融洽，交易中发生摩擦，或对方提出修正再购买的条件苛刻，潜伏着转向其他供应商的危险；过去的客户曾经有过交易业务的客户，但已经停止购买；潜在客户，正在开发中的客户，还没有正式开展业务。

(4) 按客户贡献分类：按照交易业务量可划分大型客户、中型客户和零散客户，按对企业利润的影响分为高盈利户、合理盈利户、微盈利户及亏损户等。

如上所述，企业可以按照不同的标准对客户进行分类，但在具体客户管理实践中，按照客户价值分类，找到最有价值的客户，才是企业最重要的工作。一般说来，企业往往是在成交额和发展潜力的基础上对现有客户按其重要性进行 ABC 分类。

首先，按成交额进行划分。

例如，一位业务员把交易额在 500 万元以上的客户算作 A 类客户，交易额在 100 万～500 万元的客户作为 B 类客户，而交易额在 100 万元以下的则视为 C 类客户。当然，业务员还可以根据区域市场内的状况来确定划分标准。

其次，根据客户的发展潜力来划分。

这时可能出现这种情况：某些具有很大发展潜力的 C 类客户可能会被重新划分为 A 类客户，或者一个即将倒闭的 B 类客户被重新划分到 C 类中。A 类的客户应既具有最大成交额又具有最大的发展潜力，B 类客户则为中等成交额和中等的发展潜力，而 C 类则是由具有低成交额和低发展潜力的客户来组成。当业务员对客户进行 ABC 分析时，他会发现在大多数情况下，他花费的时间与客户类型不成比例，即花费在 C 类客户上的时间多，而花费在 A 类客户上的时间少。例如，下面是某副食公司在一次业务检讨会上，发现了一种阻碍公司健康发展的"病症"——销售浪费症。

在这家公司的整个营业额中，A 级客户占 70%，B 级与 C 级客户分别占到 20% 和 10%。占 70% 营业额的 A 级客户仅占公司总客户数的 10%，而 B 级与 C 级则分别占到 20% 与 70%。在销售工作中，业务员分派在各级客户中的比例是：A 级占 15%，B 级和 C 级分别占到 25% 和 60%，如表 4-3 所示。

表 4-3　某副食公司的客户 ABC 分析表

客户类型	占总营业额的比率	占总客户数的比率	业务支持(占总业务人员的比率)
A 级	70%	10%	15%
B 级	20%	20%	25%
C 级	10%	70%	60%

经过这种 ABC 分析后，发觉有 60% 的业务员用在 C 级(营业额仅占 10%)客户上，实在是浪费。换句话说，业务员犯了"不管有无交易，也不考虑订购数量多少，只要出去跑就是开发客户"的错误观念。业务员必须将宝贵的时间用在重要的客户上。

一、ABC 分类的步骤与标准

任何企业的资源都是有限的，所以企业的各项投资与支出都应该花在"刀刃"上。客户 ABC 分类是以销售收入或利润等重要客户行为为基准确定的，它把客户群分为 VIP(Very Important Person)客户(A 类客户)、主要客户(B 类客户)、普通客户(C 类客户)与小客户(D 类客户)四个类别。

ABC 分析的一般步骤如图 4-1 所示。

① 谁是企业的金牌客户。方法：运用上年度的交易数据或其他现有的较简易的数据，来预测本年度占到客户总数目 5% 的"金牌"客户是哪些。

② 哪些客户导致了企业成本的发生。方法：寻找出占到客户总数目 15% 左右的"拉后腿客户"，他们往往一年多都不会下一单，或者总是令企业在投标中淘汰。

③ 企业本年度最想与之建立商业关系的几个企业。方法：把有关企业的信息加到数据库中，对于每个企业，至少找到三名联系人的联系方式。

④ 上年度对企业的产品或服务多次提出了问题的大宗客户。方法：统计分析这些客户投诉问题的原因与处理结果，与他们联系的人员及解决问题的方法。

⑤ 了解去年最大的客户今年的订货情况，拜访该客户频次与人员情况。

⑥ 了解是否有些客户从本企业只订购一两种产品，却从其他地方订购很多种产品，客户是否愿意用企业的另外几种产品代替其他企业的产品。

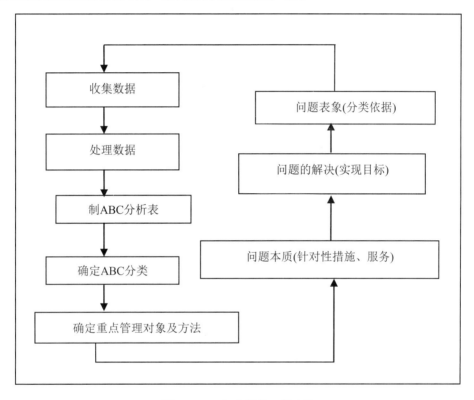

图 4-1　ABC 分类的一般步骤

在进行客户 A、B、C 分类前，为了更好地开展工作，应充分收集如下信息：

在实际业务操作中，企业客户的 ABC 分类一般会根据三项指标：①客户规模(交易额)；②客户贡献(毛利额)；③客户品牌忠诚度。

经过上述的步骤与分析，从 ABC 管理角度客户的类型一般可以分为下面几种。

1. 顶尖客户

顶尖客户即 A 类客户，也叫 VIP 客户，是客户金字塔中最上层的金牌客户。他们是在过去特定的时间内，购买金额最多的前 5%～10%的客户。若客户总数为 1000，则 VIP 客户一般多指的是花钱最多的前 100 位客户。

2. 主要客户

主要客户是指在特定时间内，消费金额最多的前 15%～20%的客户中，扣除 VIP 客户后的客户。若所有客户为 1000，则主要客户多是指扣除 VIP 客户外，花钱最多的 100 位客户。

3. 普通客户

普通客户是指在购买金额最多的 30%～40%左右的客户中，扣除 VIP 客户与主要客户之外的客户。若所有客户数为 1000，则普通客户是扣除 VIP 客户与主要客户之外，花钱最多的 150 位左右客户。

4. 小客户

小客户是指除了上述三种客户外，剩下的 60%～70%左右的客户。

前面已经讲述过客户分类的 80/20 原则。即将企业的所有客户进行统计，我们会发现企业经营收入的 80%是由 20%的客户带来的，而这 20%的客户就是企业的最佳客户。很明显，企业有更多的理由让他们对企业的产品或服务更满意；而对于另外的 80%的客户，在竞争中放弃他们也没有什么值得可惜的，因为他们对企业的作用不大，甚至有时还会给企业带来麻烦。

国内某证券公司在解决客户资料分析方面的问题时发现，它的大客户虽然仅占公司中客户的 20%，但却占了公司利润来源的 90%。换句话说，有八成客户让公司几乎赚不到多少钱。

因此，想要深入地了解客户，可以试着根据客户对企业所做的贡献(收益或效益)，区分出客户的分布情况，并找出其中最重要的 20%客户。当然，这其中因产业或公司的差异，比例往往不等。

在清楚地了解客户层级的分布之后，由营销部门妥善规划项目，依据客户价值设计配套的客户需求项目，以业务部门进行开发与客服的辅助，依照客户价值对 VIP 客户定期拜访与问候，确保重要客户满意，借以刺激有潜力的客户升级至上一层次，这样将使企业在成本维持不变的情况下，产生可观的利润增长。

二、ABC 管理方法

在划分了不同等级的客户后，企业可分别采取不同的管理方法对其进行管理。

1. 顶尖客户管理法

顶尖客户是非常有利可图并值得企业花费大量的时间来服务的。他们往往订单数量大，信誉较好，并且能很快付款。对这类客户的管理要把握以下几个方面。

(1) A级客户进货额占企业总销售额的70%~80%，影响相当大，因此应密切注意其经营状况、财务状况、人事状况的异常动向等，以避免倒账的风险。

(2) 要指派专门的销售人员经常去拜访这类客户，定期派人走访，提供销售折扣，并且熟悉客户的经营动态。业务主管也应定期去拜访他们。

(3) 应优先处理A类客户的投诉案件。

【案例4-2】银行的VIP客户管理

各个商业银行依靠对VIP客户的有效管理来加强竞争，扩大业务已经是常用的手段。贵宾卡已算不上很新的促销方式了，因为很多行业都在用，有的甚至把贵宾卡变成了变相打折的一种手段。但银行对其功能进行了创新。

(1) 丰富贵宾卡的种类。刚开始时，贵宾卡只有金卡和银卡两个卡种，它们是通过储蓄累计或一次性储蓄达到一定金额而获得的。比如，银卡的获得就是一次性储蓄满10万元或累计储蓄满50万元。贵宾卡可以优先办理业务、获得好的服务、取得贷款额度等，并有节日礼品，贵宾卡起到了很好的吸纳顾客的作用。但随着经济的发展，取得贵宾卡的消费者越来越多。很多已取得金卡客户的提出，随着储蓄累计的增加，能否提高服务水平。于是许多银行贵宾卡又增加了钻石卡和白金卡两种。这样就起到了持续激励客户储蓄欲望的目的。

(2) 创新服务功能。不少银行不仅有VIP客户窗口专门服务，还有VIP客户经理。钻石卡VIP客户还可享受上门服务，跨行业务、海外业务免费服务等。一些特别的需求，例如资金的投资理财，还配有专门的顾问，帮助指导客户。

(3) 建立客户档案，加强沟通发挥贵宾卡的桥梁作用。银行普遍建立了客户数据库，采用了客户关系管理软件，把所有顾客档案都存入电脑，并设立专门VIP客户档案。在贵宾卡持有者生日的时候，一定送去生日祝福以及生日蛋糕。逢重大节日，所有顾客均可获赠问候与礼品，以强化沟通，提高客户的忠诚度。银行的这些做法，对稳定VIP客户数量，提高储蓄增长起到了良好的效果。

(资料来源: 李光明. 客户管理讲义. 2015)

---

2. 主要客户管理法

B级客户的进货额只占企业销售总额的10%~20%，也具有一定的影响力，平常要由业务员定期拜访。

这类客户往往比较容易变为企业的忠诚客户，因此，是值得企业花些时间和金钱来建立忠诚度的。如果这类客户的订单频率和数量没有上升或者如果他们向竞争对手订更多的产品，那就要给他们提供更多的服务。在放弃一个主要客户之前，要找出他们从竞争对手那里订更多货的原因。

3. 普通客户管理法

普通客户进货额只占企业销售总额的 10%以下，每个客户的进货量很少。对此类客户，企业若没有战略性的促销策略，在人员、财力、物力等限制条件下，可减少推销努力，或找出将来有前途的"明日之星"，将其培养为 B 级客户。对这类客户，企业可将对其服务的时间削减一半，但一定要和这些客户保持联系，并让他们知道当他们需要帮助的时候，公司总是会伸出援手。

4. 小客户管理法

在与小客户打交道的过程中，他们往往是锱铢必较，忠诚度很低，不及时付款，订单不多却要求很多。对这些客户企业应提供很少的服务。

业务员会拥有许多客户，然而能为他带来较大销售额和利润的客户却非常少。对那些重要的客户，业务员要为他们花费更多的时间，否则就意味着对自己重点客户的忽略。业务员要提高效率，就必须按照与客户的成交量来规划自己的推销、拜访次数。总之，业务员要记住，时间是有限的，应当把时间用在"刀刃"上。

【案例4-3】某证券公司的客户分类与管理

某证券公司根据样本客户的赢利率和周转率分布将客户分为如下四种基本类别(如下表所示)。

类　别	周　转　率	赢　利　率
A 类	高	高
B 类	高	低
C 类	低	低
D 类	低	高

(1) A 类客户(高周转、高赢利)。

该类客户的基本特征是操作相当频繁，基本以短线持股、快进快出为主，选择的品种基本上是市场的热点品种。

① 该类客户往往有很丰富的市场经验，具有很高的市场敏锐感，他们的投资获利能力经常是公司的管理员所不及的。该类客户对管理员以及低端咨询产品的依赖性和需求性都

是很低的。他们需要的是更为迅捷广泛的信息渠道。

②　该类客户是营业部的优质核心客户群。对这类客户，营业部在基础性服务上应该提供更为优质的保障，尽量做到有求必应，对他们加强情感交流，提高该类客户的满意度和忠诚度。

③　该类客户往往是营业部最活跃的力量，对于周围的客户具有很强的影响力。营业部管理中应该对这部分有意识地树立典型，利用赢利效应带动周围客户。

④　这类客户在牛市中和平衡市中能够取得很高的收益，但往往在市场走熊，尤其是大幅下跌期间出现比大盘更坏的状况。这是由他们频繁操作的交易习惯所决定的。因此，在市场不理想的阶段管理员应特别关注这类客户的交易情况，甚至劝其减少操作，休养生息。同时注意帮助他们克服可能出现的某些心理障碍，如不服输、急于想扳回、过于自信等。

(2) B类客户(高周转、低赢利)。

该类客户在操作风格上是明显的短线操作，他们对营业部的贡献很大，但他们的赢利状况非常不理想，因此是管理员平时重点辅导的对象。

①　该类客户往往急功近利，通常对市场的认识较缺乏，投机性重，品种选择和操作的随意性很强，没有一套相对稳定的投资理念和风格。从他们的交易状况来看，往往会陷入越做越亏、越亏越做的怪圈。

②　这类客户属于极不稳定的客户群体。由于屡屡失败，操作上越来越没有信心，加上账户状况越来越陷入困境，热情开始降低，有的改为长线投资，周转率开始大幅下降；有的逐渐淡出市场，甚至彻底退出股市。容易萌生换营业部、换个环境重新开始的念头，会导致营业部不必要的客户资源流失。

③　这部分客户的存在对提高客户质量、提高客户资产周转率的引导工作有着很大的负面影响。公司可以侧重于发现他们在投资过程中存在的重大缺陷，帮助他们发现问题，并通过股民学校、客户座谈会等形式，重点给予基础知识、基本投资技巧、投资心理等方面的辅导。在选股方面，应侧重引导客户慎重的态度，克服操作中的随意性，必要时甚至可以提示客户减少操作。

(3) C类客户(低周转、低赢利)。

该类客户属于被动型长线投资类客户，是营业部内质量最差，但恰恰是潜力最大的客户群，是营业部值得重点开发的客户类型。

①　观察该类客户的持仓发现，其中相当部分客户由于历史上介入了后来长期走熊的个股，当时没有及时止损而被长期深度套牢，越陷越深，以至无法动弹，被迫长线投资。

②　该类客户选股往往是营业部出席率较低的一类客户。管理员要增加对客户的了解，赢得客户的信任。营业部在组织某些客户活动时，可发函或电话邀请部分该类客户参与。

③　对该类客户的工作，难点就在于如何解决客户账户中长期被套牢的历史遗留个股。

这类个股营业部可以个股诊断书的形式做出客观、谨慎的操作建议。如果没有持股必要的，管理员应耐心做好客户的引导工作，争取尽可能地盘活客户的沉淀资产，提高客户质量。

④ 该类客户工作的核心是改变他们的投资理念。要充分尊重客户的意见，坚持长久耐心，潜移默化地引导客户。

(4) D 类客户(低周转、高赢利)。

该类客户是典型的主动型长线投资类客户，一贯坚持中、长线选股和操作，长期以来获得了比较良好的投资业绩。

① 该类客户资金周转率长期以来维持在较低水平，但已经形成了比较稳定、成熟的投资理念，有很强的独立性，一般很少受其他人的影响。日常管理应侧重于基础服务环节和情感交流。

② 该类客户选股往往比较看中基本面情况，与其他类客户相比，他们中的很多人对研究报告表现出一定的热情。客户管理员收集一些具有一定深度的研究报告可以定向向这部分客户提供。在与这部分客户交流时也应多侧重于基本面的信息，推荐股票要多从基本面的角度出发。

③ 对于始终坚持长线投资的客户，管理员的引导工作可以慢慢从灌输波段操作思路开始。在明显有波段可操作的时候及时给客户以建议，每过一段时间就帮助客户回顾总结一下，使客户慢慢树立起"止赢止损"和"波段"的意识，在客户试图提高收益率的同时，提高了资产周转率。

(资料来源：范云峰. 客户管理营销. 北京：中国经济出版社，2015 年改写)

第四节　大客户管理

一、大客户的含义

大客户，也称重点客户、关键客户(Key Account，KA)，是企业认为具有战略意义的客户，并被给予特别关注。越来越多的企业已经进行大客户管理。大客户管理的目的是通过持续地为客户量身定做产品或服务，满足客户的特定需求，从而培养出忠诚的大客户。大客户是企业收益的主要来源，针对这群金字塔顶端的客户，企业不仅要花心思经营，而且还要制定针对大客户的方法和策略。例如，中国移动公司按照 ABC 分类法，在客户管理中把公司全部客户按购买金额的多少，划分为 A、B、C 三类。A 类为大客户，购买金额大，客户数量少；C 类为小客户，购买金额少，客户数量多；而 B 类为一般客户，介于 A、C 类之间。管理的重点是抓好 A 类客户，照顾 B 类客户。对个人客户中占总数的 10%、其通信费合计占运营商通话费总收入 38%的高端客户群，实施优先、优质服务。中国联通公司则分别给连续六个月通信费大于 300 元、500 元、800 元的客户颁发三星、四星、五星级服务通行卡，星级会员享受所有与其会籍相匹配的通信优惠，同时还可以享受到其他如全国范围内的预订房等许多通信外的优惠服务。目前电信企业主要根据客户的电信消费水平和单位性质对大客户进行识别和划分，其优点是易量化，获取数据方便；缺点是没有考虑客户的未来价值，不利于企业的长期决策。

企业往往希望"大客户"是伙伴型客户，是企业忠实的客户，是为企业创造 80%利润的客户，是为企业带来高收益而企业只需支付低服务成本的客户，希望他们与企业建立的是长期的可赢利关系。因此，企业往往将资源倾向大客户。企业会与大客户签订合同，并为他们提供统一的价格和一致的服务，一般会设立大客户经理或者大客户部负责监督、协调销售人员针对大客户的销售工作。公司的大客户可能会由一个功能人员组成的战略性客户管理小组来进行管理，小组成员固定地为一个顾客服务，并且经常待在顾客方便的办公室内。例如，宝洁公司安排了一个战略性的客户管理小组与在阿肯色州本顿维尔沃尔玛总部的工作人员一起工作，宝洁与沃尔玛已经通过合作节约了约 300 亿美元的资金，而且使自己的毛利大约增加了 11%。

如果一家公司拥有几个甚至多个大客户，它就可能会组建一个大客户部来进行运作。一般在一个典型的大客户管理部里，每位大客户经理平均管理着 9 个大客户，大客户经理们负责向全国销售经理报告工作，而全国销售经理向负责营销和销售的副总裁报告工作，该副总裁则负责向首席执行官汇报工作。

二、大客户管理工作的复杂性

大客户管理工作因各种原因而呈现出复杂性。第一，少数大客户的销售额可能占了公司营业额的大部分(如 20%的大客户的营业额可能占了公司营业额的 80%)，这使得大客户有了竞争优势，他们往往不通过当地单位进行采购，而集中向生产商采购某些商品，而这就给他们带来了更多向卖方讨价的机会，使得卖方必须高度重视大客户，例如沃尔玛就是如此；第二，随着需求的多样化、更新化加快，产品变得越来越复杂，买方组织会有更多的部门参与采购决策，因此大客户的购买程序更为复杂，一般的销售人员可能不具备向大客户进行管理的能力。

在设计大客户管理方案时，企业可能要面对许多潜在问题，这些问题一般包括：如何挑选大客户？如何对他们进行管理？如何组建大客户管理机构？如何开发、管理和评估大客户经理？大客户管理部门应在组织中处于什么样的地位？等等。

至于是否建立大客户管理部，要视企业的规模而定。对于规模小的企业，客户数量较少，大客户更少，不必建立大客户管理部；如果企业的大客户有 20 个以上，那么建立大客户管理部就很有必要了。

三、大客户的识别

识别大客户是大客户管理中的关键一环，公司选择大客户的标准通常有：客户的交易量或采购数量(特别是对公司的高利润产品的采购数量)；交易或采购的集中性；对服务水准的要求；客户对价格的敏感度；客户是否希望与公司建立长期伙伴关系等。

下面是识别大客户的一般工作流程。

1. 确定研究目标

根据企业的战略规划和营销目标，确定并实施对大客户的个性化管理方针及策略，并确定大客户的确定区域、层次、标准、政策等。

2. 拓展信息来源

建立多渠道的、便于客户与企业沟通的信息方式，除了销售中心、电话、呼叫中心、电子邮件、企业的 Web 站点、客户座谈会等以外，可以建立专门的客户信息渠道，如重点客户处理中心、红线电话，以拓展客户信息来源，帮助筛选大客户。

3. 细化信息分析

由于大客户的重要性，对其上述信息来源信息收集要尽量详细，同时要应用适当标准，利用合适的工具与软件进行细化分析。包含的内容有：姓名、性别、年龄、职业、住址、电话、电子邮件等客户个人信息，如果客户是企业则需了解该企业的经营战略、生产规模、产品品种、销售收入、资信级别、经营状况、发展瓶颈等企业基本信息；客户的消费品种、客户的还价能力、关注重点、购买习惯等历史购买信息；客户对实体产品的功能、品种、规格、价格等方面要求的需求信息，以及对服务产品的多样性、及时性、便利性等方面要求的需求信息；客户对企业的产品或服务不满的投诉信息等。目的是从企业管理的不同角度来区分与识别大客户。

4. 注意重点指标

对大客户的信息分析要特别注重在四个方面。第一，"购买金额"的分析可以了解客户在周期内投入本企业产品或服务的花费，这一指标是所有指标的支柱。第二，"购买频率"，即在限定期内的购买次数。最常购买的客户是满意度最高、忠诚度最高的客户。将购买频率与购买金额结合起来分析，可以计算出客户为企业所投入的花费，为企业创造的利润。

将购买频率与最近一次购买结合起来分析，可以找出流失的客户。第三，通过对"最近一次购买"的分析，企业可以了解客户最后一次交易的时间距离现在有多久。最后一次购买是维系客户的一个重要指标。企业要定期检查这三方面信息来跟踪客户的忠诚度，并及时调整服务，从而与大客户保持长期的良性接触。第四，"购买效果"，即客户连续以来交易给企业带来的经济效益与社会效益，这是识别的重要指标。

企业的经营是动态的，企业与客户之间的关系也是动态的，因此在实施大客户管理时应意识到，识别大客户是一个动态的、连续的过程。一方面现有的大客户可能因为自身的原因或企业的原因而流失，另一方面又会有新的大客户与企业建立关系。企业应对大客户的动向做出及时的反应，既避免现有大客户的流失，又及时对新出现的大客户采取积极的行动。

四、大客户发展坐标分析

企业 80%的销售额产生于 20%的客户，许多企业将对本企业产品销售额较大、信誉较好的客户设定为大客户，让更多的客户成为大客户，是企业业绩提升的有效途径之一。下面是企业的大客户动态分析方法。

(1) 以横坐标为时间(以月份为单位)，纵坐标为大客户数量(以家为单位)。

(2) 设定本企业的大客户标准。凡达到此标准的客户均可列入大客户的行列，不符合标准的淘汰为 B 类、C 类。

(3) 月末将大客户总量在坐标中描出交点，将各月交点连线，即可构成大客户发展动态分析图，如图 4-2 所示。

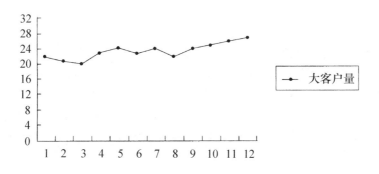

图 4-2　大客户发展动态分析图

制作大客户发展动态分析图的意义在于：客户管理者透过大客户发展动态分析图可以清楚地了解本市场大客户群体的变化，对竞争策略的检讨与调整有重要意义。

五、大客户管理的解决方案

实施大客户管理是一项系统工程，涉及企业经营理念、经营战略的转变，关系到企业的各个部门、企业流程的各个环节，要求企业建立起能及时进行信息交互与信息处理的工作平台，因此，企业应系统地制定一个大客户管理的解决方案。

1. 明确企业战略

随着环境的变化，企业经营战略也应有一个不断调整的过程。企业采取以客户为中心的经营战略是市场发展的需要。它确定了企业通过与客户建立长期稳定的双赢关系，走上一条既满足客户需求又使企业更具竞争力的发展道路。在这一经营战略下，企业与客户结成利益共同体，企业结构调整和资源分配都是以满足客户需要为目标，企业在价值观、信念和行为准则上也应形成一种以客户为中心的服务意识，并把它列为企业文化的一部分，在经营目标上把客户满意作为判断工作的标准之一。

2. 变革组织体系

企业应建立起以客户为中心的更为灵活的组织结构体系，将组织资源投入到最能满足客户需要的方面，并在考核制度、薪酬制度、激励制度方面贯彻以客户为中心的思想。生产制造部门要把好质量关，人力资源部门要培养高素质的员工完成高水平的服务，销售部门、财务部门、运输部门都应以客户为中心组织。目前，企业对大客户的管理缺乏系统性和规范性。建立一个大客户管理部，并赋予其一定的考核权、调度权将有助于改善大客户管理的混乱状况。

3. 健全管理流程

企业应从流程角度分析公司的销售、服务现状，同时对大客户的运作方法进行分析，要站在客户的立场上体验其购前、购中、购后的感受，以发现导致客户不满的原因。以客户需求作为流程的中心，重新整合企业流程和业务操作方法，使组织中各部门的行动保持一致，研发部门、生产制造部门、销售部门以及运输部门、财务部门、人力资源部门都要彼此协调行动，积极投入到为大客户提供最满意的服务中去，从而提高客户服务效率。

4. 利用现代工具

(1) 在硬件上，包括计算机、通信设施及网络基础设施。作为计算机与通信技术、互联网集成的呼叫中心，目前受到特别的关注。它由自动语音应答、人工坐席、CTI(计算机电话语音集成技术)和互联网构成，客户可以自由选择电话、E-mail、Web 站点等方式得到企业的服务。企业应根据自身条件及业务发展需要选择呼叫中心的集成程度。

(2) 在软件上，ERP(企业资源管理系统)、SCM(供应链管理系统)、CRM(客户关系管理系统)为做好大客户服务提供了较为成熟的应用软件。但企业所属行业不同，规模不同，财力、物力、人力、管理水平也不同，选择的支持客户服务的软件会有很大的差异，企业不能为了跟随潮流而背上软件的包袱。

(3) 在技术上，可分为信息技术、数据资源管理技术、统计技术。信息技术包括电子商务、多媒体技术等，数据资源管理技术包括数据仓库、数据挖掘等，统计技术包括回归分析、马尔可夫模型等。先进的设施和技术为实施大客户管理提供了辅助手段，但对于企业来说，最核心的还是建立起以客户为中心的经营理念，不能为了使用技术而使用技术。

5. 强化管理工作

建立大客户管理部，并从以下几个方面强化对大客户的管理工作，是抓好大客户管理的有效手段。

(1) 优先向大客户供货。大客户的销售量大，优先满足大客户对产品的数量及对系列化的要求，是大客户管理部的首要任务。尤其是在销售上存在淡、旺季的产品，大客户管理部要及时了解大客户的销售与库存情况，及时与大客户就市场发展趋势、合理的库存量及客户在销售旺季的需货量进行商讨。在销售旺季到来之前，协调好生产及运输等部门，保证大客户的货源需求，避免因货源断档导致客户不满的情况。

(2) 充分调动大客户中一切与销售相关的因素，包括最基层的营业员与推销员，提高客户的销售能力。许多推销员往往认为，只要处理好与客户中、上层的关系，就意味着处理好了与客户的关系，产品销售就畅通无阻了。但产品是否能够销售到最终消费者的手里却与基层的工作人员如营业员、推销员、仓库保管员等有着更直接的关系，特别是对一些技术性较强、使用复杂的大件商品。

(3) 向大客户及时提供新产品。大客户在对一个产品有了良好的销售业绩之后，在他所在的地区对该产品的销售也就有了较强的商业影响力。新产品在大客户之间进行试销，对于收集客户及消费者对新产品的意见和建议，具有较强的代表性和良好的时效性。但大客户管理部应该提前做好与大客户的前期协调与准备工作，以保证新产品的试销能够顺利进行。

(4) 充分关注大客户的一切公关及促销活动、商业动态，并及时给予支援或协助。利用一切机会加强与客户之间的感情交流，如参加大客户的开业庆典等。

(5) 安排企业高层主管对大客户的拜访工作。一个有着良好营销业绩的公司的营销主管每年大约有三分之一的时间是在拜访客户中度过的，而大客户正是他们拜访的主要对象。大客户管理部的一个重要任务就是为营销主管提供准确的信息，协助安排日程，以使营销主管有目的、有计划地拜访大客户。

(6) 根据大客户的不同情况，与每个大客户一起设计促销方案。每个客户因区域、经营策略等的不同，所呈现出的经营环境也就不同。大客户管理部应该协调推销员及相关部门与客户共同设计促销方案，使客户感到他被高度重视，他是营销渠道的重要分子。

(7) 经常征求大客户对推销员的意见，及时修正推销员的言行，保证渠道的畅通。推销员是企业的代表，推销员形象的好坏，是决定企业与客户关系的一个至关重要的因素。大客户管理部对负责处理与大客户之间业务的推销员的工作，不仅要协助，而且要监督和考核。对工作不利的人员要上报上级主管，以便及时安排合适人选。

(8) 对大客户制定适当的奖励政策。企业对大客户采取适当的激励措施，如各种折扣、销售竞赛、返利等，可以有效地刺激大客户的销售积极性和主动性，对大客户的作用尤其明显。

(9) 保证与大客户之间信息传递的及时、准确。大客户的销售状况事实上是企业市场营销工作的"晴雨表"。大客户管理部很重要的一项工作就是将大客户的销售状况及时、准确地统计、汇总、分析，并上报上级主管部门，以便上级主管部门针对市场变化及时调整生产和销售计划。

(10) 组织每年一度的大客户与企业之间的座谈或联谊会。每年组织一次企业高层主管与大客户之间的座谈或联谊会，听取大客户对企业的生产、服务、营销、产品开发等方面的意见和建议，对未来市场进行预测，对企业的下一步发展计划进行研讨等。这样的会议，不仅对企业的决策非常有利，而且可以加深企业与大客户之间的感情，增强大客户对企业的忠诚度。

六、大客户经理的责任和评估

大客户经理需要承担许多责任，其主要职责包括：把握合同要点；发展和培养顾客的业务；了解顾客决策流程；识别附加价值机会；提供具有竞争力的情报；销售谈判；协调顾客服务等。大客户经理必须动员小组人员(如销售人员、研究与开发人员、制造者等)一起来满足顾客的需求。

大客户经理的典型评估标准是他们在培养客户的业务份额上的效率和年度利润，以及销售目标的达成情况。

许多企业在把它们最得力的销售人员提升为大客户经理时常常会犯一些错误，实际上，销售人员和大客户经理的工作要求是不同的。关于两种角色的区别，优秀的大客户经理应当知道："我不是销售人员，而是客户的'营销顾问'。"甚至许多的银行的营销员已经不叫客户经理，叫作"理财顾问"或"客户助理"了。

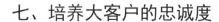

七、培养大客户的忠诚度

大客户通常会获得许多以采购数量为基础的有利价值(价格方面的优惠信息)，但是，营销人员不能仅仅依靠这种方式来维持客户的忠诚度。因为这样总是有某种风险，比如，竞争者会参与竞争或实施报复，企业也可能因为成本增加而被迫提高产品价格等。

其实，许多大客户对附加价值的需求远远大于对价格优势的需求。比如，他们欣赏特别的保证条款、电子数据交换、优先发运、预先的信息沟通、客户定制化的产品及有效的保养、维修和升级服务等。此外，与大客户管理人员、销售代表等价值提供人员保持良好的关系，也是激发大客户产生忠诚度的重要因素。

> 【案例4-4】万向前能集团的大客户服务
>
> 万向前能集团是一家生产汽车配件的公司，它最早是广西一家生产阀门的国企，改制后生产汽车配件。它的主要客户是国内微型车生产商，例如广西五菱，江西北斗星，重庆长安等。广西五菱是它最大的客户，其购买额占到集团总销售额的 60%。集团专门设立了一个"大客户部"，有经理、业务人员、客服人员、工程师、维修技术人员、公关等8人，并有三人长驻五菱生产厂家，随时解决客户的各种需要与问题。集团的这一措施有力地保证了为大客户服务的水平，加强了相互的关系，促进了销售业绩的提高。
>
> (资料来源：李光明. 客户管理讲义. 2015)

大客户管理可分为客户群管理和客户行为管理，前者通过各企业制定的相应指标识别群体特征，找出大客户；而后者则运用统计方法发现客户内部行为的特点及其与外部行为和社会行为的关系。企业在了解客户的群体特征和行为特征后才能做到"一对一"的服务。在大客户服务中要注重利用 e 时代的各项信息技术为客户提供多种沟通渠道，但企业与客户之间的沟通不能完全被自动化的机器所代替，还应采取更为亲切和人性化的沟通方式，如组织每年一度的大客户与企业间的座谈会，安排企业高层主管人员有计划地对大客户进行拜访等。当然，大客户服务最为重要的还是企业必须站在客户立场上为其提供富有个性化的产品和服务，与大客户一起为提高业绩而努力。企业与大客户之间是平等关系，是"双赢"关系，因此企业与大客户之间的合作也应体现出一种协作精神，并将这种关系发展成为持续的关系。

第五节　建立客户资源管理系统

客户分类管理的基础是客户的资源管理。企业只有对客户资源加以有效的管理，才能使客户资源价值得以充分实现，对客户进行有效的分类管理。客户资源管理的核心思想是对企业相对独立的市场管理、销售管理与售后服务等业务进行集成，提供统一的运作平台，并对各种数据进行加工、处理与分析，形成制定各种决策可以参考的报告。客户资源管理包括建立客户信息系统和构建销售服务支持平台。

一、建立客户信息系统

客户信息系统是客户资源管理系统中重要的组成部分，它为客户资源管理提供最基础的信息数据库，为企业的经营决策提供原始数据。客户信息主要包括客户的基本资料、客户购买行为特征、客户服务记录、客户维修记录、客户订单记录、客户对企业及竞争对手的产品服务评价、客户建议与意见等。

1. 信息采集

信息采集来源主要有：市场调研分析人员、市场销售人员、售后维护人员、广告宣传人员、大客户的直接反映、投诉记录的信息、销售渠道中传来的信息等。企业要规范信息采集点的采集行为、信息采集人员的责权、采集内容与输入信息的格式等。

2. 信息集成

企业要借助相应的软件系统来协助处理各种采集到的信息并集成为系统，该系统应是企业庞大的数据库。

3. 信息分析

企业要有专门的机构来整理、分析客户信息，并提出可行的决策建议，指导企业的销售和客户服务，提高客户的满意度。

4. 信息传递

企业对客户信息加工之后，就要通过信息传递渠道，保证在第一时间将最重要的信息传递到相关的决策者手中。业务流程重组的第一个方面就是根据企业的信息来重组，所以要保证信息流的快速和有效。企业要根据实际情况健全自己的信息传递渠道。

二、构建销售服务支持平台

销售服务支持平台是客户资源管理系统中至为关键的部分，它包括市场管理平台、销售支持平台、订单录入与跟踪、产品服务价格的设计与组合、客户服务等部分。

1. 市场管理平台

市场管理平台包括市场预测与市场策划管理。企业在对客户资料分析、整理的基础上提出市场预测,为企业经营提供足够的有效信息;市场策划管理包括市场策划方案、跟踪评价、市场策划知识库等。企业在市场预测的基础上,针对不同市场的需求特点策划一些经营方案,同时对这些方案的执行进行跟踪评价,并把经验和获得的知识输入市场策划知识库,以便以后参考。

2. 销售支持平台

销售支持平台包括销售计划的制订,有效、快速、安全的交易方式,订单与合同管理,信息查询,辅助方案的配置,定价管理,销售渠道管理与销售统计分析等。

3. 订单录入与跟踪

市场销售人员与服务人员可以查询某一客户的订单执行情况,以决定是否应该由自己提供服务,这样便于保持整个销售出口的统一;而客户也可以查询自己订单的执行过程,以了解订单的执行情况。

4. 产品价格组合设计

针对不同的客户群,销售部门可以设计不同的产品(服务)价格组合,以适应他们的个性化需求。

5. 客户服务

客户服务应包括对客户的需求服务、客户咨询、物流服务、技术支持、故障处理、发票处理、记录产品的索赔及退货等内容。

第六节 客户赢利能力分析与管理

客户分类管理的主要目的就是提高客户对于企业的价值,因此必须进行客户赢利能力的分析与管理。今天的客户管理不应再去树立那种"顾客是上帝"的过时观念,有时客户也会是"魔鬼",他们会给企业带来坏账、诉讼等,公司顶部的20%客户创造了公司80%的利润,然而,其中的一半被在底部的30%的没有盈利的客户丧失掉了。一个企业应该"剔除"其最差客户以减少其利润损失。由此,客户分类管理的难题是:如何识别客户的盈利率,以便留住盈利的客户,剔除给企业带来亏损的客户,这就需要对客户的盈利率进行分析,确定其能给企业带来的预期收益,并采取措施予以管理。

一、客户赢利能力分析

什么样的客户才是有利可图的呢？菲利浦·科特勒将一个有利益的客户定义如下：一个有利益的客户就是指能不断产生收入流的个人、家庭或公司，其收入应该超过企业吸引、销售和服务该客户所花费的可接受范围内的成本。必须注意的是，这里强调的是长期的收入和成本，而不是某一笔交易所产生的利润。

1. 客户产品赢利分析

大多数公司并不能测出个别客户的赢利率。例如银行声称，这很难做到。因为一个客户交易成功之后可能利用不同的银行服务，这些交易要跨越几个不同的部门。一些将客户交易成功地归并一起的银行，都对其无利可图的客户在其客户中所占比重之高感到十分吃惊。一些银行报告表明银行的零售客户服务中有45%以上是亏损的。因此，毫不奇怪，银行许多不收费的项目现在都在收费，并且银行有意选择客户，如有些外资银行规定储蓄客户必须存 1 万美元以上。但也不是不能对客户进行适当的赢利分析，下面就是一种常见的客户赢利分析方法。

首先将客户按列排列，产品按行排列。每个方格就代表向该客户出售某产品所获的利润。如果客户 A 在购买 3 个产品时，因为他买了 2 个赢利产品和 1 个无利润产品，因而产生了利润。而客户 B 是平衡无利型的，他买了 1 个赢利产品和 1 个亏损产品。客户 C 则代表一个亏损客户，因为他买了 1 个无利润产品和 1 个亏损产品，如表 4-4 示。

对此，公司可为客户 B 和客户 C 做些什么呢？可以有以下两种选择。

(1) 可以提高无利润产品的价格，或者取消这些产品。

(2) 也可以尽力向这些能产生未来利润的客户推销赢利产品。

那么，思考一下，对客户 A 也应该有什么样的策略呢？后面的内容我们将叙述到。

表 4-4　客户产品赢利分析

	客户 A	客户 B	客户 C	
产品 1	++			高赢利产品
产品 2	+	+		赢利产品
产品 3		−	−	亏损产品
产品 4	0		0	无利润产品
	利润客户	无利润客户	亏损客户	

如果这些无利可图的客户转向其他供应商，这可能是好事情。所以曾有人提出，鼓励无利可图的客户转向竞争企业对公司是有利的。

最后，公司创造价值的能力越高，内部运作的效率越大，它的竞争优势也越大，公司的赢利也越大。公司不但要有创造高的绝对价值的能力，而且要有相对于竞争者在足够低的成本上的价值优势。理想的话，竞争优势是一种客户优势。公司应力争建立持久和有意义的客户优势，用它来成功地带动客户价值与满意，这将导致高的重复购买并使公司获得高的利润。

2. 客户赢利率分析运用

客户赢利分析不仅是一种科学的分析方法，它还是一种有效的工具，有助于企业发现基于客户的机会。企业在汇总数据时常常需要依赖准确的估计和判断。下面列举的几种方法可以帮助分析客户赢利能力的价值最大化。企业通过计算客户的预期赢利能力，了解运用下列每种方法产生的利润影响，并按优先顺序排列这些方法。

(1) 抽样调查。在评估客户赢利性之前，对小部分客户进行抽样调查。这些客户可随机选择，通常包括16位客户。首先计算其收入和接触成本以确定客户纯利润。然后调查客户，了解当前满意度和未来购买倾向。这些信息对评估客户忠诚度和未来价值至关重要。抽样调查有三个目的：确认是否展开大规模的客户分析，找出赢利性的主要决定因素，使销售机构通过加强客户管理增加总的利润。

(2) 确认客户赢利主要因素。客户赢利性与客户本身的赢利能力相关。许多情况下，确认客户赢利的主要因素，企业可以推断客户的赢利性。一般的，客户的赢利性收入的决定因素与销售额密切相关。如图4-3所示。

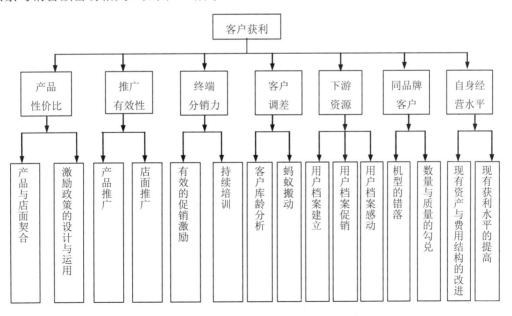

图 4-3 客户获利的因素分析图

(3) 划分管理。将客户赢利性分析的责任划分到各个部门的管理者，因为客户赢利性的增加往往要求各部门的通力合作和资源重组。

(4) 提高客户赢利。客户赢利性分析的目的是增加客户价值，可以通过下列方法：锁定核心赢利客户；寻找获得收益的便利途径；降低客户接触成本；加强客户关系生命周期管理。

二、提高客户为企业赢利的能力

在实施客户管理时，必须意识到这样一个事实：不同的客户对于企业而言，其赢利能力是不同的，而且通常会存在着很大的差异。所以，没有必要对所有的客户都采用同样的客户服务和策略，应划分不同的客户层级，给予区别对待；企业要升级自己的客户，提升客户资产的价值，即提高客户为企业赢利的能力。

通常是按照 4 层划分提升客户资产价值的客户层级模型，即把客户划分成超重量级客户、重量级客户、次重量级客户和轻量级客户。

升级客户、提升客户资产价值就是把赢利能力差的客户变成赢利能力强的客户，也就是提高他们在客户层级中的层级。为每个层级客户提供客户升级策略的应用领域分为 3 个组成部分：价值资产、品牌资产和维系资产。

1. 将重量级客户变成超重量级客户

将重量级客户变成超重量级客户，首先重要的是企业要完全了解这些客户及他们的需求。在产业市场中或 B2B 市场中，如果销售力量较强，销售人员知道某些客户的生意前景好，就要保持与客户的长期联系，预测客户未来的需要。企业如能开发出满足客户需要的产品，能找到现成方法为客户服务得更好，且能在恰当时间以恰当方式与客户进行沟通，这些客户联谊活动一旦成功，就能把客户转变成高层级客户。

当企业的客户数量很多时，把重量级客户变成超重量级客户的过程看起来十分复杂，但基本思路是一样的：建立起客户的信息档案，收集和汇总现有客户与企业交易历史过程的有关信息，包括购买习惯和客户满意信息。换个角度来讲，建立客户信息档案需要实施非常个性化的客户研究，如个人访谈或客户期望讨论会。只有当企业完全理解了重量级客户之后，企业才能制定出有针对性的策略把他们转变成超重量级客户。企业还要知道许多详尽的客户知识，要懂得客户看重什么，要了解掌握价值资产、品牌资产和维系资产的运作机理。

客户资产价值的提升主要通过价值资产、品牌资产、维系资产三个推动要素来实现。

(1) 提升价值资产。①成为全面服务提供商，满足客户的系列需求以提升总价值。②提供外购，提升价值资产。把客户从重量级转变成超重量级的另一个好方法是提供外购，这种方法常常更多地用在 B2B 情形中。如今，外购的功能包括薪水支付、会计服务、维修服务、信息管理服务，甚至人力资源服务，在每种情形中，提供这些外购功能所发生的非货币成本削弱了企业的核心优势。例如，为了不落后于信息技术的发展，企业必须不断地维护系统，修复硬件和软件，保留合格员工，所有这些都是企业实现目标的阻碍。在这些外购或其他外购情形中，供应商企业能够为客户实现这些功能，提升企业的客户资产，提高客户的赢利能力。这样，客户就能够忠诚于企业，企业业务发展也很稳定，客户也会更有价值。

(2) 提升品牌资产。为客户量身打造品牌，使之成为品牌忠诚者。

(3) 提升维系资产。①建立结构化关系。如果向客户提供的产品与服务能巧妙地设计到企业的服务递送系统之中，那么，就能与客户建立起结构化关系(或学习关系)。通常，为客户提供个性化服务能建立起结构化关系，这些个性化服务以技术为基础，可使客户的效率更高。②提供服务保证。针对超重量级客户，企业使用最得力的方法找出什么时候出现服务问题，然后迅速而完美地解决。最有效的策略可能是服务保证，即企业承诺，客户会对他们的服务满意，或出现服务问题能得到某种形式的等量补偿。尽管存在许多形式的服务保证，涵盖服务的不同方面(最后期限、微笑服务、可靠性)，对超重量级客户而言，最重要的服务保证类型是全面服务满意保证。但是，对重量级客户而言，最好的服务保证类型则是满意保证，承诺出现问题时能迅速给予解决。服务保证应该明确，这些保证应该能很便利地为客户服务，收费也要明确。这样，重量级客户就没有理由流失，而且愿意留下来，从而转变成为超重量级客户。

2. 提升次重量级客户为重量级客户

企业同样要通过努力把普通客户(赢利能力差的次重量级客户)变成有价值的客户(赢利能力强的重量级客户)。把次重量级客户转变成重量级客户的途径很多，前提是找出对次重量级客户来说最重要的推动要素。不要假定对重量级客户很重要的东西对次重量级客户也很重要，然后把精力集中在影响次重量级客户满意和购买行为的因素上。通常没有必要去努力使每位客户都很满意，重要的是找到该层级中客户关系的主要推动要素。

(1) 提升价值资产。①提供卓越的客户服务是巩固与客户关系的最好方法之一。②降低交易的非货币成本。由于客户资产的思想是不降低价格、不降低利润幅度，因此，企业应不断地寻求突破，降低交易的非货币成本，从而提升价值资产，具体方法是减少客户购买产品过程中的麻烦和寻找成本。

(2) 提升品牌资产。①丰富品牌名称的内涵。折扣零售商把次重量级客户转变成重量级客户有许多有效的策略，其中之一就是树立起品牌与品牌之间的联想。通常，树立产品品牌形象比树立企业品牌形象要容易一些。②用有声望的品牌来生产低价产品。把高档产品生产线的品牌延伸到客户层级模型的低层级客户市场中，这种品牌资产策略对制造商十分有用。通过用有声望的品牌来生产低价产品，许多高档汽车制造商(如宝马公司)能进入一个完全不同的细分子市场。尽管运用这种策略总是存在风险，会削弱产品与客户层级模型高层级客户相关的品牌声望，但是，这也是提高品牌忠诚度的一个有效途径。

(3) 提升维系资产。①成为客户顾问专家。企业通过各种方式关心客户的需要和欲望，提供个性化的服务以满足客户个性化的需要，企业员工也会寻找各种途径来保持与客户的联系，使客户感受到企业是他们的生活与投资顾问。例如，在保险行业一次"客户—企业关系"的研究中，人们发现诸如保持与客户的联系、给客户寄个性化的卡片和礼物、与客户分享个人信息等活动都能提高客户继续与企业交易的可能性。在次重量级客户市场中，建立客户之间的团体联系也是有价值的，企业普遍发现参加俱乐部成员的重要性，他们对企业十分忠诚，重复进行购买。在 B2B 市场中通过邀请客户参加高尔夫比赛、集会、研讨会、旅行及其他社会活动，培育客户之间的个人联系，也能建立起同样的团体关系网络。重要的是，企业一定要在这种关系中成为客户在某个方面的顾问专家，就像医院给患者派出了家庭医生，取得了维系特定关系的结果。②开展常客回报活动。不同类型的常客回报活动对客户层级模型的次重量级十分有用。③创立很强的服务响应活动。企业不仅仅想维系客户，而且想使他们变成赢利能力强的客户，因此，创立很强的服务响应活动是关键的。实际服务响应系统不应是一个被动反应系统，而应是一个主动响应系统。这套系统应该能探究各种可能的途径，找出客户遇到产品问题的时间，客户与企业互相沟通的时间，这样企业就必须及时解决这些问题，无论是广告宣传、货物运送或其他问题。

【案例 4-5】餐饮业的常客回报活动

在网上可以经常看到餐馆奖励回头客的常客回报活动。如果客户一次性消费了一定的金额，就能获得许多利益，包括现金折扣，免费的水果，适量的代金券。如果成为会员，以后每次就餐可享受更加优惠的待遇，甚至可以在其他关联餐馆享受优惠，或者上门送餐的服务等。这些活动充分利用客户的利益心理，促使客户转向该餐馆。活动不仅使一次性消费得到利益回报的客户逐步转变成为重量级客户，并且让客户享受长期优惠服务而增加忠诚度。虽然因为降价会降低利润，但是提高了就餐的频率和人数，使餐馆获得了稳定的客源得到了回报。

(资料来源：李光明. 客户管理讲义. 2015)

3. 应对轻量级客户的策略

轻量级客户就是那些付不起账单、需要电信部门付费请代理公司上门催款的电话用户；或是购买货物后引起送货或质量纠纷、货款一拖就是 60 天或 90 天之久的工业企业客户。

总之，是购买量少交易成本却很高的客户。另外，小客户也是轻量级客户，因为市场营销和人员推销的开支会超过从小客户那儿获得的利润，或者向他们提供服务的成本远远高于从他们身上赚取的利润。

通常，企业对付轻量级客户的一般策略是放任自流。企业想要谨慎从事，不去刺激这些客户，以免他们散发消极口碑从而影响潜在客户的购买选择。也有企业设立各种规则，试图尽力把这些客户拒之门外。不过，如果轻量级客户的未来赢利潜力很高，例如 MBA 学生虽然目前是银行不赚钱的客户，但是今后却基本是良好的客户，那么承受这样的客户暂时的不赢利也是可以而且应该的。

企业通常采用提高价格、降低成本和扫地出门 3 种策略来应对轻量级客户。

(1) 提高价格。提高轻量级客户服务价格的一个有效途径是向他们收取以前没有付费的服务费用。一家软件公司曾经免费向轻量级客户提供技术支持(这家公司可以说是滥用了客户优惠)，现在它可以对这些服务进行收费。真正的轻量级客户会流失走，他们不会付费，其他客户会选择留下，他们增加了企业的收入，从而加入到次重量级客户的行列中来。

(2) 降低成本。对轻量级客户降低成本、找到方法更有效地服务这个细分市场也很可行。银行的做法是减少全面服务分支机构的数量，用 ATM 机代替柜员和银行职工，这样服务的成本会很低。许多工业企业从前使用销售人员为所有客户提供上门服务，现在仅对超重量级客户或重量级客户才这么做，而由企业内部服务支持人员为次重量级客户和轻量级客户提供服务。IBM 公司原来是由服务部门向所有客户提供服务。但在 20 世纪 90 年代初期，IBM 公司发现向所有小客户(许多是轻量级客户)提供上门服务非常不划算，于是进行了革新，不再让工程师为赢利能力差的客户免费修理旧机器，开始向这些修理服务收费。另外，IBM 公司也提供远程维修服务，这节省了大量的资金。

(3) 扫地出门。如果提高价格和降低成本这两种方法都不起作用，那么最明智的解决方法是"把轻量级客户扫地出门"，停止向非营利客户提供产品与服务。这样做的关键点是不要引发客户对企业的不良口碑，因此，实施这种策略时必须谨慎。许多大大小小的电信公司曾对欠费的客户实施这个策略，通常，轻量级客户欠电信公司一大笔长途电话费(超过一定数额)且迟迟没有付款，于是电信公司切断他们的电话服务，甚至连本地电话也不能打了。

可以清楚地看到，在提升客户价值方面对待高层级客户与低层级客户的服务策略不大一样。低层级客户包含轻量级客户，企业的基本决策是——是否维系这类客户。把大部分轻量级客户从低层级转变成高层级是十分困难的，因为他们的特点决定了他们对企业没有太多的吸引力，他们要么欠账不还，要么没有多少钱可花，或者不需要企业的产品，或者对企业不忠诚。如果企业选择继续服务于他们，那么就必须采取上述提价或降成本策略使企业在他们身上变得有利可图，否则只能放弃。而对于客户层级模型中的高层级客户而言，发现他们的需要和要求，然后更好地满足他们，采取提升价值资产、品牌资产和维系资产的策略，基本上就能提升他们的层级。

本 章 小 结

本章叙述了客户构成分析。主要包括客户一般构成分析、客户与本公司的交易业绩分析、不同商品的销售构成分析、不同商品销售毛利率分析、商品周转率的分析、交叉比率的分析、贡献比率的分析几个方面。

本章叙述了客户管理的分类。将客户分为常规客户、潜力客户、关键客户和临时客户。另外，营销者还可以根据客户的性质、交易的过程、时间顺序对客户进行划分。ABC 客户分类法是一种比较实用的客户分类方法，它主要是在成交额和发展潜力的基础上对现有客户进行分类。

本章叙述了大客户管理。主要是：界定大客户及其价值、识别大客户、分析客户发展坐标、制定大客户管理的解决方案、大客户经理的责任和评估标准、培养大客户的忠诚度。建立客户资源管理系统包括两个重要方面：一是客户信息系统，二是销售服务支持平台。

本章叙述了客户赢利管理。客户赢利分析是一种分析工具，它有助于对客户的分类管理。提升客户赢利能力的策略有：把重量级客户变成超重量级客户；提升次重量级客户为重量级客户；应对轻量级客户的策略。

思 考 与 练 习

1. 客户构成分析主要包括什么？
2. 从管理的角度出发可将客户分为几类？
3. 什么是大客户？如何管理？
4. 如何对客户实施信用管理？
5. 对客户赢利率进行分析的目的是什么？
6. 如何升级客户层次，提升客户资产价值？
7. 如何对待"轻量级客户"？

实训项目题

重点知识讲授

1. 客户一般构成分析；2. 客户的 ABC 分类管理；3. 大客户管理；4. 客户赢利能力分析

实训项目 1：运用 ABC 方法对客户分类

试分析一个家电企业的客户分类管理方法。

提示：可利用互联网搜索相关资料，结合到批发、零售市场调查，然后进行分析。

实训项目 2：如何判断和选择大客户

通过各种途径，调查了解汽车、保险行业是如何制作客户资料卡和进行大客户管理的。

提示：学生 4～5 人为一组，利用课外时间进行调查，然后提出报告，开展课堂讨论。

案 例 分 析

【案例】大客户与好客户

某银行为了提高业绩，制定了大客户管理策略，并要求各部门在规定时间内提高大客户的比例。

小张是该行的客户经理，他通过关系找到一大型百货集团。他为了提高业绩，不给竞争对手留下机会，对百货集团的条件完全答应，不但提供结算、刷卡等一揽子服务，并派人上门收款服务，还加装了免费的管理系统。

该集团被小张的真诚服务所感动，于是与该行进行了合作。在合作期间集团交易量很大，提高了小张的业绩。但由于服务成本大幅度上升，使银行对客户的成本长期超出正常水平。银行没有获得应有的利益，整个项目出现负效应。

问题：

1. 评价该大客户对银行有什么价值及意义？

2. 面对大客户的要价和条件，应采取怎样的措施？

3. 在什么情况下，大客户才是好客户呢？

(资料来源：李光明. 客户管理讲义. 2015)

【阅读材料】产险客户的分类管理

我国加入 WTO 后，保险市场逐步开放、监管行为日益规范，保险经营方式将彻底改变。不难看出，中国的产险市场正朝着细分化方向发展，作为卖方的变化有：保险主体增多、中介机构增多、费率竞争激烈、服务手段加强等，买方面临的新变化是：更多选择机会、产品需求细化、服务需求增加、维权意识增强等。面对日益严峻的市场形势，必然要求国内的保险公司对市场有新的研究，要求对客户、渠道、销售做出新的细分和管理，做好产险客户的信息分类是首要工作，是"以客户为中心"的营销战略思想的具体体现。

1. 产险客户分类

企业的利润及其价值是由什么决定的？经营规模已是决定企业赢利的关键因素，而客户忠诚对利润的影响远比市场份额重要。有资料显示，在银行、保险等服务行业，客户的忠诚度每上升 5%，企业的利润可上升 25%～85%，并且这些行业 80%的利润是由占比 20%的忠诚客户创造的。研究发现，在保险等服务行业，吸引一个新顾客的成本要比保留一个老客户高出 5 倍以上。一切旨在提升客户忠诚度的管理手段，都是以有效的客户分类管理为基础。意大利经济学家维尔弗雷多·帕雷托提出了帕雷托定理，即通常所说的"二八规则"。

当今国际上许多经营成功的保险公司，都是将其目标市场定位于有着相似兴趣和背景的特定群体，如各种社会团体和协会等，或以某些领域的业务经营见长，其目的就是使目标顾客群体能够更加集中，增大最有价值客户(MVC)和最具成长性客户(MGC)的客户份额。外资保险公司进入中国后的最大经营法宝之一，就是客户细分。

早在 1997 年，平安已经开始请麦肯锡公司帮助做客户计划方案。1998 年正式实施麦肯锡一产险客户"三减一增效"改革项目，拉开了平安产险客户管理序幕。2000 年平安集团成立客户资源管理部，开展了一系列专项客户资源管理及客户服务工作。平安在客户管理上虽然起步较早，但仍然不系统、不深入，需要更加深入地研究客户分类管理问题。修订后的《保险法》第三十八条规定：财产险公司可以经营短期健康险、人身意外险，这极大地满足了产险公司的发展需求，同时对产险市场的细化提出了新的挑战。强化客户概念，逐步改造客户后台管理，并根据客户类别为其提供满足需求的综合金融服务是未来的管理趋势。

(1) 团体客户。

由于产险公司的团体客户种类划分多样化，价值体现复杂。产险公司应视团体客户对公司的价值影响将客户进一步分类，确定出对公司最有价值的客户(MVC)和最具成长性的客户(MGC)，并且找出那些会为公司带来负面影响的负值顾客(BZ)。对每个产险公司来说，MVC 是其核心客户，MGC 虽然目前对公司的价值比 MVC 要少，但可提供较大的价值增长机会，产险公司应将重点集聚于这两类客户身上，关注这些客户的长期价值，为其提供全面满意的优质服务，提高他们对公司的忠诚度。

(2) 个人客户。

产险公司的个人客户行为比较单纯，价值衡量相对简单。根据 80/20 经济法则，企业 80%的利润由 20%的客户创造。个人客户分类的目的就是为了区分其对保险公司价值的高低，分别采取不同的方式管理。因此对产险公司的个人客户又可进一步细分成高端客户和一般客户。创造多数价值的 20%高端客户必须采取针对提高其忠诚度的客户管理手段，是持续和吸引性管理；创造少数价值的 80%一般客户应该采取提高公司美誉度的客户管理手段，是动态型管理。

2. 产险客户分类管理的内容

(1) 细分客户群的标准。主要有：客户的个性化资料(行业、所有制等)；客户的购买能力与频率；客户的购买方式；客户的地理位置；客户的风险状况；客户的社会影响力等。

(2) 不同客户群信息的进一步分析。对每一类细分客户群的信息进一步分析，分析他们的盈利特点、购买行为、行业走势、对产品服务的期望价值及所需的产品服务价格组合等。

(3) 不同客户群的管理。确定不同客户群对保险公司的价值、重要程度，并针对不同客户群的购买行为、期望值等制定不同的销售服务策略。

(4) 资源配置系统。对于不同价值、不同需求的客户群，保险公司应配置不同的市场、销售、服务、管理资源给他们。资源配置系统的基本要素有：保险公司资源统计、调配系统；保险公司资源配置渠道以及保险公司资源配置中的管理等。通过对现有客户数据的分析、整理，基本上可以做到识别每一个具体的客户，可以从客户信息中找到有多个方面相同或相似的客户归为一类群体，而不同类型的客户群体对保险公司的重要程度和价值是不同的，我们应对不同类型客户相应采取不同的管理策略，以巩固保险公司同最重要的客户的关系。

3. 分类管理的策略

(1) 量身定制产品。大客户业务具有不同于其他业务的特点，使用普通保单不能满足大客户的需求，不适合此类业务的开展，有必要设计专门化、针对性强的差别产品。例如，在英国就有专门针对车辆达到一定数量以上的客户的车队保单。车队保单对现行车险条款在承保方式、保单格式、保险责任、险别设定、免赔等方面都要进行调整，如为简化手续、节约成本，对某一大客户的全部车辆采用一张保单承保；针对大客户车辆更换较多而采用敞口保单承保；针对大客户对损失具有较强承受能力而设定多档高免赔额或免赔率，或者采用损失率超赔保险的方式承保，只对超过免赔或预定损失率的损失承担责任，由客户自主选择，并在费率上做相应调整等。

(2) 改变定费方式。大客户业务量大，可以相对独立地厘定费率，但不宜使用通常的定费方法，可以引入经验费率。所谓经验费率就是根据被保险人当期或历史的赔付记录调整当期或续期保费的方法，经验费率又包括两种操作方式：一是回溯经验费率，即根据当期赔付情况在期末调整当期保费；二是预期经验费率，即根据以往赔付记录调整下期保费。经验费率可增强大客户业务费率的合理性，使其与实际风险更加吻合。

(3) 扩展服务内涵。根据客户需求的不同体现个性化、差异化的服务：首先是提升最根本的理赔服务。保险人专业化的事故处理能力是吸引投保的重要因素，其优质与完善是留住客户甚至适当涨费的基础，必须充分利用与强化这一优势，尽可能地迎合客户心理、满足客户需求。其次是增加风险管理服务。第三，提供一体化综合金融服务。保险市场的发展和行业竞争程度的提高，单一化的服务已不能满足需求，客户希望在其信赖的同一品牌下，享有横向贯穿的多方面的金融服务，保险公司只有推行个性化的综合金融服务才可能赢得市场。最简单的例子，如希望产险公司在推出车险产品的同时，也有意外险、人身险的附加服务；在保障企业财产风险的同时也能提供员工基本健康医疗保障等。

(4) 改善业务流程。对不同类的客户，核保核赔的复杂程度不一样，服务的流程也不尽相同，需要进行相应的流程改造，在保证风险管控的前提下最大限度地方便客户。

【点评】

企业可通过各种方式建立与客户的联系，并据此收集整理客户信息。根据客户的性质和对企业的贡献等指标对客户进行多角度的分类，然后根据分类结果对企业客户进行分析研究，发现同类顾客中的共同需求和行为特点，做到在顾客下订单前，就能了解顾客需要，有针对性地进行商品销售，实现差异化的营销管理。

(资料来源：张晓珊. 上海保险. 客户管理案例. 中国经济出版社，2012)

第五章　客户信用管理

【学习目标】

通过本章的学习，要求明确客户信用管理的目标，把握客户信用标准的制定与实施，掌握追账的方法、策略和技巧。

本章关键词：客户信用；信用调查；信用评价；信用额度管理；信用政策；追账

本章项目任务：1. 客户信用额度管理 ； 2. 怎样进行追账

【开篇引例】桂鑫公司的客户信用管理

桂鑫公司是一家调味品企业。2014 年该公司的一位业务员到江苏盐城出差，在被拉去凑数与人打麻将时，发现其中一位女士就是向本企业订购大批产品的一个公司的老板，而且刚刚发了几十万的货给她。他回公司后，立即要求不要发货给此企业。不久，那位女老板因涉嫌多项罪名被逮捕，公司被查封。其实这家公司早已负债累累，资不抵债。当其他债权人追债无门时，桂鑫公司早已收回货款，没有损失。公司领导对这位业务员予以表扬，同事纷纷赞扬他有先见之明。而这位业务员却说其实很简单，打麻将时他看到这位女老板手戴大粒钻石戒指，脖子上有手指粗的项链，全身穿的全是名牌，花钱出手很大方。但是输了钱不但不给，还叫业务员以货款帮她抵赌债。听她与人谈话的内容可以看出她整天赌博玩乐，根本没有时间和心思做生意，也不可能对公司实施精细管理。由此可以推断，那位女老板要么是信用极差，要么是硬撑门面，或者根本就是拆东墙补西墙，已经接近破产了。于是他通知公司马上停止发货，加紧催收货款，甚至以物抵债，避免了损失。

（资料来源：李光明. 客户管理讲义. 2015）

第一节　客户信用管理目标

当今中国正处于市场经济的发展与完善时期，市场经济是信用经济，又是风险经济。在市场经济条件下，规避风险、严守信用、确保经济交往中各种契约关系的如期履行，是整个经济体系正常运行的基本前提。市场经济越发达，各种经济活动的信用关系就越复杂。开篇引例提示了企业客户管理工作中信用管理的必要性。随着市场经济的发展，企业加强自身及其客户的信用管理，建立和完善企业的信用调查、信用评估和信用监控体系，对保证各种信用关系的健康发展及整个市场经济的正常运行，具有十分重要的意义。

一、信用的含义

信用是指人与人之间的信任和诚信度。主要是人们在人际交往中的诚实守信的态度与行为，例如中国古代的"抱柱之信"。经济范畴中的信用有其特定的含义，它是指一种借贷行为，表示的是债权人和债务人之间发生的债权债务关系。信用实际上是指"在一段限定的时间内获得一笔钱的预期"。一方借得一笔钱、一批货物(赊销)，实际上就相当于得到了对方的一个"有期限的信用额度"。之所以能够得到对方的这个"有期限的信用额度"，大部分是因为贷方对借方的信任，有时也可能是因为战略考虑和其他的因素不得已而为之。

客户信用是经济范畴中的信用，一般指企业与企业、个人之间的信用。它主要体现在两个方面：一是商业信用(也称交易信用，即 trade credit)，或者可以称之为 B-B 信用，它主要是指企业与企业之间的非现金交易，也就是人们常说的赊销；二是企业与个人之间的信用，也可以称之为 B-C 信用，这种形式的信用在我们的日常生活中是很常见的，比如分期付款购物(例如按揭购房)通常是一种信用消费。

信用的基本特征是：这种借贷行为是以偿还为条件的付出，且这种付出只是使用权的转移，所有权并没有转移，偿还性和支付利息是它的基本特征。

> **【小知识】信用典故**
>
> 1596 年，荷兰的一位船长带着 17 名水手，被冰封的海面困在了北极圈内的一个地方。经过 8 个月漫长的冬季，其中 8 个人死去了。但船上的人却丝毫未动别人委托给他们运输的货物，尽管这些货物中就有可以挽救他们生命的衣物和药品。冰冻时节结束了，幸存的人终于把货物几乎完好无损地带回荷兰，送到委托人手中。其实，荷兰人有充分的理由可以先打开托运箱，使用那些衣服和药品，等到了目的地，再加倍偿还给委托人。任何人都会同意这种人道的做法。但是，荷兰人没有这样做。他们把商业信用看得比一己的生命更重要。他们用生命作代价，守住信用，创造了传之后世的经商法则。在当时，荷兰只是个 100 多万人口的小国，却因为商誉卓著，而成为海运贸易的强国，福荫世世代代的荷兰人。
>
> (资料来源： http://www.baidu.com)

二、信用管理目标

对客户进行信用管理，是客户管理的主要工作内容之一。客户信用管理包括四个方面：一是客户信用调查，二是客户信用评价，三是客户信用额度管理，四是企业信用政策的完善。客户信用直接关系到推销产品后销售货款回收的数额与速度，影响企业财务风险的大小，实际上是衡量销售是否成功的标准。因此，客户信用管理显得至关重要。

企业的最终目标是追求企业价值最大化，从而让投资者的投资利益最大化。因此，企业信用管理的目标也必须服从这一宗旨，它只不过是从企业经营风险的角度，专注于保护企业在债务方面的投资，最终达到企业经营现金流量最大化。在实际的企业管理工作中，信用管理功能基本上围绕赊销工作而展开，其核心目的是为了做好赊销工作，控制赊销风险。具体地说，信用管理目标应该包括以下几个方面。

1. 降低赊销风险，减少坏账损失

如果说企业销售部门追求销售额的最大化，财务部门关注资金回笼的最大化，那么信用管理部门则需要在两者之间找到平衡点，防范风险，避免损失，以实现企业利润最大化。

信用管理首先要预计赊销的风险，控制信用的额度与方式，跟踪信用的执行情况，评价客户的信用状况，将企业应收账款控制在合理的持有水平上，避免或减少坏账损失。

2. 降低 DSO，加快流动资金周转

销售变现天数(Days Sales Outstanding，DSO)是西方企业衡量赊销工作最重要的指标。DSO 指标表现了企业的平均收账期，即把赊销收入转化为现金所需的时间，是企业衡量应收账款水平的重要指标。信用管理的另一个重要职责就是将 DSO 控制在一个合理的水平上，减少应收账款对资金的占用，减少利息成本，以加快流动资金的周转。

企业可以通过扩大应收账款来刺激销售，从而减少存货。但是如果应收账款不能收回，价值增值仍然无法实现。这个转换机制还必须是迅速的，只有迅速地转换，企业才能获得更多的利润，提升竞争地位。衡量这个运转速度的一个有效的指标是资金积压期间，其计算公式为：

$$资金积压期间=存货周转期+应收账款周转期-应付账款周转期$$

这个公式表明，要加快资金周转速度、减少资金积压，有效的途径在于减少存货、减少应收账款和增加应付账款。戴尔电脑和康柏电脑相比，它们的存货周转期和应付账款周转期相差无几，但是由于戴尔电脑采取了直销的方式，应收账款周转期甚至为负，这就导致了戴尔电脑的资金积压期间大大小于康柏电脑，约为康柏电脑的 1/2，因而效益大为增加。表现在市场上，戴尔电脑的股价是康柏的两倍。

第二节 客户信用调查与评价

一、客户信用调查

在交易之前，公司的业务人员就必须对客户进行信用调查。当然，在与客户的交易期间(尤其是对中间商客户)，也必须进行客户的信用动态调查分析。客户信用调查的目的就是

选择客户，把不合格的客户剔除掉，留下合格的客户作为交易对象。在对客户进行信用调查时，要取得详尽的客户信用调查表和客户调查报告，以便能够随时对客户进行信用分析。以美国为例，从事信用调查行业的成员已达数十万人，平均年营业额在上百亿美元。在一些发达国家，商务信用调查被工商业主们誉为经济活动中"防止跌倒的手杖"。

1. 客户信用调查的时机

在下列情况下，需要对客户进行信用调查。

(1) 与新客户进行第一次交易时。预防胜过治疗，业务人员为了预防、避免销售后货款回收困难，造成呆账、坏账，在推销之前就要对客户各方面的情况，如销售能力、付款能力、经济实力等进行了解和分析，以判断客户是否具有交易、开发的价值。

(2) 流传客户经营形势不好时。流言的出现一定有某种根据，不能忽视，业务人员必须从多方面进行了解。

(3) 客户的订单骤增或骤减时，特别是客户大量进货时。当客户进货超过信用额度时，业务人员就要考虑这极可能是危险的交易，必须对顾客进行信用调查。

(4) 客户要求增加授信，或老客户的资料超过一年，或客户改变交易方式时，也应对客户的信用情况进行调查。

(5) 其他影响企业信用的异常情况。客户本身的经营存在风险，作为供方应该定期对客户的情况进行调查，尽管是多年合作的老客户，也必须了解客户交易量变化的原因。另外，对于客户的重大事件，必须及时跟踪。

无论如何，与客户的交易状况或客户本身有所变化时，业务员就要尽快地收集信息，进行分析，并制定对策。若不能经常谨慎地保持安全的交易关系，企业就很有可能遭受损失。

2. 客户信用变化

客户的信用状况是不断变化的，因此，对客户的信用调查也要经常进行。业务员要及时了解客户的信用变化情况，以便及早发现问题，进行处理。客户的信用变化主要表现在以下几个方面。

(1) 付款变化。付款变化包括：①延迟付款期限；②付款日期经常变更；③由现金变为票据；④付款的银行改变；⑤小额付款很干脆，而大额付款常拖延；⑥付款日找不到负责人；⑦不按协定清款支付；⑧要求取消保证金。

(2) 购买的变化。购买的变化包括：①进货渠道急速改变；②订货额突然减少；③原本向竞争企业的采购额全部转移到本公司；④停止订货；⑤要求迅速供货；⑥突然增加订货额。

(3) 营业上的变化。客户营业上的变化包括：①销售情形突然恶化；②下线客户破产；③下线客户大量退货；④突然开始大量倾销；⑤开始销售毫无关联的产品；⑥库存量锐增或锐减。

(4) 员工变化。客户的员工变化包括：①不断有人辞职；②多数人抱怨不满；③发生相当金额的透支；④员工无精打采，工作态度恶劣。

(5) 经营者的变化。客户经营者的变化包括：①插手毫不相干的业务；②吹牛自夸；③经常失联。

3. 客户信用调查的内容

对客户进行信用调查时，由于交易性质不同、金额大小有异，调查在内容上、程度上也各有不同。

业务人员要了解客户(企业及个人)的信用内容主要包括以下几个方面。

(1) 经营者品格。①负责人及经理人员在业界的信誉；负责人家庭生活是否美满，有无外遇等行为。②负责人儿女教育情形，家人是否居住国外；负责人的学历及背景；个人嗜好为何，有无迷恋赌博；是否曾犯刑事案件。③有无投资股票市场。④目前公司有无与人诉讼，情形如何。⑤劳资关系是否融洽；员工福利如何。⑥负责人与股东消费习惯如何，有无过当情形。⑦有无参加社会慈善活动与公益事业。⑧票据信用如何，有无退票等不良记录；银行界评价如何，贷款有无逾期与延滞情形。⑨财务报表是否可靠；企业以往有无不正当的经营手法，有无财务纠纷。⑩有无重大逃、漏税的行为。

(2) 能力。①负责人与经理人的专业知识如何，负责人经营本业的经历如何(经历越久越佳)。②主要干部的专业技术如何；干部与员工在职训练情形。③负责人健康情形，有无培植第二代继承人；有无沉溺于私人嗜好，而松懈经营本业；是否兼营副业。④负责人与经理人有无成本观念，有无应付局势变化的能力(可从企业过去重大决策是否成功来观察)。⑤员工士气与效率如何，有无不满情绪；公司的服务态度如何。⑥企业产销能力如何，是否有竞争力。⑦企业财务调度能力如何，有无被人倒账；企业内部控制是否健全；收付款情形是否良好。⑧负责人的经营理念、经营与管理能力如何；负责人财务观念如何，个人财务与公司财务是否分开。⑨是否有营业执照，是否为合法公司。

(3) 资产状况。①企业资本如何，自有资本是否过少；负责人与股东财力是否雄厚，负责人所持股份对公司的控制力如何；有无向民间借款，情形如何。②与银行的关系如何，存款实绩如何；有无其他企业所持股份，其营业情况如何；银行借款情形是否过当，还款情形如何；在同业中是否经常向人借贷。③最近有无重大不动产的转让与购买；财务结构是否良好；固定资产的投资情况，有无扩张过度的情况；负债比率如何，是否超出公司负债能力。④产品库存量是否适当，有无大量积压情形。⑤公司收付款情形如何，收付款期间变动情况如何；有无经常迟延付款或请求缓兑现金支票。⑥资产是否适合经济规模，有无闲置资产；现金调度情况，有无被挤占挪用情形。⑦企业成立几年，是老企业还是新企业。⑧企业近年来获利性与股份分配情形。⑨员工年终资金发放情况。

(4) 担保品。①在担保人方面，保证人、背书人、发票人的财务信用如何。②保证人、背书人与公司的关联度。③在物的担保方面，担保品的市场情况与存放地点。④担保品价值是否稳定，变现性是否高。⑤担保品处理后的实价如何。⑥若处理担保品是否花费很大。⑦企业还有什么不动产可供抵押担保。⑧担保品是否易处理、易保管。⑨客户任何不动产，如都设定高额抵押时，应特别注意，是否财务周转困难。

(5) 企业生存发展情况。①客户在生产与销售上，短期发展的预测是否良好。②在同业间竞争能力如何，品质如何。③法令政策改变对企业的影响情况如何。④企业研究发展与技术改进能力如何。⑤国内外市场的竞争情况如何，有无恶性竞争情况。⑥客户在业界的地位，所占的比重与影响力如何。⑦外部经营环境对企业有何影响，如汇率变动。⑧近期内公司产品有无替代产品出现。⑨近年来客户产品售价变化与趋势如何。

(6) 客户信用调查的重点。①是否是正当经营。②销售能力如何。③付款能力如何。④信誉如何。⑤个人有无不良嗜好，有无迷恋赌博。⑥是独资还是合伙。⑦是否还有其他事业。⑧经营者的社交状况、家庭状况。

4. 客户信用调查表格

从信用管理的角度出发，利用"客户信用调查表""信用客户等级评定表"等一系列工具，可以对客户信用情况予以收集和分析。表 5-1 所示为客户信用调查表。

表 5-1　客户信用调查表

第＿＿＿＿销售部　　　　　　　　　　　　　　　　　　　　　　　　　　市场：＿＿＿＿＿＿

客户名称			地　　址			编号：＿＿＿＿＿
负责人基础资料	姓名		出生年月			
	电话		民族		学历	
	住址		手机		宅电	
	特长		不良嗜好			
	兴趣/爱好					
	个人简历					
	家庭情况					
法律手续	税务登记					
	工商登记					

续表

财务状况	银行资料	
	账目资料	
资本状况	固定资产	
	流动资产	
经营状况	产品种类	
	销售收入	
	产品品牌	
交易历史		
结账情况		
同行评价		
潜在危机		
业务员评价		
信用级别申请		

销售经理意见	主管副总意见	总经理意见	信用级别确立

资料更新	

填报人：＿＿＿＿＿＿＿＿　　　　　填报时间：＿＿＿＿＿＿＿

二、客户信用评价

业务人员要定期对客户进行信用评价，可以根据实际情况把客户分为 A、B、C、D 四级。A 级是最好的客户，B 级次之，C 级一般，D 级最差。同时，根据信用评价结果确定销售政策。例如对初评获得 C、D 信用等级的客户，是否进行信用调查需要根据企业的信用政策决定。如实行保守的信用政策，则无须进行信用调查，信用申请不予批准；如实行积极的信用政策，则需要进行信用调查，在充分了解风险后，决定是否核准信用申请。

1. 客户信用评价的依据

信用评价主要依据回款率(应收账款)、支付能力(还款能力)、经营同业竞争品牌情况三项指标来确定。

(1) 回款率。回款率(应收账款)对不同企业可以有不同的规定。比如，双汇集团规定 A 级客户的回款率必须达到 100%，如果回款率低于 100%，则信用等级相应降低。评价期内低于 5% 的，则降为 C 级或 D 级。

(2) 支付能力。有些客户尽管回款率高，但由于其支付能力(还款能力)有限而必须降低其信用等级。如某企业一客户尽管不欠本公司的货款，但由于欠其他公司的货款达几百万元，以致其他公司将该客户起诉至法院，该客户银行账户被冻结，已无支付能力，这样的客户最多只能认定为 C 级客户。下面三个方面可用于对客户支付能力的考察。

① 客户资产负债率。如果客户的资产主要是靠贷款和欠款形成，则资产负债率较高，信用自然降低。

② 客户的经营能力。如果客户的经营能力差，长期亏损，则支付能力必然降低。

③ 是否有风险性经营项目。如果客户投资于一些占压资金多、风险性大、投资周期长的项目，则信用等级自然下降。

(3) 经营同业竞争品牌情况。如果客户以本公司的产品为主，则信用等级较高；如果客户将本公司的产品与其他企业的产品同等对待，则信用等级降低；如果客户不以本公司的产品为主，本公司的产品仅是辅助经营项目，或者仅仅起到配货作用，则信用等级更低。

上述三项指标中，以信用等级最低的一项为该客户的信用等级。

2. 信用评价参考条件

除了依据三项主要因素进行信用等级评价外，还需要根据客户执行公司销售政策的情况、送货与服务功能、不良记录等多个因素对信用等级进行修正。

(1) 执行公司销售政策的情况。如果客户未能很好地执行公司的销售政策，如经常窜货、低价倾销，则信用等级要大大下降。

(2) 送货与服务功能。如果客户能够对下级客户开展送货与服务，则控制市场的能力大大增强，信用等级也相应提高；而如果客户是普通的"坐商"，则信用等级降低。

(3) 不良记录。如果客户曾有过不良记录，如曾经欠款不还，无论是针对本公司还是针对其他公司的，信用等级都要降低。

以上各因素中，以客户的最低等级作为其信用等级。

企业在对客户进行信用评价时，千万注意不要仅以企业规模评定客户信用等级。

【案例 5-1】吴经理的失误

宏盛饲料公司销售部吴经理非常纠结。最近一位广西的客户王老板要求加大信用额，由 100 万元增加到 200 万元，同时保证销售量增加一倍，并要求立即发货。公司今年给销售部增加了 50% 的任务，而广西市场正是公司希望扩大的市场。

王老板的生意做得很大，是当地有名的企业家，不仅销售饲料，还经营超市、酒店，甚至房地产，号称身家过亿。但上期的货款他只付了一半，累计欠公司货款 100 多万元。吴经理想，不发货吧，任务不好完成，可能失掉客户；发货吧，怕收不回货款。他心中犹豫不决，最后还是禁不住王老板的软磨硬泡，加上主管业务员不断地请求催促，吴经理同意了发货。但他不放心，要求主管业务员随即催收货款。

2个月之后，吴经理发现王老板的应收款突然增加到了230多万元，却还要求发货。他当即拒绝，并亲自前往王老板处进行核查。结果发现王老板人已经一个多月不在本地，当地人说他出去躲债了，他的仓库里货物全无。吴经理立即报警，同时启动应急方案，公司律师赶往该地，申请封存冻结王老板的财产与银行账户。警方最终在广东将王老板抓获。最后公司通过拍卖王老板的资产收回了150多万元，但还是损失了80多万元。

(资料来源：李光明. 客户管理讲义. 2015)

从上述案例中不难看出，企业绝不能单凭客户的规模大而低估其信用风险，更不能因为客户规模大而放松对其信用状况的监控。客户经营规模的大小只是衡量其信用等级的因素之一。在市场情况瞬息万变的今天，人们常说的"瘦死的骆驼比马大"有时不一定完全正确，"精壮的小马"往往比"大骆驼"更易于控制，而且"大骆驼"的恶性拖欠给企业带来的损失很有可能是毁灭性的。

3. 利用信用等级对客户货款进行控制

信用评价不是最终目的，最终目的是利用信用等级对客户进行管理。企业要针对不同信用等级的客户采取不同的销售管理政策。

(1) 对A级客户，在客户资金周转偶尔有一定的困难，或旺季进货量大、资金不足时，可以有一定的赊销额度和回款宽限期。但赊销额度以不超过一次进货量贷款为限，回款宽限期可根据实际情况确定。

(2) 对B级客户，一般要求现款现货。但在处理现款现货时，应该讲究艺术性，不要过分机械，不要让客户难堪。应该在摸清客户确实筹集货款或准备付款的情况下，再通知公司发货。

(3) 对C级客户，一般要求先款后货；而对其中一些有问题的客户，坚决要求先款后货，丝毫不退让，并且要想好一旦这个客户破产倒闭后在该区域市场的补救措施。C级客户不应列为公司的主要客户，应逐步以信用良好、经营实力强的客户取而代之。

(4) 对D级客户，坚决要求先款后货，并在追回货款的情况下逐步淘汰此类客户。

4. 客户信用评价应注意的问题

在进行客户信用评价时应注意以下问题。

(1) 对客户的信用评价应该是动态进行的。客户的信用是不断变化的，有的客户信用在上升，有的在下降。如果不对客户的信用状况进行动态评价，并根据评价结果及时调整销售政策，就可能由于没有对信用上升的客户采取宽松的政策而导致客户不满，也可能由于没有发现客户信用下降而导致货款回收困难。有的企业规定，客户的信用评价每月进行一次，时间最长也不能超过两个月一次。业务员对客户的信用评价结果必须及时上报办事处主任、销售公司业务主管。

(2) 新客户信用评价要慎重。对第一次交易的客户，其信用一般按 C 级客户对待，实行先款后货，待经过多次交往，对客户信用状况有较多了解(一般不少于三个月)之后，再按正常的信用评价方式评价。需要注意的是，要谨防一些异常狡猾的骗子，他们经常头几笔生意故意装得诚实可信，待取得信任后再开始行骗。

(3) 搞好信用评价信息来源。评价客户的信息从哪里来是困扰一些业务员的问题。要获得这些信息，业务人员需要做好以下三项工作。一是做好客户交易记录，对每笔业务往来都要详细地记录。二是多与客户的会计、保管、业务员、供应商接触，在与他们的接触中能够获得有关客户经营方面、信用方面的大量信息。三是在获取的大量信息中，对有些互相矛盾的信息，要去伪存真、去粗取精，保证信息的真实、准确、可靠。

第三节　信 用 管 理

企业要进行客户信用管理，控制信用风险，管好、用好应收账款，必须事先制定合理的信用标准。

信用标准是企业同意向客户提供商业信用而提出的基本要求，通常以预期的 DSO 和坏账损失率作为判别标准。因为信用标准的设置直接影响到对客户信用申请的审批，所以根据本企业自身的资金情况和当时的市场环境确定适宜的信用标准，是企业制定信用管理政策过程中的重要一环。

企业应该制定一个合乎自己情况的科学的信用标准，确定信用标准的主要因素包括竞争对手的情况、客户分析情况、市场战略、库存水平和其他历史经验等。一个企业的信用标准应该是在对收入和成本认真权衡的基础上慎重确定的，过严或过松的信用标准都不是明智之举，而且企业信用标准也需要随企业、行业、市场情况的变化而不断修订。如果较为严格的信用标准会使损失的销售毛利大于企业所希望避免的应收账款持有成本，那么企业就应该适当放松信用标准；反之，如果较为宽松的信用标准会使应收账款持有成本高于取得的销售毛利，那么企业就应适当施行较为严格的信用标准。

一、制定信用标准

信用标准是企业要求客户支付赊销款项的条件，它由信用期限和现金折扣两个要素组成。在实践中，经常使用诸如 2/10、n/30 等销售专业语言来表示企业的信用条件，这些信用条件表达了不同的信用期限和现金折扣政策。例如，2/10、n/30 所表达的信用条件是：客户如果在 10 天内付款可按发票金额给予 2% 的折扣，超过 10 天便不享受该折扣，但付款总期限不得超过 30 天。在这里，30 天为信用期限，10 天为折扣期限，2% 为现金折扣。一般来说，企业的信用条件是在遵循本行业的惯例，基于一定的外部经济环境，充分考虑到本企业自身实力的情况下，本着提高最终效益和增强竞争力的指导思想确定的。给客户的信用条件如何，将直接影响甚至决定企业的应收账款持有水平和规模。

1. 信用期限

信用期限是企业为顾客规定的最长付款时间。确定适宜的信用期限是企业制定信用政策时首先需要解决的问题，它是通过对不同信用销售方案进行分析和计算所得出的结果。信用期限对应收账款发生和管理的影响是非常明显的。较长的信用期限，意味着给客户以更优越的信用条件和使 DSO 变长，自然会刺激客户的购货热情，吸引更多的客户，实现更高的销售额。在应收账款水平增高的同时，既给企业带来了扩大市场份额和增加销售额的好处，也给企业带来了风险，即产生更高的与持有应收账款相关的管理成本、机会成本和坏账风险，特别要关注机会成本的增加。相反，较短的信用期限，虽然减少了持有应收账款相关的成本，但直接影响到企业的销售规模，增加了库存压力，长此以往，如果竞争对手的信用期限比较灵活而且信用管理水平较高的话，可能会使本企业在市场竞争中失败。合理的信用期限应当着眼于使企业的总收益达到最大，理论上的信用期限最低限度应该使损益平衡。

影响信用期限的主要因素如下。
(1) 企业的市场营销战略。
(2) 行业普遍的信用期限。
(3) 客户的资信水平和信用等级。
(4) 企业本身的资金状况。

在实际操作中，企业可根据行业平均 DSO，结合企业本身的市场竞争态势设定自己的 DSO 目标，然后再根据客户的信用等级确定客户的信用期限。可以利用以下公式进行计算：

客户信用期限=行业平均 DSO×企业修正系数×客户信用等级系数

例如，行业的平均 DSO 为 80 天，A 企业在行业竞争中处于强势状态，决定采用较严的信用政策，企业修正系数定为 0.8，而客户系数可用表 5-2 作为参考。

表 5-2 客户信用期限系数表

客　户	加权分值	风险程度	客户信用期限系数
CA1	4.1～5.0	很小	1.6～2.0
CA2	3.1～4.0	较小	1.1～1.5

客　户	加权分值	风险程度	客户信用期限系数
CA3	2.1～3.0	中等	0.5～1.0
CA4	1.1～2.0	较高	0.1～0.4
CA5	0～1.0	很高	0

把数据代入公式即可计算出各客户的信用期限。如对客户 CA2：

CA2 信用期限=80×0.8×4.0×1.5=96(天)

另外，企业也可采用边际分析法和净现值流量法进行分析。

(1) 边际分析法。边际分析法的基本思想是：首先按以前年度的信用期限、本行业的信用期限或假定信用期限为零设计一种基准信用期限作为分析基础；然后确定适当延长或缩短信用期限的几个方案，并测算更改信用期限后的边际成本和边际收益；最后按照边际收益大于边际成本的原则，选择最适宜的信用期限。

例如，某企业过去一直按照行业惯例采用 30 天的信用期限，现根据有关情况的变化，拟将信用期限放宽到 60 天。假设该企业投资报酬率为 10%，其他有关资料见表 5-3。

表 5-3　边际收益法的应用举例

项　目	信用期限	
	30 天	60 天
销售额/元	1000000	1200000
变动成本/元	800000	960000
边际贡献/元	200000	240000
可能发生的收账费用/元	6000	8000
可能发生的坏账损失/元	10000	20000

在本例中，边际收益为 240000-200000=40000(元)

边际成本为(1200000−1000000)×(60−30)×(10%÷365)+(8000−6000)+(20000−10000)=13643.84(元)。

由于边际收益 40000 元大于边际成本 13643.84 元，故应选择 60 天期的信用期限。

(2) 净现值流量法。净现值流量法是由美国财务学者 William L. Sartons 和 Ned C. Hill 提出的，以各信用期限的日营业净现值为标准来决定信用期限的决策方法。在该方法下，日营业净现值的计算公式为

$$NPV=PQ(1-b)/(1+k)t-CQ$$

式中：

NPV——日营业净现值；

P——产品单价；

Q——产品日销量；

C——产品单位成本；

b——坏账损失率；

k——日利率；

t——平均收账期。

首先计算在不同信用期限条件下日营业净现值的大小，然后将所得结果进行比较，选择日营业净现值大的信用期限作为适宜的信用期限。

2. 现金折扣

现金折扣是指在信用销售方式下，企业对于客户在规定的短时间内付款所给予客户发票金额的折扣，以鼓励客户及早付清货款。

现金折扣是企业信用条件中的另一个重要组成部分。企业信用管理部门给予客户的现金折扣中包含两个要素：折扣期限和折扣率。折扣期限指的是在多长时间内给予客户折扣优惠；折扣率指的是在折扣期限内给予客户多少折扣。例如，2/10 的现金折扣政策表明，如果客户在 10 天之内付款，将获得货款总额 2% 的折扣优惠。

一个企业可以制定单一的现金折扣政策，也可以制定多种折扣方式的现金折扣政策。例如，作为卖方的厂家在信用条件中做出 3/10、2/20、n/30 的现金折扣规定。规定表明，客户的信用期限为 30 天；如果客户能够在 10 天内付清货款，可享受整个货款 3% 的折扣优惠；如果客户能够在 20 天内付清货款，则可享受整个货款 2% 的折扣优惠；如果客户在 20 天以上、30 天之内付款，将得不到任何折扣优惠；如果客户在 30 天以后付款，则表明顾客违约，可能会受到违约处罚。

现金折扣政策的作用是双向的。首先，给予一定的现金折扣，是吸引顾客的重要方式之一，从而使企业的销售规模扩大；其次，现金折扣率越高，越能鼓励客户尽早付款，这在一定程度上减少了企业应收账款的持有规模。但是，较长的折扣期限将会扩大应收账款规模，延长收款时间，同时，推行一定的现金折扣政策需要销售企业付出一定的成本代价。

二、确定信用额度

1. 信用额度的概念

业务人员不可能在每次销售活动时都对客户实施信用调查，但又必须控制风险。因此，需要对客户设定信用限度，超过此限度，就停止交易，以确保货款安全回收。信用限度又称信用额度，也是企业信用政策的一个组成部分。信用额度包括企业发放给客户群的总体信用额度和发放给某一具体客户的信用额度两个方面。就企业总体来说，信用额度是指企业基于自身的资金实力、销售政策、最佳生产规模、库存量等因素，以及受到的来自外部的竞争压力而确定的可对客户发放的信用额度的规模。企业应该通过认真的计算和参考以往的经验，来确定一个科学的总体信用额度，并以此指导和控制企业的信用销售和应收账款的持有水平。

信用额度在一定程度上代表企业的实力，反映其资金能力，以及对客户承担的可容忍的赊销和坏账风险。信用额度过低将影响到企业的销售规模，并势必相应增加与客户的交易次数和交易费用；而信用额度过高则会加大企业的收账费用和坏账风险。因此，企业信用管理部门应根据自身的情况和市场环境，合理地确定信用额度。

2. 设定客户信用额度的目的及依据

(1) 设定客户信用额度的基本目的。①防止客户倒债；②作为分配客户的销售责任额的标准；③确保收回货款；④能方便地核查合同内容及出货状况；⑤配合营销工作任务及策略。

(2) 设定客户信用额度应满足的依据。①信用额度不应超出客户净资产，以防客户无力承担债务，而且大多数情况下，信用额度应为客户净资产的一小部分；②信用额度不应超出客户的流动资金，如果客户流动资金不足，必须对客户的净资产进行分析、评估；③信用额度一般不应超出客户的销售额。

3. 确定客户信用额度的方法

(1) 根据收益与风险对等的原则确定。根据收益与风险对等的原则确定给予某一客户的信用额度，也就是根据某一客户的预计全年购货量和该产品的边际贡献率测算企业从该客户处可获取的收益额，以该收益额作为每次该客户的赊购限额，前账不清，后账不赊。

例如，某客户年销售额为 100 万元，经核算从该客户获得的收益率为 6%，则每次的发货限额不超过 6 万元。这是一种相对稳妥的方法。

(2) 根据客户营运资本净额的一定比例确定，即周转资产分割法。信用额度=周转资产(流动资金-流动负债)÷供货商个数。客户在一定的生产经营规模下，其流动资产减去流动负债后的营运资本净额也是大致稳定的。营运资本净额可看作是新兴债务的偿付来源，因此，企业可以根据客户的营运资金规模，考虑客户从本企业购货的比重，确定以客户营运资本净额的一定比例作为本企业对该客户的信用额度。

(3) 根据客户清算价值的一定比例确定，即净资产分割法。信用额度=清算价值×(资产-负债)÷供货商个数。清算价值是客户因无力偿债或其他原因进行破产清算时的资产变现价值。清算价值体现了客户偿债的最后保证。如果客户的清算价值减去现有负债后尚有剩余，企业可以向该客户提供信用，信用的额度可按照清算价值的一定比例确定。

(4) 销售额测定法。销售额测定法的计算公式为：

信用额度=客户的总购入额(预计销售额×成本率)×本公司供货比率×信用期限

(5) 综合判断法。根据客户的收益性、安全性、流动性、销售能力、购货情况和员工素质等，综合确定一个大致的信用限度额，然后再根据支付状况和交易额的大小，适当地逐步提高信用限度。

4. 对不同客户信用限度的确定

(1) 根据实际情况，划分出不同的信用限度。如前所述的 A、B、C 三类客户，对于 A 类客户，其信用限度可以不受限制；对于 B 类客户，可先确定一个信用限度基数，以后再逐渐放宽限制；而对于 C 类客户，则应仔细审核，适当给予少量的信用限度。

(2) 对不同客户确定的信用限度不是一成不变的，应随着实际情况的变化而有所改变。

(3) 可先确定一个最高限额，然后因不同客户设定不同的信用限度。

(4) 推销员所辖客户要求超过规定的信用限度时，必须向业务经理乃至总经理汇报并请示批准。

【案例 5-2】小刘的教训

小刘是一家银行的信贷员。他每月都有一定的放贷任务，主管给他的额度是 300 万元。小刘在自己负责的区域内找到了一家大型的食品公司，这家公司生产米粉、糕点、糖果、饼干及各种小食品，具有一定的规模。小刘给了这家公司 100 万元的贷款，公司每月都能按时还贷，信誉不错。过了半年，小刘按照公司要求给该公司增加到 150 万元的额度。但此后公司的还贷的确不太按时，常常说销售不好、货款回收不好，因此延迟还贷。

有人对小刘提起，这家公司经营有些问题，你要抓紧催收贷款。小刘不以为然，他说不用怕，该公司有不动产抵押呢。不久，该食品公司因经营不善破产，小刘虽然拿到了抵押物，但由于市场变化贬值，不能完全充抵贷款，银行为此遭受了 10 多万元的损失。按照规定小刘被单位处以罚款赔偿，并降职降薪，个人付出了沉重的代价。

(资料来源：李光明. 客户管理实务讲义. 2015)

三、合同管理

客户的信用管理在明确了信用标准后，应当首先以合同管理为基础。大多数公司的合同管理都不健全，从而给客户管理带来了不应有的麻烦。合同是在客户管理中最有约束力的法律文件，是客户管理的法律依据。

因此，公司首先需要建立规章制度，要求所有有业务往来的客户都签署合同，因为没有制度约束，就很难落实到实际工作中去。同时要规定合同的签署流程，以确保合同的严肃性、科学性。

其次，公司应该建立标准、规范的合同文本。标准的合同至少应包含以下内容。

(1) 标的。商品的品种、品牌、规格、数量、价格等。

(2) 质量要求。

(3) 发货。送货时间、收货地点、运输方式、费用支付。

(4) 经营权限。经营级别、总经销、分销、区域划分、品种划分、年限划分等。

(5) 结账方式。现金、支票、分期付款；信用期限、额度等。

(6) 经销政策。返利、年奖、促销、广告、人员等。

(7) 订、退货规定。

(8) 违约责任及纠纷处理。

(9) 签约时间、地点、生效期。

(10) 甲乙双方标准名称、详细地点、联系方式、法人代表、签约代表、账号、开户行、税号等。

一般公司都有格式合同，在其中可添加一些双方协商的条款，例如信用方面的特别规定。在拟订合同时一是要根据实际管控信用，避免风险。另外，合同还必须由专人保管，一方面涉及商业秘密，另一方面便于使用，由专人分门别类建立档案、集中保管，才能保证合同的严肃性、完整性。

第四节　追 账 实 务

如果推销产品后的货款无法按期收回，业务人员必须采取适当的措施向客户追回货款，尽可能地降低应收账款变成坏账的可能性，使企业的损失降到最低。

一、追账的一般方法

追账的基本方法大体有以下四种。

1. 企业自行追账

(1) 自行追账的基本方法。①函电追账。企业的推销员、追账员通过电话、传真、信函等方式向债务人发送付款通知。②面访追账。企业的推销员、追账员通过上门访问，直接与债务人交涉还款问题，了解拖欠原因。③IT 追账。企业利用电子邮件向债务人发送追讨函，或与其交流意见。

(2) 自行追账的特点。①函电追账方式简便、易行，企业可以委派内部人员独立操作，无须经过仲裁或司法程序，可以省去一定的时间和费用；但力度较小，不易引起债务人的重视。②面访追账属于比较正规、有力的追讨方式，但耗时多、费用高，异地追账不宜采用。③IT追账速度快、费用低，可以双向交流。企业用电子邮件将付款通知书发给债务人，债务人转发给自己的分销商，分销商加注意见后再转发给该企业。电子追账是未来追账的优先选择。④可及时解决债务纠纷，避免长期拖欠的发生。⑤气氛比较友好，有利于双方今后合作关系的发展。

(3) 自行追账的几种辅助方法。①采用对销售商和购买商都有利的现金折扣。如果一个销售商借款的年利率为12%，那么向他提供2%的现金折扣和等待为期60天的延期付款二者成本相等。②向债务人收取惩罚利息。拖欠货款在其超过最后付款日的时间会发生非计划性的利息支出，将这些额外成本转给债务人负担是合理的。实际中所使用的利息率应带有惩罚性。③对已发生拖欠的客户停止供货。如果一个客户不能支付前一次货款，企业还继续为其供货，等于表明企业宽恕客户的拖欠行为，自愿承担所有的损失。④取消信用额度。如果客户不能按照合同履行付款责任，企业应及时改变或取消其原有的信用额度。⑤处理客户开出的空头支票。客户付款的支票遭银行拒付时，应引起企业的特别注意。千万不要把遭拒付的支票退回给客户，在债务诉讼中，它将成为对债务人还款能力指控的有力证据。

(4) 自行追账的特殊策略。①长期客户、大客户。推销经理或财务经理上门追账；优先解决争议和问题；在非恶性拖欠情况下，可以继续发货。②一般客户。采取一般收账程序；根据其信用限额，欠款超过规定天数停止发货。③高风险客户。立即停止供货；严密监控并追讨。

2. 委托追账

债务纠纷发生后，企业可将逾期账款追收的权利交给专业收账机构，如财务公司、律师事务所等，由其代理完成向债务人的追收工作。目前，国际上的欠款追收大都是依靠各国收账机构相互代理、协助完成的，比例达60%以上。

(1) 委托追账的基本方法。①专业追账员追账。专业追账机构接受企业的委托后，首先要对该债务进行调查核实，并制定相关的追讨策略；然后由追账员与债务人直接接触、商洽，并通过多种途径向其施加压力。②律师协助非诉讼追账。律师作为法律顾问参与追账，负责与债务人律师的交涉和重要文件的起草工作。③诉讼追账。追账机构可以协助企业采取法律行动，一般由追账机构的长期签约律师受理案件，这些律师有着良好的信誉和丰富的工作经验，而且部分律师可以免收或事后收取调查费。④申请执行仲裁裁决。追账机构以协助企业向法院申请执行仲裁裁决。

(2) 委托追账的特点。①追收力度大。专业机构大都采用自身的专业追账员或代理机构在债务人当地进行追讨，无论是从追收形式和效果上，还是从对债务人的心理压力上，都远远大于企业自行追讨的力度。②处理案件专业化。专业机构在处理债务问题方面具有相当丰富的经验和知识，对于每一个拖欠案件，都会制订一套包含多种手段的追讨方案，包括对案件的分析评估、与债务人的直接接触、协商，通过多种途径施加各种压力，如律师协助追讨、代理诉讼、申请执行仲裁裁决。③节约追账成本。在自行追讨无法取得实际效果时，如果直接诉诸法律，一般费用较高，程序复杂而且漫长，即使胜诉也不易执行，因此企业较少采用。而专业追账机构一般采取"不成功，不收取佣金"的政策，最大限度地为企业承担追账风险，减少企业损失。④缩短追讨时间。企业自行追讨时，由于不熟悉债务人当地的法律和有关商业惯例，往往费时费力却收效甚微。而专业追账机构一般委托债务人当地的追账员或追账代理进行追讨，他们熟悉当地的法律、法规，与债务人没有语言文化的障碍，便于沟通和协调，能够提高追讨效率，较快收回欠款。

(3) 委托追账的步骤。委托追账一般采取下列步骤。

① 选择资信状况良好的追账机构。详细了解追账机构的注册背景、注册资本、行业资格、经营历史以及追账网络。

② 向追账机构提供案情介绍。包括债务人的名称、地址、目前经营状况、债务的金额、时间及案情经过。

③ 听取追账机构对案件的分析评估及处理建议。追账机构根据企业提供的案情介绍，运用债务分析技术对案件进行分析评估，并向企业解释分析结果，提供适合该案件的追讨建议。如果企业对债务人的现状不了解，或欠款金额较大时，可以先委托追账机构作一次债务人偿债能力的专项调查。

④ 协商佣金比例。追账机构根据债务的金额、时间、地点及综合评价结果先核算佣金比例，然后与企业协商确定佣金比例。

⑤ 办理委托手续。委托双方签署"商账追收委托协议"和"授权委托书"，企业预付一定的立案服务费。

⑥ 向追账机构提交债权文件。企业向追账机构提交有关债权的证明文件：合同、发票、提单、往来电函、债务人签署的付款协议等。

⑦ 接受追账公司的进展报告，及时给予配合。追账机构要定期向企业汇报进展并征求意见，企业应及时做出追讨指示。委托双方要保持沟通、积极配合，并适当调整追讨策略，以实现成功收款的目的。

⑧ 结算。追回欠款后，委托双方应及时结算。还款直接汇到追账机构账户的，追账机构扣留佣金，余款应在 10 个工作日内向企业汇出；还款直接汇到企业账户的，企业应在 10 个工作日内将佣金汇给追账机构。

⑨ 结案。追回欠款后，或由双方同意终止委托协议后，追账机构应向企业提交正式的

结案报告。

3. 仲裁追账

(1) 仲裁追账的基本方法。债权债务双方根据债务纠纷发生前或者发生后双方所达成的书面协议，自愿将争议交给双方都认可的仲裁机构，由仲裁机构根据双方协议的授权审理争议，并做出对双方均有约束力的裁决。仲裁不具有诉讼的属性，但是，它也是解决经济纠纷的重要手段。

(2) 仲裁追账的特点。①仲裁是以双方当事人的自愿约定为基础的，如果债权债务双方没有仲裁协议，仲裁程序就不可能发生。②仲裁机构是民间性的组织，而不是国家的行政机关或司法机关，它对商务纠纷案件没有强制管辖权。③仲裁裁决具有终局性，对双方当事人都有约束力，任何一方都不得就同一标的或事由向仲裁机构再申请仲裁。

(3) 仲裁追账的具体程序。仲裁追账一般经过如下程序。

① 仲裁的申请和受理。包括：申请、受理、答辩和反请求、财产保全、委托代理人。

② 组成仲裁庭。包括：仲裁庭的组成、仲裁员的回避。

③ 仲裁审理与裁决。包括：开庭审理、证据的收集与调查、证据的保全、辩论、和解、调解、裁决、仲裁笔录。

④ 裁决的执行。仲裁裁决一经做出，当事人应当依照裁决规定的期限和内容自动履行。如果一方当事人逾期不履行，另一方当事人可以向被申请人住所或者财产所在地的中级人民法院申请强制执行。如果被执行的财产在国外，申请人可以委托专业追账机构或律师，向被执行财产当地的法院申请执行。我国已于 1987 年 4 月正式加入《纽约公约》，因此，我国涉外仲裁机构做出的裁决可以在世界上已加入该公约的成员国得到承认和执行，这为解决国际债务纠纷提供了便利条件。

⑤ 仲裁裁决的司法审查。包括：仲裁裁决的撤销、仲裁裁决的不予执行。

4. 诉讼追账

(1) 诉讼追账的基本方法。债务纠纷发生后，债权人或债务人中的一方向法院提出诉讼请求，由法院根据诉讼程序和有关法律规定审理案件，并做出对双方具有法律强制执行力的判决。

(2) 诉讼追账的特点。①必须是因自身的权利受到侵犯或因债权债务关系与客户发生争议，或是本案的直接利害关系人，才有资格作为案件的原告。②有明确的被告。③必须有具体的诉讼请求和事实、理由。④必须是属于法院受理的范围和管辖的案件。

(3) 诉讼追账的具体程序。诉讼追账一般经过下列程序。

① 起诉与受理。

② 审理前的准备。包括：向当事人送达起诉状副本和答辩状副本；告知当事人有关的诉讼权利义务和合议庭的组成人员；认真审核诉讼材料，调查收集必要的证据；追加当事人。

③ 开庭审理。包括：开庭前的准备、法庭调查、法庭辩论、评议和审判、按期限审结。

④ 执行。

【案例 5-3】依法清欠要掌握关键证据

2014 年，某市债务人食品有限公司欠债权人桂兴纸品公司纸箱款 10 万元，是债务人下属分厂企业经办。但债务方在 2014 年经历了分立、改制、变更等过程，其财务账上查不到这笔欠款。债权人去对账，债务方上下推诿无人确认；去催款，债务方无人承担。

桂兴纸品公司多次催账无果，2015 年 2 月将此项清欠项目委托桂源律师事务所。事务所接手进行调查，原来此项业务是电话订货，既无书面合同，又无传真、电话、电邮等其他记录；送货单已被业务员遗失；发票开给了债务人但无发票跟踪卡；对账单、催款函等其他债权文件也全没有。从法律角度分析这是一笔没有任何债权证据的死账。对账、催款，或直接起诉均无胜算。

事务所律师首先到工商局查询了债务人的变更信息，取得了其名称变更后也应承担原债务的证据。然后，事务所与桂兴纸品公司共同派人到食品公司处以对账、催款为由，取得了债务人承认收到债权人桂兴纸品公司纸箱，但货款应由原来订货的该公司下属分厂企业承担的录音证据。事务所与桂兴纸品公司派人找到债务人的下属分厂企业原该业务经办人，晓之以理，动之以情，取得了原经办人承认收到桂兴纸品公司纸箱，但该欠款应由其上级食品公司承担的文字证据，因为当时的产品是为食品公司生产的，纸箱就是用于包装那批产品的。又从该原经办人手中找到桂兴纸品公司出具的增值税发票，发票上还有债务人有关领导、分厂领导和经办人三个人的签字。

事务所协助桂兴纸品公司立即以现有证据起诉。债务人了解情况后便一改过去推诿的态度，在法庭上与对方达成调解，并付清了全部欠款。

在"谁主张谁举证"的司法制度下，债权文件的确认、保管和完善是十分重要的。取证工作是对缺乏证据的欠款催收的首要环节，如以对账单等书面形式无法完成取证时，还可以根据实际情况采用录音取证、特快专递寄送催款函等方式依法取得证据。总之，证据是依法清欠的关键，因此务必要特别重视债权文件的获取、保管、维护和完善。

(资料来源：李光明. 客户管理讲义. 2015)

二、追账技巧

1. 对待"强硬型"债务人的策略

"强硬型"债务人最突出的特点是态度傲慢。面对这种债务人，寄希望于恩赐是枉费心机的，要想取得较好的清债效果，需以策略为向导。总的指导思想是，避其锋芒，改变认识，以达到尽量保护自己利益的目的。具体运用形式包括以下几种。

(1) 以柔克刚策略。俗话说，百炼钢化为绕指柔。对付"强硬型"债务人，主要采取柔而不断，春风化雨，产生渗透性压力的策略。有礼有节，但决不退缩。最好派遣女性催债员，充分发挥她们的优势。以弱为强，柔弱胜于刚强。要"示弱""装可怜"，如催债人说催不回货款就没有工资等，使对方心理软化，达到被迫付款的目的。

(2) 软硬兼施策略。软硬兼施策略是指将清债班子分成两部分，其中一些成员扮演强硬性角色即鹰派，鹰派在清债的初期阶段起主导作用；而另一些成员则扮演温和的角色即鸽派，鸽派在清债某一阶段扮演主角。这种策略在清债中很常见，而且在多数情况下能够奏效。因为它利用了人们趋于避免冲突的心理弱点。在与债务人刚接触并了解了债务人的心态后，担任强硬型角色的清债人员毫不保留地果断提出还款要求，并坚持不放，必要时带一点疯狂，酌量情势，表现一点吓唬式的情绪和行为，而此时，承担温和角色的清债人员则保持沉默，观察债务人的反应，寻找解决问题的办法。等到气氛十分紧张时，鸽派角色的清债人员再出台缓和局面，一方面劝阻自己的伙伴，另一方面也平静而明确地指出，这种局面的形成与债务人也有关系，最后建议双方都做出让步，促成还款协议。或者只要求债务人立即还清欠款，而自己放弃利息、索赔费用。

2. 对待"阴谋型"债务人的策略

企业之间的经济往来应以相互信任、相互协作为基础。但在实践中，有些人为了满足自身的利益与欲望，经常利用一些诡计拖欠对方债务，甚至摆出"要钱没有，要命一条"的无赖样。下面介绍几种对付策略。

(1) 反"车轮战"的策略。"车轮战"是指债务人一方采用不断更换接待人员的方法，达到使债权人精疲力竭从而迫使其做出某种让步的目的。对付这种战术的策略如下。

① 及时揭穿债务人的诡计，敦促其停止对"车轮战"的运用。

② 对更换的接待人员置之不理，可听其陈述而不表态，这样可挫其锐气。

③ 对原经办人施加压力，采用各种手段使其不得安宁，以促其主动还款。

④ 紧随债务企业的负责人，不给其躲避的机会。

(2) "兵临城下"策略。这种策略是对债务人采取大胆的胁迫做法，看对方如何反应。这一策略虽然具有冒险性，但对于"阴谋型"的债务人却很有效。因为一般情况下这会打击他们的士气，从而迫使其改变态度。例如，对一笔数额较大的货款，债权人派出数十名清债人员到债务企业索款，使其办公室或大门口挤满了债权人企业的职工。这种做法必然会迫使债务人企业尽力还款。

3. 对待"合作型"债务人的策略

"合作型"债务人是清债实践中人们最愿接受的，因为他们的最突出特点是合作意识强，能给双方带来皆大欢喜的满足。所以对付"合作型"债务人的策略思想是互利互惠。

(1) 假设条件策略。假设条件策略是指在清债过程中，向债务人提出一些假设条件，用来探知对方的意向。如问其："如果继续再发 10 万元货，可以还多少货款？"由于这种做法比较灵活，因此可使索款在轻松的气氛中进行，有利于双方在互利互惠的基础上达成良好协议。需要注意的是，假设条件的提出要分清阶段，不能没听清债务人的意见就过早假设。这会使债务人在没有商量之前就气馁或使其有机可乘。因此，假设条件应在了解了债务人意向的基础上提出。

(2) 私下接触策略。私下接触策略是指债权企业的清债人员有意识地利用空闲时间，主动与债务人一起聊天、娱乐，目的是增进了解，联络感情，建立友谊，从侧面促进清债的顺利进行。

4. 对待"感情型"债务人的策略

"感情型"债务人比"强硬型"债务人更难对付。"强硬型"债务人容易引起债权人的警惕，而"感情型"债务人则容易被债权人忽视。因为"感情型"债务人在谈话时十分随和，迎合对手的兴趣，能够在不知不觉中把人说服。

为了有效地对付"感情型"债务人，必须利用他们的特点及弱点制定相应策略。"感情型"债务人的一般特点是与人友善，富有同情心，专注于单一的具体工作，不适应冲突气氛，对进攻和粗暴的态度一般是回避的。针对这些特点，可采用下面几种策略。

(1) 以情感人策略。既然对方讲感情，重义气，就可以打情感牌。因此，要训练自己，培养一种"谦虚"的习惯。充分与对方沟通，在情感上加强联系，成为"知己"，以争取对方的同情心，激发他的"义气"，使之觉得责无旁贷、义不容辞，从而收回货款。

(2) 恭维策略。"感情型"债务人有时为了顾及"人缘"而不惜代价，希望得到债权人的尊重，受到外界的认可，同时也希望债权方了解自身企业的困难。因此，债权企业清债人员要说出一些让债务人高兴的赞美话，例如对个人的能力、企业的业绩予以赞扬。

(3) 适当进攻策略。在索款一开始就创造一种公事公办的气氛，不与对方打得火热，在感情方面保持适当的距离。与此同时，就对方的还款意见提出反问，这样就会使对方感到紧张，但不要激怒对方。因为债务人情绪不稳定就会主动回击，一旦撕破脸面债权人就很难再指望商谈取得结果。

5. 对待"固执型"债务人的策略

"固执型"债务人在清债中也常会遇到。这些人最突出的特点是坚持所认定的观点，有一种坚持到底的精神。这种人比较固执、刻板，对新的主张、建议很反感，需要不断得到上级的认可、指示，喜欢按章办事。对这种人员不妨采用以下策略。

(1) 试探策略。试探策略是用以摸清"敌情"的常用手段，其目的是观察对方的反应，以分析其虚实真假和真正意图。例如，提出对双方都有利的还款计划后，如果债务人表现出对抗情绪，就可以采取其他方式清债(如起诉)；如果反应温和，就说明有余地。

运用这一策略，还可以试探"固执型"接待人或谈判人的权限范围。对权力有限的接待人或谈判人，可采取速战速决的方法。因为他是上司意图的忠实执行者，不会超越上级给予的权限。所以在清债商谈中，不要与这种人浪费时间，应越过他，直接找到其上级谈话。对权力较大的"固执型"企业负责人，则可以采取冷热战术，一方面以某种借口制造冲突，或是利用多种形式向对方施加压力；另一方面想方设法恢复常态，适当时可以赞扬对手的审慎和细心。总之，通过软磨硬泡的方法使对方改变原来的看法或观点。

(2) 先例策略。"固执型"债务人所坚持的观点不是不可改变，而是不易改变。清债人员要认识到这一点，不然提议就会被限制住。为了使债务人转变，不妨试用先例的力量影响他、触动他。例如向债务人企业出示其他债务人早已成为事实的还款协议，法院为其执行完毕的判决、调解书等。

6. 对待"虚荣型"债务人的策略

爱虚荣的人一般具有这样一些特点：自我意识较强，喜欢表现自己，对别人的暗示非常敏感。面对这种性格的债务人，一方面要满足其虚荣心，另一方面要善于利用其本身的弱点作为跳板。具体策略如下。

(1) 以熟悉的事物展开话题。与"虚荣型"债务人谈索款时，以他熟悉的东西作为话题效果往往比较好，这样做可以为对方提供自我表现的机会，同时还可能了解对手的爱好和有关资料，但要注意到虚荣者的种种表现可能有虚假性，切忌上当。

(2) 顾全面子策略。在人多或公共场合尽可能不提要款，而满足其虚荣心。不要相信激烈的人身攻击会使对方屈服，要多替对方设想，顾全他的面子，同时把顾全其面子的做法告知债务人。当然，如果债务人躲债、赖债，则可利用其要面子的特点，与其针锋相对而不顾情面。

(3) 制约策略。"虚荣型"的人最大的一个弱点是浮夸。因此债权人应有戒心，为了免受其浮夸之害，在清债谈话中，对"虚荣型"债务人的承诺要有记录，最好要他本人以企业的名义用书面的形式表示。对达成的还款协议等应及时立字为据。要特别明确奖罚条款，预防他以种种借口否认。

本 章 小 结

本章首先叙述了客户信用管理的目标，即做好赊销工作，控制赊销风险，具体包括：降低赊销风险，减少坏账损失；降低 DSO，加快流动资金周转。

信用标准是企业要求客户支付赊销款项的条件，它由信用期限和现金折扣两个要素组成。影响信用期限的主要因素包括：①企业的市场营销战略；②行业普遍的信用期限；③客户的资信水平和信用等级；④企业本身的资金状况。企业也可采用边际收益法和净现金流量法进行信用期限的分析。现金折扣是指在信用销售方式下，企业对于客户在规定的短时间内付款所给予客户发票金额的折扣，以鼓励客户及早付清货款。信用额度包括企业发放给客户群的总体信用额度和发放给某一具体客户的信用额度两个方面。确定客户信用额度的方法有：①根据收益与风险对等的原则确定；②根据客户营运资本净额的一定比例确定；③根据客户清算价值的一定比例确定；④销售额测定法；⑤综合判断法。

追账的一般方法有：企业自行追账、委托追账、仲裁追账、诉讼追账。催债要掌握一定的策略和技巧，本章介绍了对待"强硬型"债务人的策略、对待"阴谋型"债务人的策略、对待"合作型"债务人的策略、对待"感情型"债务人的策略、对待"固执型"债务人的策略、对待"虚荣型"债务人的策略。

思考与练习

1. 信用管理的目标是如何制定的？
2. 确定信用标准的主要因素有哪些？
3. 影响信用期限的主要因素有哪些？
4. 试举例说明边际收益法和净现金流量法。
5. 确定客户信用等级的方法有哪些？
6. 追账的一般方法有几种？
7. 试述对待"强硬型"债务人的策略。
8. 试述对待"阴谋型"债务人的策略。
9. 试述对待"固执型"债务人的策略。

实训项目题

重点知识讲授

1. 信用标准管理；2. 客户信用调查；3. 追账的方法与技巧

实训项目 1：客户信用额度管理

试以你的同学为对象，调查各地银行的助学贷款的额度与相关规定。

实训项目 2：怎样进行追账

假设有一客户到年底欠款 20 万元未还清，客户答应在 2 个月内全部还清。试为客户拟订一个还款计划或还款协议。

案 例 分 析

【案例】AB(中国)的信用和应收账款管理

2010 年 6 月，AB(中国)有限公司成立，全面负责 AB 企业在中国事业发展的各项工作。经过多年努力，目前业务已经覆盖个人消费产品、办公产品和工业产品三大领域，主要产品包括照相机及镜头、数码相机、打印机、复印机、传真机、扫描仪、广播设备、医疗器材及半导体生产设备等，已基本建成包括 3 大区域总部、16 家分公司和 2 家常设办事处组成的销售服务网络。

(1) AB(中国)的信用和应收账款概况。AB(中国)实施全程信用和应收账款管理，跟随销售和回款的交易环节，在事前、事中、事后，以客户和欠款为中心实施监控。AB(中国)的信用管理部门与其他部门有多重关系，是独立的执行者，公司信用管理的组织方式与公司的传统和效率相平衡。

(2) AB(中国)信用和应收账款管理的目标和职能。AB(中国)信用管理的目标是降低欠款持有水平和风险，增加成功的赊销。公司建立了独立的信用部门和独立的管理模式，其信用管理的五项职能包括：一是客户档案管理，动态更新客户信息，及时提供公司的客户信息，建立和维护易于检索的客户档案。二是客户授信，以分析模型量化赊销风险，根据模型评分制定信用政策，审核合同和核准赊销。三是应收账款管理。首先分析欠款账龄和欠款成因，动态跟踪各客户欠款水平，其次调控现金流量，最后整体掌握欠款总额的规模。四是逾期账款追收。制定追收策略和流程，诊断逾期应收账款，寻求法律解决途径。最后在公司内部有一个职能是辅助市场开拓，根据客户档案，提高销售部门发掘客户的概率。

(3) AB(中国)信用和应收账款管理的组织方式。客户数量和欠款金额是 AB(中国)信用管理考虑的因素，但效率、平衡和管理传播才是考虑的关键。作为少数职责大于职权的部门，作为财务和销售制衡的焦点，AB(中国)的信用管理有专门的人员全盘接受和全权负责。信用管理一般有两大难点，一个是获取信用信息的外部渠道，另一个是信用政策的执行。而后者与公司的组织管理形式密切相关。

AB(中国)公司的信用管理一般是设置信用管理高级专员，主要工作包括以下几项：①负责信用政策文件的制定和年度更新；②审核信用管理员的定期工作报告，审核客户档案和客户资信调查报告，并实地考察部分重点风险客户和核心客户，来验证客户档案的真实性；③制定所有客户的授信政策，制定风险客户和核心客户的交易、还款处理方式；④核准权限内的超信用额度和期限的交易；⑤负责所有普通交易的发货审批和信用审批；⑥负责所有客户合同和订单的信用风险审批；⑦负责向相关的中高层上级沟通信用管理工作进程和传达重要客户的信息；⑧负责信用管理员的具体工作的业务指导；⑨负责信用管理队伍的建设和日常管理；⑩组织对销售和财务人员的信用知识的培训；⑪构建与外部信用服务机构的工作联合和外部信息渠道；⑫协调各部门中高层以上的利益关系和矛盾。

(4) AB(中国)信用和应收账款管理的政策。主要包括信用期限、信用额度，以及公司自己的信用标准。信用期限的变化意味着销售变现天数的变化。信用标准代表着对客户信用情况的最低要求，以销售的变现天数和坏账损失率作为制定的依据。公司通常先制定客户群的授信总额，然后再制定某一些客户的授信程度，然后再互为调整。前者以客户自身的资金实力和销售政策为出发点，后者主要根据客户的交易额和风险系数制定。

问题：

1. AB(中国)信用和应收账款管理的主要目标是什么？是如何解决的？
2. 从 AB(中国)的案例中，怎样理解应收账款和客户信用的关系？
3. 你认为信用和应收账款管理的政策是什么？如何运用好信用和应收账款管理的政策？

(资料来源：袁松禄. 东方网，2014，有改写)

【阅读资料】收回账款才是推销工作的结束

1. 契约或合同是客户要付款的表示

一般的推销人员在经过多方面的努力后，得到了客户的同意，签到了合同类的订单，以为推销工作到此可以结束了。其实合同是在双方同意的情况下订立的，表示推销员代表公司将商品交给客户(财产所有权的转移)，而客户必须向推销员的公司支付货款。

2. 回收账款的方式

①交货时回收现金；②交货前收款；③交货前收回部分款项，交货后再收回剩余款项(立即付款、分期付款)；④交货后，经过一定时间再收款。

3. 回收账款的重要性

回收账款是一件非常重要的工作，回收账款有利于销售。如果到期了而收不到货款，公司就会蒙受损失，而且赊账销售的比例也会升高。

回收账款没有到手的话，就不算是真正的推销。还有，在销售的过程当中，回收账款期票的延期或期限延缓，不仅会造成公司的呆账，更会造成资金周转的障碍。这不但会影响你自己的业绩，同时也会影响其他销售同事的工作。所以账款回收是一个必须要执行的工作。回收账款有利于销售，账款回收了，公司才可以根据推销业绩来计算奖金或者是佣金等，从而促进公司的销售工作。

4. 账款回收的心得

签订合同，或是签订契约、订单，这一切的目的就是确定双方在执行中的权利与义务。必须告诉顾客，顾客付款是一种义务。销售本身必须要求顾客按照规定的时间来付款，这也是推销人员的义务。在催收款项的时候，一个推销人员必须要列举优秀的顾客付款的例子让顾客接受。对于那些拖欠货款的顾客、喜欢欠钱的顾客，是绝对不能够妥协的。

5. 预防拖延付款的方法

(1) 选择付款方式(现款最好)。

(2) 合同(订单)必须仔细规定。应设定违约条款；收下担保；合同经过公证。

(3) 货款回收管理。经常使用行销、回收管理图表，核对应收款、期票余额、销售债权余额和销售债权回收期间。确认有无如期回收也是一件很重要的工作。

6. 收回呆账的方法

(1) 对应付款而未付款的处理。

有些人并非没有付款能力，却习惯于不付款。即使提起诉讼，但往往是"赢了官司输了钱"。因此，最重要的是必须有耐心和魄力。即使你寄了证明信函给对方，对方也大都不予理睬。倘若由法院发出支付命令，那就会十分有效。

(2) 长期呆账的处理。

虽然必须花长一点儿的时间，但以客户长期或分期付款的方式来回收货款，也是一种确实的回收方法。要设定适合客户的兑现金额。

避免客户时效已过的方法：请求→承认债务→申请发出支付命令→申请和解债券或破产职权→申请调解→起诉扣押、假扣押、假处分。

(3) 短期呆账的处理。

收回商品；利用抵冲转账；债权让与；利用列席收款、代理收款制度。

在签订合同的时候，销售人员一定要遵守公司的规定，不可以随便向顾客做出不必要的承诺。对于客户不付款的习惯，或者是推托的行为，是绝对不能妥协的。同时我们一定要站在对方的立场上去考虑问题，千万不要让客户下不了台，事实上每个人都希望被尊重，每个人都不愿意被强迫，而且每个人都不可能让别人知道他内心的某些弱点。所以我们一定要有一套方法或一些优秀客户付款的例子，让客户欣然接受。账款回收才是真正的胜利。

（资料来源：叶寒. 销售人员专业技术技能训练整体解决方案. www.52ebook.com，2013，有改写）

第六章　客户满意管理

【学习目标】

通过本章的学习，要求了解客户满意的基本含义，掌握客户满意度的内容、客户满意管理的内容与方法，以及客户投诉处理的步骤和方法。

本章关键词：客户满意；客户满意度；客户投诉

本章项目任务：1. 怎样处理客户投诉；2. 如何进行满意度调查

【开篇引例】画家的作品

我国古代有一位画家，他小时候跟一位老师学习画花。他学得很刻苦，一段时间后，他把自己画的各种各样的花给人看，亲戚朋友都大加称赞。他心里也颇感得意，自认为已是学业有成，便向老师辞行。老师微微一笑，叫他把作品放在集市上去征求别人的不同意见，结果画的每处都有更改的标记，他闷闷不乐。他的老师听了哈哈大笑，叫他第二天再把画拿出去，征求精彩之处的意见，结果又被画满了记录。

人们到底是满意还是不满意呢？这位画家充满疑惑，请教老师。老师说人无完人，金无足赤，人各有识，学无止境。画家有所感悟，以后更加虚心学习，终成一代大师。

(资料来源：李光明. 客户管理讲义. 2015)

第一节　客户满意的理念

在现代企业管理中，营销是为了满足市场的需求。因此就有了三个问题：应满足谁的需求？满足什么样的需求？如何满足这些需求？从根本上来说，这是如何使客户满意的问题。创造客户满意是营销的最终目标，因此客户满意管理已成为客户管理的重要基础。

一、客户满意的概念

客户满意，就是客户通过对一种产品的可感知的效果或结果与他的期望值相比较后所形成的一种失望或愉悦的感觉状态。菲利普·科特勒说，满意是一种感觉状态的水平，它来源于对一件产品所设想的绩效或产出与人们的期望所进行的比较。2000 版 ISO/DI9000 的定义是：顾客对某一事项已满足其需求和期望的程度的意见。依据这个说法，满意水平是可感知效益和期望值之间的差异函数。如果可感知的效果低于期望，客户就会不满意；如果可感知的效果与期望相匹配，客户就满意；如果可感知的效果超过期望，客户就会高度满意或欣喜。

用公式可以表示为：满意=可感知效果/期望值

(1) 当满意的数值小于 1 时，表示客户对一种产品或事情的可以感知到的结果低于自己的期望值，即没有达到自己的期望目标，这时客户就会产生不满意。该值越小，表示客户越不满意。

(2) 当满意的数值等于 1 或接近 1 时，表示客户对一种产品或事情的可以感知到的结果与自己事先的期望值是相匹配的，这时客户就会表现出满意。

(3) 当满意的数值大于 1 时，表示客户对一种产品或事情的可以感知到的结果超过了自己事先做出的期望，这时客户就会兴奋、惊喜和高兴，感觉的状态就是高度满意或非常满意。

许多公司不断追求高度满意，因为那些一般满意的客户一旦发现有更好的产品，依然会很容易地更换供应商；而那些十分满意的客户一般不打算更换供应商，因为高度满意创造了一种对品牌情感上的共鸣，而不仅仅是一种理性偏好，正是这种共鸣创造了客户的高度忠实。然而，客户如何形成他们的期望呢？期望形成于客户过去的购买经验，以及朋友和伙伴的种种言论中。销售者将期望值提得太高，客户很可能会失望；另一方面，如果公司将期望定得太低，就无法吸引足够的购买者(尽管那些购买的人可能会比较满意)。

在今天大多数成功的公司中，有一些公司是将客户期望和可感知的效果相对应的，这些公司执意追求全面客户满意。例如，施乐公司的"全面满意"，它保证在客户购买三年内，如有任何不满意，公司将为其更换相同或类似产品，一切费用由公司承担。西那公司的广告宣称："在你也满意之前，我们将永远不会达到 100%的满意。"而本田公司的广告则称："我们客户之所以这样满意的理由之一是我们不满意。"

【案例 6-1】汽车 4S 店的服务

以客户为导向的公司来说，客户满意既是目标，也是工具，这点汽车修理行业最为典型。汽车修理行业的价格差异很大，同样修一辆汽车，在指定的修理厂和在普通小修理厂价格差异可能是几倍。当然，提供的服务也不一样。小修理厂价格便宜，服务很不好。工作人员穿的衣服很脏，坐在你的驾驶座位上，弄得到处油迹斑斑。去 4S 维修站修理价格较贵，在小修理厂花 100 元钱的修理费，到那儿可能要 200 元了。但是，4S 店提供的服务是不同的。整个修理过程不需要你参与，你只需告诉车哪儿有毛病就可以了。修车过程中，提供免费的茶水，还有电视看，可以上网，可以玩电脑、听音乐，有报纸、杂志可以翻阅。修好之后，把钥匙连工单一起交给你。维修过程中，驾驶座位是用一次性的坐套罩住的，方向盘也是用一次性的握套罩住的。车修理完以后，擦干所有的痕迹，免费帮你洗车，最后交给你的车是干干净净的车。

（资料来源：李光明. 客户管理讲义. 2015）

二、客户满意的含义与意义

1. 客户满意的含义

(1) 客户满意是客户消费了企业提供的产品和服务之后所感到的满足状态，这种状态是个体的一种心理体验。

(2) 客户满意是以客户总体为出发点的，当个体满意与总体满意发生冲突时，个体满意服从于总体满意。

(3) 客户满意是建立在道德、法律和社会责任基础上的，有悖于道德和社会责任的满意行为不是客户满意的本质。

(4) 客户满意是相对的，没有绝对的满意，因此企业应不懈地追求，向满意趋近。

(5) 客户满意有鲜明的个体差异。甲十分满意的产品和服务，乙可能会不满意，因此不能追求统一的满意模式，而应因人而异，提供有差异的满意服务。

2. 客户满意的意义

有人说，如果客户满意，他会将其满意告诉至少 8 个人，然而该客户未必会重复购买，因为竞争者可能提供性能更好、更便宜的产品；如果客户高度满意，他会将高度满意告诉 10 个人以上，该客户肯定会重复购买，即使与竞争者相比产品没有什么优势。一个高度满意的客户往往产生如下效果：①对公司忠诚更持久；②购买公司更多的新产品和提高购买产品的等级；③为公司和它的产品说好话；④忽视竞争品牌和广告，并对价格不敏感；⑤向公司提出有关产品和服务的建议；⑥由于交易惯例化比用于新客户的成本低。如果客户不满意，他们会将其不满意告诉他人，除非独家经营，否则该客户不会重复购买。

随着客户满意度的增加和时间的推移，客户推荐而导致销售额的增加是巨大的。同时由于宣传、销售等方面费用的降低，企业经营成本下降，从而也带来大量的利润增加。因此，高度满意可以带来客户忠诚，为企业带来利润。

三、客户满意的层次

客户满意的内容分为横向层面和纵向层面两个层次。

1. 横向层面

客户满意横向层面包括企业理念满意(MS)、企业行为满意(BS)和企业视觉满意(VS)三个方面。

(1) 企业理念满意。企业理念满意就是企业的精神、使命、经营宗旨、经营哲理、经营方针和价值观念等带给企业内部顾客和外部顾客的心理满足感。MS 是客户满意的灵魂，是客户满意的主导层，也是企业的基本精神所在。

理念满意的核心在于正确的企业顾客观，以顾客满意度为指针，树立起"顾客满意、顾客至上"的经营理念，站在顾客的立场上考虑和解决问题，把顾客的需求和满意放在一切考虑因素之首，尽可能全部尊重和维护顾客利益，并逐步使其升华而成为具有独特风格，能够规范全体员工的市场行为和社会行为的指导思想体系。顾客的满意是企业的无形资产，它可以随时按"乘数效应"向有形资产转化。

【案例 6-2】客户的道德要求

广西桂林有一家生产量具的企业，其产品远销德国。不久，德国一家已有三年业务往来的客户来桂林旅游并要求考察企业。企业领导全程陪同，招待甚周。但在考察结束后，客户却提出终止双方业务。企业领导大惑不解，急忙询问："尊敬的密斯特先生，我们双方合作多年，贵方有什么不满意的地方吗？是产品质量有问题？还是价格或服务方面的问题？" 密斯特回答说："贵方的产品质量很好，服务周到，价格不高，我方这几年赚了不少钱。但是我看了你们的生产车间，了解了职员的情况后，认为你们的企业经营是不道德的。你们的工作车间没有喝咖啡的地方，工作期间没有喝咖啡的时间，没有空调，工资太低了，环境太差了。我们不能接受这样生产出来的产品，这样的做法是违背社会道德的。"

经过企业领导与外商协商，外商同意继续合作，但是提出企业必须按照有关国际标准对企业的生产环境、劳动条件等问题进行整改，达到标准后，才能购买企业的产品。企业马上找到当地的技术标准局，请他们帮助指导，按照有关国际标准进行整改。半年以后，企业请德国客户再来进行考察，客户非常满意，双方继续合作，获得了良好的效益。

(资料来源：李光明. 客户管理讲义. 2015)

(2) 企业行为满意。行为满意是顾客对企业"行动"的满意，是理念满意诉诸计划的行为方式，是客户满意战略的具体执行和运作。

企业行为满意就是建立一套完善的行为运行系统，这套系统被全体员工认同和掌握，且在系统中每个员工都是公平和公正的。系统运行的结果将是带给顾客最大程度的满意，且能保证最佳经济效益和社会效益。BS 强调的是行为的运行和效果所带给内、外顾客的满足状况，它是偏向于效果侧面的行为系统。在 BS 实施过程中，企业要做到了解和认识顾客，从顾客的角度出发，全面为顾客服务。企业只有全面掌握了顾客的心理需求和需求倾向，才能够及时地推出令顾客满意的商品和服务。

(3) 企业视觉满意。企业视觉满意是客户满意直观可见的外在形象，是顾客认识企业的快速化、简单化的途径，也是企业强化公众印象的集中化、模式化的手段。视觉满意也是顾客满意的主要内容。企业是否拥有一套视觉满意系统，将直接影响到顾客对企业的满意程度。

视觉满意帮助顾客认识企业、识别企业、监督企业。企业在进行视觉满意设计时，必须认真考虑顾客偏好，尽可能让顾客感到亲切、自然，并把"顾客满意、顾客至上"的理念渗透到企业标志、商标、包装、户外标牌等静态企业识别符号中，以获得顾客满意，提升名牌企业的形象。内容包括：企业名称，品牌标识，字体，色彩，企业口号，承诺，广告语，企业内部的软、硬环境，企业形象，员工制服，礼貌用语等。

在进行视觉满意设计时要做到：构思深刻，构图简洁；形象生动，易于识别；新鲜别致，别具一格；符合美的效果。

2. 纵向层面

在纵向层面上，客户满意可以分为以下三个层次。

(1) 物质满意层。物质满意层次是客户在对企业提供的产品核心层的消费过程中所产生的满意。物质满意层次的支持者是产品的使用价值，如功能、质量、设计、包装等，它是客户满意中最基础的层次。

(2) 精神满意层。精神满意层次是客户在对企业提供的产品形式和外延层的消费过程中产生的满意。精神满意层的支持者是产品的外观、色彩、装潢、品位和服务等。

(3) 社会满意层。社会满意层次是客户在对企业提供的产品的消费过程中，所体验到的社会利益维护程度。社会满意层次的支持者是产品的道德价值、政治价值和生态价值。产品的道德价值是指在产品的消费过程中，不会产生与社会道德相抵触的现象；产品的政治价值是指在产品的消费过程中不会导致政治动荡、社会不安；产品的生态价值是指在产品的消费过程不会破坏生态平衡。

从社会发展过程中的满足趋势来看，人们首先寻求满意的是产品的物质满意层，只有这一层次基本满意后，才会推及精神满意层；而精神满意层基本满意后，才会考虑社会满意层。当然，客户满意的三个层次是相互影响的。例如，社会经济文化的存在与发展，就对物质与精神满意产生一定的影响。

第二节　客户满意度

客户满意度 CSR(Consumer satisfactional research)，即客户满意的程度，也叫客户满意指数。是客户期望值与客户体验的匹配程度，就是客户通过对一种产品可感知的效果与其期望值相比较后得出的指数。客户满意度可分为不满意、满意与高度满意，也可以用百分比度量满意度，从 0～100 依次为不满意、满意与高度满意。客户满意度是由客户对其购买产品的预期(或"理想产品")与客户购买和使用后对产品的判断(或者说"实际产品")的吻合程度来决定的。用公式来表示为：

客户满意度=实际产品或服务-理想产品或服务=体验值-期望值

"理想产品"是客户心中预期的产品，客户认为自己支付了一定数量的货币，应该购买到具有一定功能、特性并达到一定质量标准的产品；而"实际产品"是客户得到产品后，在实际使用过程中对其功能、特性及其质量的体验和判断。如果"实际产品"劣于"理想产品"，那么客户就会产生不满意，甚至抱怨；如果"实际产品"与"理想产品"比较吻合，客户的期望得到了验证，那么客户就会感到满意，而且会产生惊喜、兴奋。有些国外厂家就宣称其目标不是"客户满意"而是"客户惊喜"。

企业推出产品时，对自己产品的介绍也是客户形成其"理想产品"的信息源之一，因此企业对客户的"理想产品"的形成也具有一定的影响力和控制力。尤其在客户对产品不熟悉的情况下，这种影响力和控制力会影响到客户的满意度。如果企业言过其实地宣传自己的产品或服务，结果导致客户的"理想产品"超过"实际产品"，客户发现自己吃亏上当，必然会产生严重的不满；如果企业实事求是地宣传自己的产品或服务，客户的"理想产品"必然接近于"实际产品"，由于感觉到企业是讲实话的，客户不仅对产品实体感到满意，而且对企业行为也感到满意，从而增强了对企业的信任；如果企业"名副其实"地宣传自己的产品或服务即介绍时"留有余地"，那么"实际产品"必然超过客户的"理想产品"，惊喜情况就会发生，客户对企业就会格外信任，客户满意自然而然会提升到一定高度。如图 6-1 所示。

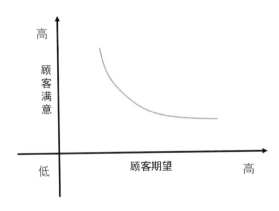

图 6-1　客户满意与客户期望值的关系

一、影响客户满意度的因素

根据客户满意度的定义，客户满意度是客户建立在期望与现实基础上的对产品与服务的主观评价，一切影响客户期望与企业产品和服务的因素都可能影响客户满意度。

1. 企业因素

企业是产品与服务的提供者，其规模、效益、形象、品牌、公众舆论等内在或外部表现的东西都会影响消费者的判断。如果企业给消费者一个很不好的形象，很难想象消费者会选择其产品。

2. 产品因素

产品因素包含以下四个层次的内容。

(1) 产品与竞争者同类产品在功能、质量、价格方面的比较。产品与竞争者同类产品相比，如果有明显优势或个性化较强，则容易获得客户满意。

(2) 产品的消费属性。客户对高价值、耐用消费品要求比较苛刻，因此这类产品难以取得客户满意；一旦满意，客户忠诚度就会很高。而客户对价格低廉、一次性使用的产品要求相对较低。

(3) 产品包含服务的多少。如果产品包含的服务较多，销售人员做得不够，就难以取得客户满意；而不含服务的产品只要主要指标基本合适，客户就容易满意。但其产品如果与其他厂家差不多，服务也不好，客户很容易转向他处。

(4) 产品的外观因素。外观因素包括包装、运输、品位、配件等，如果产品设计得细致，有利于客户使用并且体现其地位，就会带来客户满意。

3. 服务因素

企业的营销与服务体系是否一致、简捷，是否能为客户带来方便，售后服务时间的长短，服务人员的态度、响应时间，投诉与咨询的便捷性等都会影响客户的满意度。客户期望事情能进展顺利并且遵守承诺，若这种愿望未能得到满足，客户就会产生出不满和失落。很多公司都是在这个层次上失败的。因为他们不能信守承诺，更好地满足客户对服务的外在或内在期望。公司实施高标准的满足服务甚至超过了客户对服务供应的期望，就会取得令人羡慕的竞争优势，客户知道他们可以信赖这个公司。在产品日益丰富的今天，这是其中一个非常重要的因素。

在一些公司的运营中，以较好的核心产品或者服务为基础取得竞争上的优势是很困难的，甚至是不可能的。因此这样的公司可以提供与分销和信息有关的支持和辅助服务，并通过这些服务逐步将它们同竞争对手区别开来并为客户增加价值。它们可以使客户与它们之间的交易变得更加方便；它们能规定禁止员工与客户争论；它们能向客户提供有关产品的详细信息；它们可以提供 24 小时的服务，使其在需要这项服务的时候不会感到不方便。例如，现在大多数的电商企业，都在服务因素上下功夫，以增强自己的竞争力。

4. 沟通因素

客户是否满意，在一定程度上也取决于其所获得的信息，因为这影响到其主观的印象。比如，对产品、企业、行业的信息了解，会影响到对购买价值的评判从而影响到满意度。因此，客户期望能很方便地与供应商沟通。例如，通过网络了解产品信息，进行比较，进而下单购买。发展的趋势是所有的交易都将会走向电子化，包括付款方式等。客户希望在货品不能按期发运，或者已经发运后发现其中有误时，能得到及时的通知。公司应派出专业人员对客户及那些真正使用产品或物品的生产工人进行访问交流，征求意见。必须特别注意，在获得客户的要求之后，在随后的发运中就必须改进。必须按客户的要求和期望通知所有相关的部门，公司的客户满意度数据必须统计并公布，必要时通知所有管理人员，对于不好的倾向性的数据也必须这样做。

【案例6-3】中国人疯抢日本马桶盖引反思：国内早就有卖

继日本的电饭锅之后，日本的电动马桶盖近来又火了。在很多赴日旅游的中国消费者抢购名单中，一种具有除臭、冲洗、烘干、抗菌甚至臀部按摩功能的马桶盖成为人们的"必买"之一，甚至在很多经常有中国旅游团光顾的日本电器店中已经频频出现断货现象。而在有现货销售的商店里，很多中国消费者基本不问牌子不问价格就把这种相当于2000多元人民币的马桶盖一扫而空。这种状况被知名财经作家吴晓波在《去日本买只马桶盖》的文章中描述得淋漓尽致——有日本免税店的营业员用难以掩饰的喜悦神情和拗口的中文说，"只要有中国游客团来，每天都会卖断货。"

北青报记者在采访中了解到，其实这种被中国消费者称为"马桶盖"的产品在日本的学名叫洁身器，由于其科技含量和人性化程度都较高，因此也被称作"智能洁身器"。松下也是在日本被疯抢的马桶盖品牌之一。事实上，多年前松下已经将这一产品引入中国市场，并在杭州设立了生产基地。合肥三洋之前也在中国生产这种洁身器，并且返销日本。"前几年卖的都只能算是不温不火，但最近一段时期火起来了！"据松下的销售人员介绍，其实这种产品在日本非常普遍，即便是公共卫生间的坐便器上往往都安有这种装置。他表示，之前这种产品在中国销售一般的主要原因应该是中国消费者从没有接触过，不了解还有这种功能的产品，一旦知道了，加上价格可以接受，也就出现了抢购热潮。

这个例子也说明，中国生产商与消费者之间的信息沟通存在问题，如果知道日本"马桶盖"是中国产，大多数人不至于去日本老远背一个回来吧。

(资料来源：北京青年报，2015-02-25，有改写)

5. 情感因素

从客户调查中获得的很多证据说明，相当一部分的客户满意度与核心产品或者服务的质量并没有关系。实际上，客户可能对自己与服务提供商及其员工的互动中的大多数方面感到满意，而仅仅因为一位员工的某些话或者其他一些小事情没有做好而使公司的满意度下降并失去了这个客户的业务，员工们却没有注意到那些小事。在服务质量的访谈调查的过程中，客户经常会描述具体的人员服务带给他们的感受如何，而很少有公司对自己的员工给客户的感受如何给予特别的关注。

6. 环境因素

某种客户满意的产品可能不会让另外一个客户满意，同样，在一种环境下令客户满意的服务在另一种环境下可能不会让客户满意。客户的期望和容忍范围会随着环境的变化而变化。

认识到环境中存在的这些区别，对提供高质量的服务和创造客户满意度是很重要的。客户面对每一种服务环境的时候，都带着对结果的期望。通常这些期望都是建立在他们自己从前的经历上或者是他们所信任的那些人的经历上的，公司通过自己在交流上的努力来掌握并分辨出面对的情况，并且对它做出反应，或者训练他们做到这一点。对员工来说，要花费时间和积累经验才能变得善于读懂客户，在许多情况下，员工可以提前做准备。

从客户满意度的直接影响因素来看，可以将影响满意的因素分为不满意因素、满意因素与非常满意因素三类。

(1) 不满意因素。不满意因素是指与客户的希望相反的消极条件或事件。它是客户购买该产品的最低要求，集中在产品或服务的主要方面，如产品质量、应该提供的基本服务、客户意见反馈渠道等。如果产品或服务存在不满意因素，则客户的满意度下降；反之，则客户的满意度既不会提高，也不会下降。这是客户满意的必要条件。

(2) 满意因素。满意因素是指与客户满意期望相当或略好的因素或事件。例如，价格折扣、款式、性能、型号的多样选择性等。满意因素越多，客户的满意度也越高。但是，满意因素并不能弥补不满意因素。例如，客户在专卖店大幅度打折后购买了产品，但后来发现产品质量差，满意因素就会很快为不满意因素抵消。这是客户满意的充分条件。

(3) 非常满意因素。非常满意因素是超出客户事先预料，对其产品积极影响的性能、服务或感受。例如，客户在办理住宿手续时，发现酒店知道他的姓名，安排了他喜爱的楼层与房间朝向，并且在房间里还发现有免费点心、水果，这都是非常满意因素。这是客户满意的激励条件。

企业可以通过减少或彻底消除客户的不满意因素，提供更多的满意因素和非常满意因素来达到提高客户满意度的目的。

二、客户的隐含期望

让客户满意的关键是要理解哪些东西对他们来说是重要的，并且要尽力满足他们的这些期望(如果不能超过的话)。这些期望不仅仅是相关的产品或者服务，许多产品的核心因素隐含客户的真正期望。

客户的隐含期望往往会被不同形式掩盖着，认识到客户的真正需求特别重要，必须将注意力投入到满足真正的需求上，才能提高客户满意度。可以通过提高客户获得的价值，或者通过减少客户的货币或者非货币形式的成本，或者通过某种方式增加客户所得到的价值，从而挖掘并满足客户的真正需求。

一般来说，如果客户的真正期望得到了满足，他们就会满意；而如果超过了这种期望，客户就可能表现出很高的满意度。很显然，在与服务提供者的互动中，客户会优先考虑某些方面的期望。因此，发现并满足客户的隐含期望往往能极大地提高客户的满意度。

【案例6-4】老太太买水果

一位老太太拎着篮子去菜市场买水果。她来到一个小贩的水果摊前问道："这李子怎么样？"

"我的李子又大又甜，特别好吃。"小贩回答。

老太太摇了摇头没有买。她向另外一个小贩走去，问道："你的李子好吃吗？"

"我这里专卖各种各样的李子，好吃的李子多得很。您想要什么样的李子？"

"我要买酸一点儿的。"

"有，我这篮李子酸得咬一口就流口水，您要多少？"

"来一斤吧。"

"别人买李子都要又大又甜的，您老人家为什么要酸的李子呢？"小贩问道。

"我儿媳妇要生孩子了，想吃酸的。"

"老太太，您对儿媳妇真体贴，她想吃酸的，说明她一定能给您生个大胖孙子。"

"我再来一斤吧。"老太太被小贩说得很高兴，便又买了一斤。

小贩一边称李子一边继续问："您知道孕妇最需要什么营养吗？"

"不知道。"

"孕妇特别需要补充维生素。您知道哪种水果含维生素最多吗？"

"不清楚。"

"猕猴桃含有多种维生素，特别适合孕妇，我这就有进口的红心猕猴桃。您要给您儿媳妇买猕猴桃吃，她一高兴，说不定能一下给您生出一对双胞胎。"

"是吗？好啊，那我就再来一斤猕猴桃。"

"您老人家真好，谁摊上您这样的婆婆，一定有福气。"小贩给老太太称猕猴桃，嘴里也不闲着，"我每天都在这儿摆摊，水果都是当天从批发市场找新鲜的批发来的，您媳妇要是吃好了，您再来。"

"行。"老太太被小贩说得高兴，提了水果边付账边应承着。

(资料来源：付遥. 输赢. 北京：北京大学出版社，2015 年改写)

第三节　客户满意度测试与分析

为了使客户满意，企业应对客户满意度进行测试与分析，随时了解客户的满意情况，以便改进企业的客户管理工作。

一、客户满意度指标

客户满意度是衡量客户满意程度的量化指标，通过该指标可以直接了解企业或产品在客户心目中的满意度。下面几个主要的指标数据用来反映客户满意程度。

1. 美誉度

美誉度是客户对企业的褒扬程度。对企业持褒扬态度者，肯定对企业提供的产品或服务满意，即使本人不曾直接消费该企业提供的产品或服务，也一定直接或间接地接触过该企业产品和服务的消费者，因此他的意见可以作为满意者的代表。

2. 指名度

指名度是指客户指名消费某企业产品或服务的程度。如果客户对某种产品或服务非常满意时，他们就会在消费过程中放弃其他选择而指名道姓、非此不买。

3. 回头率

回头率是指客户消费了该企业的产品或服务之后再次消费，或如果可能愿意再次消费，或介绍他人消费的比例。当一个客户消费了某种产品或服务之后，如果心里十分满意，那么他将会再次重复消费。例如，在更换家具、手机、电器时，选择同一品牌；或者虽不重复消费，却向同事、亲朋好友大力推荐，引导他们加入消费队伍。

4. 抱怨率

抱怨率是指客户在消费了企业提供的产品或服务之后产生抱怨的比例。客户的抱怨是不满意的具体表现。通过了解客户抱怨率，就可以知道客户的不满意状况，所以抱怨率也是衡量客户满意度的重要指标。

5. 销售力

销售力是指产品或服务的销售能力，例如销售额、品牌、市场占有率、利润率等。一般而言，客户满意的产品或服务就有良好的销售力，而客户不满意的产品或服务就没有良好的销售力，所以销售力也是衡量客户满意度的指标。

二、客户满意度的测试对象

不同的客户在事前对企业的期待是不同的，有的客户容易满意，有的客户却不容易满意。因此在测试客户满意度时，仅调查少数人的意见是不够的，必须以多数人为对象，然后再将结果平均化。

1. 现实客户

客户满意度测试的对象一般是现实客户，即已经体验过本企业商品和服务的现实(既有)客户。实际上，大多数的企业不是因为吸引客户过少而失败，而是由于未能提供客户满意的商品或服务而使客户流失和业绩减退。因此，测试并提高现实客户满意度非常重要。它投入少，但效果很明显，因为它是以特定客户为对象的，目标固定。

2. 购买者和使用者

客户满意度测试的对象是以商品或服务的最终使用者还是以实际购买者为测试对象，这是需要预先明确的。由于商品或服务的性质不同，这两者经常存在差异。通常的理解是把购买者与最终使用合二为一，这在很多情况下是事实。以购买者为测试对象，这是通常的做法。

但有的购买者不是消费者或使用者。例如，以企业使用为主的生产资料，其使用者多是制造部门，而购买者则是供应部门。再比如说要买玩具的儿童，虽然他们是最终使用者，但购买者大多数是父母，在与购买者发生分离的情况下，谁的需要应该优先考虑呢？也就是说，以谁为测试对象呢？当然企业的理想是使这二者都满意，可以将两者都列为测试对象。在发生困难的情况下也要注意使二者能达到一定的均衡。

3. 中间商客户

中间商是为卖而买，有些企业并不与消费者直接见面，而是需要经过中间商环节。中间商对产品与企业的满意度与消费者就有所不同。而消费者客户对产品或服务的满意度，与批发商、零售商这样的中间商又有很大关系，因此测试中切不可忽略对中间商的测试。

4. 内部客户

客户满意度的测试不仅要包括传统的外部客户的调查，还要包括企业内部客户的调查。实际上，企业作为对外提供商品和服务的整体，内部各部门彼此之间也应该以对待外部客户那样的方式相待。只有整个流程的各部门都能为其他部门提供满意的商品或服务，才有可能最终提供给客户(消费者)满意的商品或服务。

三、客户满意度的测试内容

表 6-1 和表 6-2 分别列出了消费者和中间商这两类客户满意度测试的内容。

表 6-1　最终使用者满意度测试内容

最终消费者满意度测试内容	商品的品质	商品功能及多样化、品质、设计、颜色、品牌、售后服务等
		使用说明书、培训等软件服务
	服务的品质	人性化服务
		自动化服务
		信息化服务
		功能化服务
		系统化服务
	其他服务	绿色环保服务
		社会公益服务

表 6-2　中间商类客户满意度测试的内容

中间商满意测试的内容	商品	多样化、品质、功能、包装、品牌、效益
		使用说明书、培训等软件服务
	服务	交货期
		技术能力
		经销支援、信息沟通
		销售人员的质与量
		物流
		经济性
		买卖条件
	企业形象	品牌形象
		社会的贡献度

四、客户满意度的测试方法

常见的客户满意度的测试方法有以下四种。

第一种方法可以通过询问直接衡量，如"请按下面的提示说出你对某服务的满意程度：很不满意、不太满意、一般、比较满意、很满意"(直接报告满意程度)。

第二种方法可以要求受访者说出他们期望获得一个什么样的产品属性，以及他们实际得到的是什么(引申出来的不满意)。

第三种方法是要求受访者说出他们在产品上发现的任何问题及提出的任何改进措施(问题分析)。

第四种方法是公司可以要求受访者按产品各要素的重要性不同进行排列，并对公司在每个要素上的表现做出评价(重要性/绩效等级排列)。

最后这种方法可以帮助公司了解它是否在一些重要的因素方面表现不佳，或在一些相对不重要的因素方面过于投入。研究显示，在收集有关客户满意的信息时，询问客户有关再次购买和推荐的问题，也是十分有价值的，它们共同构成了客户满意度调查指标。在具体操作中，如果企业采用定性方法进行调查，可以用非常不满意、不满意、一般、比较满意、非常满意来表示，也可以用百分制区间表示，如 0~20 代表非常不满意，21~40 代表不满意，41~60 代表一般，61~80 代表比较满意，80~100 代表非常满意。

如果要获得客户满意度数据，需要进行定量调查。企业首先要具备客户档案数据库，以便能快速、准确地找到客户，这是企业的基础管理工作。

定量调查通常包括的必要步骤有：①确定调查目标、对象与范围；②确定调查方法；③问卷的设计和预调查；④调查人员的挑选和培训；⑤实际执行调查；⑥调查问卷的回收和复核；⑦问卷的编码录入和统计分析。

客户满意度调查表要请专业人员或专业公司设计，精心挑选调查项目。问题可以采取直接提问式、间接提问式、排序式、引出式等。提出问题时应注意策略，不能涉及客户隐私，不能让客户不舒服或有取宠客户之嫌。同时项目不能太多，应根据近一段时间发生的问题有侧重点地提出。表格结构与问题应尽量简洁明了，让客户容易回答。

表6-3 客户满意度调查表栏目

调查栏目	内容与范围
基本项目	客户基本情况、购买的产品或服务、产品取得方式及时间等
总体满意度	客户对企业总体的满意度评价
产品指标	产品的性能、价格、质量、包装等
服务指标	包括服务承诺、服务内容、响应时间、副人员态度等

续表

调查栏目	内容与范围
沟通与客户关怀指标	如沟通渠道、主动服务等
与竞争对手比较	产品、服务等方面的比较
再次购买率和向其他人推荐次数	客户再次购买和向其他人推荐，从中可分析客户忠诚度
问题与建议	客户自由提出问题，并对企业提出建议

第四节　产品满意管理

产品满意是客户满意的前提。客户与企业的关系首先体现在产品基础上，从这个基础关系出发才有全面的客户满意，离开了这个基础，就没有客户满意的根据。

一般认为，要做到产品满意，就要做好下列三个方面的工作。

一、了解客户需求

产品必须满足客户的需求，而要达到这一点，首先要了解客户需求的构成，即要认真了解客户的总体要求是什么，如何做到使客户满意。所有取得战略成功的企业，其共同点都是极其重视客户意见，认真研究客户要求的实质内容，并采取相应措施认真加以解决。这里所说的实质，是指客户需求的本质。客户在购买某种产品时，实际希望得到的并不是其物质本体，而是这种产品所带来的服务，即产品的使用价值。而且客户所要求得到的不仅是一种服务，而是在寻求一种服务的"群"。

需要强调的是，客户的需求是相当大的"群"。构成这种"群"的每个要素都会对产品引起需求，区别于竞争对手的关键也在这方面，并由此而产生竞争状态的变化。这种变化是需求群中的重点移动所引起的。但是即使重点产生移动，需求群的总体仍然是作为企业存在的必要条件。因此，企业必须经常研究、分析这种"需求的群"。例如，通常讲的产品的三个层次，就构成了这种"群"，而产品的不断开发创新，就是"群"的重点不断变化的结果。

【案例6-5】"老年"手机

我国人口老年化程度越来越高，某公司决定生产一种适合老年人使用的手机，以满足老年人的需求。那么老年人使用手机主要做什么呢？他们在全国各地针对55～80岁的老年人进行了抽样调查。发现老年人对手机的主要要求是：①能打电话，收听播放，报时示警；②价格实惠，携带方便，待机时间长；③显示字体大，有固定联系功能(如与亲人、医院、单位等)。掌握了这些需求"群"以后，该公司开发出各种式样的"老年"手机，深受市场的欢迎，取得了良好的效益。

(资料来源：李光明. 客户管理讲义. 2015)

在需求群的构成要素之间，在客户的不同层次之间，存在着关联性；这其中既有内在的自发作用因素，也有企业方面主动实现的因素。如果企业能够有效地充分制造并利用这种互动，适应客户需求的状态就容易实现了。

二、适应客户需求

客户的需求是变化发展的，企业适应客户需求可以主要从三个方面做好工作。

1. 发展核心业务适应客户需求

"客户需求群"主要可分为产品、辅助服务、价格三大类，也可以进一步细分。在这些众多的业务中企业重点解决的中心问题应该是感动和吸引客户。企业吸引客户的手段，不可能是平均适度的，应该有核心的内容。产品的性能也好，服务也好，价格也好，如果都成为企业吸引客户的要点，那么企业产品或服务也就没有特色了，同时经营资源也不能集中使用，适应客户战略最终将难以实现。因此，明确吸引客户要点的核心是十分必要的。

因此，企业如果把产品的性能、质量作为吸引顾客的重点，那么就应该在产品开发设计和质量管理等方面重点分配资源，同时也需要培养开发导向很有力的企业精神。如果把辅助服务作为吸引顾客的重点，那么市场销售的强度、服务和流通体制的配备、资金保证以及有关的技能知识等，都是必要的内容。对于想以价格因素作为核心内容来吸引顾客的企业，成本是至关重要的。为此，连续的设备投资、力求生产体制合理化、生产技能知识的积蓄、原材料供给体制合理化等，都将成为资源相对集中的重点领域。

明确吸引客户要点的核心与业务活动领域的基本战略方针紧密相关，企业必须把吸引客户要点的业务活动置于自己有力的控制管理之下。重点放在产品性能上的企业，不能把产品开发委托他人进行；重点放在辅助服务上的企业，必须把售后服务和流通系统置于自己强力控制管理之下；而考虑价格为重的企业，不能在根本的生产技术上长期依靠他人。

2. 用客户影响客户，需求联结需求

客户之间存在着各种意义的相互影响作用。有时是由于企业活动促成的，有时是自然发生的，客户群体对一个企业的互相影响具有合成的作用。例如某个企业购入一种设备后，其他企业看着好，也想购入相同的设备；这些购买这种设备的企业成为活广告，招来了其他的客户，使客户越来越多，这就是"客户吸引客户"的现象。利用这种效果的战略要点，是集中精力和资源赢得成为市场上活广告的客户，并且研究如何有效地利用这种由客户创

造出来的波及效果。

在客户之间的相互影响中，另一种比较明显的现象是"需求联结需求"，彼此吸引的现象不仅是发生在客户之间，即使在一个客户上，也可能有需求吸引需求的情况。例如，一个人有了文字储存处理的电脑，接着又想有功能更全的电脑；新建了住宅后，自然有维修和改建的需求；打算买毛衣去了百货商店，看到流行时装的总体式样后，很想连裤子带鞋都有配套。总之，在满足客户的任何一种需求时，会派生出其他一些需求。

需求联结需求的原因是若干需求在客观上连锁式地联系在一起的，一个需求表现出来，自然产生具有其他需求的可能性。如果能够有效地利用这种可能性，抓住连锁式的需求总体，就能以较小的负担取得较大的效果，这可以说是一种杠杆作用。

3. 创新产品，促进需求

在需求变化中，存在着不确定性和引导的可能性。最积极的办法是自己主动去促其发生变化，创新产品，促进需求。为了达到创新产品，促进需求必须注意观察正在发生的客户需求变化的内容。企业为了快速准确地抓到情报，要有两个条件：第一，企业必须有盯住需求变化并收集情报的体制；第二，企业必须有和客户联系的可靠的情报渠道。

三、提供满意产品

企业了解客户需求与适应客户需求的最终目的，是为客户提供满意的产品，从而实现客户满意。产品满意的内容主要包括有以下两个方面。

1. 产品功能满意

产品功能也就是产品的使用价值，这是客户花钱购买的核心。客户对产品的功能需求有两种形式：一是显在功能需求，这是客户明显认同到的，能够通过调查信息反映出来；二是潜在功能需求，这是客户没有明显意识到的，不能通过调查信息完全反映出来，但如果企业能向客户提供，他们一定会满意。因此，研究产品的功能需求，一方面可以通过消费者调查实现，另一方面可以借助创新推论让客户确认。

客户对产品功能需求包括以下几个方面。

(1) 物理功能需求。物理功能是产品最核心的功能，也是其最原始的功能，是产品存在的基础。失去了物理功能，产品也就失去了存在的价值。物理功能需求，是客户对产品的主要需求。客户之所以愿意购买，首先是消费它的物理功能，但由于消费需求的层次不同，所以即使是同一物理功能，不同客户的需求也不尽一致。

(2) 生理功能需求。生理功能需求是客户希望产品能尽量多地节省体力付出，方便使用。生理功能需求与物理功能需求相比，处于次要位置，只有物理功能需求得以满足后，人们才会更多地考虑生理功能需求。

(3) 心理功能需求。心理功能需求是客户为满足其精神需要而提出的。在产品同质化、需求多样化、文化差异突出的消费时代，心理功能需求及其满足是企业行销的重点。客户在心理功能需求上主要包括：审美心理功能需求、优越心理功能需求、偏好心理功能需求、习俗心理功能需求、求异心理功能需求。

2. 产品品位满意

产品品位满意是产品在表现个人价值观上的满意状态，是客户主观认同的体现。产品除了使用功能外，还有表现个人价值的功能。产品在多大程度上能满足客户的个人价值需求，不仅决定着产品的市场卖点，还决定着客户在产品消费过程中的满意级度，从而进一步决定着消费忠诚。所以，根据客户对产品品位的要求来设计产品品位是实现产品品位满意的前提。产品品位满意表现在以下三个方面。

(1) 价格品位。价格品位是产品价格水平在客户心理上的认同。从理论上讲，消费者在购买产品时总是寻求功能与价格间的合理度即性价比，但事实上不同客户对功能的要求与价值判断是不同的，因而对价格的反映也不同。有人追求低价格，有人追求高价格，同一客户在不同产品上的价格品位也会有所不同。企业应根据客户的价值要求制定适当的价格策略，以满足客户的价格品位。

(2) 艺术品位。艺术品位是产品及其包装的艺术含量。艺术含量高，则产品的艺术品位高；否则，艺术品位就低。一般而言，客户都欣赏艺术品位高的商品，一方面艺术品位高的商品给人以艺术享受；另一方面消费艺术品位高的商品不仅是消费者自我感受，而且也向他人展示自身的艺术涵养与艺术修养。产品也成为客户个人艺术品位的展示。

(3) 文化品位。文化品位是产品及其包装的文化含量，是产品的文化附加值。一个看似十分平凡的产品，一旦富含了丰富的变化，那么它就有可能身价百倍。产品的文化品位是其艺术品位的延伸，不同的消费者群有不同的文化，消费的文化特征也越来越突出地体现出来。有时，往往无法从功能或价格的角度解释某一层面的消费形象或某一具体消费行为，说到底，这就是产品消费的文化底蕴。例如中国的白酒，大多品牌均蕴含了丰富的"酒文化"。

第五节　服务满意管理

传统的客户服务从属于产品销售的一个环节是产品的附属品。在市场竞争异常激烈，特别是在同类产品间的技术差异愈来愈小、消费者对服务品质愈来愈苛求的今天，客户服务质量在竞争中的地位已发生质的变化，服务已上升为竞争的重要环节。服务满意已经成为赢得客户满意的保证。

一、服务是产品功能的延长

从产品销售角度讲，有服务的销售才能充分满足用户的需要，缺乏服务的产品只不过是半成品，所以服务是产品功能的延长。未来企业的竞争目标集中在非价格竞争上，非价格竞争的主要内容就是服务，服务在销售中已成为人们关注的焦点。

服务深刻地体现了企业与消费者利益的一致性。优良的服务，可以得到客户的信任，正是从这一意义上讲，现代的品牌经营，不仅是销售产品，而且还要使消费者获得温馨的感觉、愉快的体验、充分的满足感以及对将来的憧憬。服务已成为一种人们迫切需要的产品形式。正确的服务，不在于用来维持产品销售，而是针对客观需要而进行的。

二、实施服务满意的方法

1. 树立良好的服务意识

服务意识是企业的理念，必须贯彻到企业的全部系统中。而作为一种意识，它不仅由规则来保持，还要内化在员工的思维里，经过训练才能逐渐形成，成为一种自觉的思想体系。服务意识训练可以分为三个步骤：掌握服务理念、分析服务得失、测定服务意识。

【案例6-6】电话服务引起的官司

广西某地方银行采用了为客户挂失的电话服务。有一客户因其银行卡丢失，急忙用电话挂失。但该银行的电话服务系统非常复杂，要按9个键层层进入，最后才能达到客户挂失服务，中间还有该银行的客户理财广告。结果该客户的存款在挂失完成前6分钟被全部取完，共计5.1万元。该客户认为是银行的电话挂失服务延误了时间而造成了他的损失，于是将银行告上法庭，要求银行予以完全赔偿。法院最后判决客户自己应负80%的责任，而银行由于没有尽到安全责任，负责赔偿客户20%的损失。

(资料来源：李光明. 客户管理讲义. 2015)

从案例可以看出，该银行并没有真正的客户服务意识和理念。

2. 建立完整的服务指标

服务指标是企业内部为客户提供全部服务的行为标准。仅有服务意识并不能保证有满意的服务，企业还要建立一套完整的服务指标，作为服务工作的指导和依据。如果说服务意识是服务的软件保证，那么服务指标就是服务的硬件保证。

服务指标可以分为伴随性服务指标和独立性服务指标两部分。伴随性服务指标是伴随产品销售过程中的服务指标。它的内容包括：售前服务指标、售中服务指标、售后服务指标。独立性服务是指并不直接发生产品交换的服务，如旅游、宾馆、娱乐等服务。伴随性服务消费的是产品，服务是为了保证更好的消费；而独立性服务消费的是服务，服务是客户购买的目标。

在不同的行业，独立性服务的行为指标是不一致的。在同一行业，不同职务、岗位又提供着不同的服务内容。如一个酒店，其服务指标可以分为前厅人员服务指标、客房人员服务指标、后勤人员服务指标、管理人员服务指标等。

服务指标的建立工作是进行客户满意管理设计的关键内容。企业能否顺利地导入客户满意战略，关键就在于是否建立了一套以客户为轴心的服务指标体系。这一套体系，不仅是员工提供优势服务的依据，也是确立客户满意度的基础。

3. 加强服务满意度考查

(1) 服务满意度考查方式。①按时间分定期考查和进行性考查；②按对象分为全面考查、典型考查和抽样考查；③按方法可以分为直接考查、谈话考查和问卷考查。

(2) 服务满意度考查内容。①员工意见考查。这是要了解员工对服务工作的意见，一方面可以据此改进管理人员的工作方法，另一方面可以修正不恰当的规定。②客户满意级度考查(CSM考查)。服务的最终目的是客户满意，要全面了解客户状况，必须实施CSM考查。③内部客户满意级度考查。主要是考查企业内部各部门、各程序、各环节之间的相互服务状况。了解这种状况，不仅可以考查各部门的服务水平，而且可以借此改变工作状况，提供更为优秀的内部服务。

4. 强化服务满意的行为

当员工按照企业拟定的服务指标完成了使客户满意的服务时，企业必须对其行为进行强化，以巩固和发扬这样的行为。

(1) 赞许。这是一种最简单易行的强化手段，赞许的方式有当面称赞、当众夸奖、通报表扬等。

(2) 奖赏。奖赏分物质奖赏和精神奖赏两个部分。

(3) 参与。让优秀员工参与企业的重大决策，以满足其自我实现与尊重的需要，也是一种行之有效的行为强化措施。参与的方式可以包括列席某些重要会议、入选有关委员会、聘为某方面客户、大事征询其意见等。

(4) 职务提升。对表现优秀又具备领导才能者，可以提升其职务，不仅赋予他更多的权力、责任，也提供优厚的待遇。

第六节　客户不满意管理

在销售过程中，经常会听到客户的抱怨：价格高、服务差、质量不可靠……客户的抱怨就是客户不满意的一种表现，而企业只有重视并促使客户满意，才能创造更多的客户价值，获得立足市场的资本。

一、正视客户不满

客户表示不满可能会给企业带来麻烦，但也给了企业与客户深入沟通、建立客户忠诚的机会。同时，一切新产品的开发、新服务的举措，无一不是为了消费者需求的某种满足，而这些潜在的需求往往表现在客户的购买意愿和消费感觉上。商家要通过对客户的牢骚、投诉、退货等不满意举动的分析来发现新的需求，并以此为源头，提升企业的创新能力。

1. 不满之中蕴含商机

客户对产品的不满往往蕴含着巨大的商机，正确地分析客户的不满可以使商家更易抓住商机，提高业绩。

> **【案例6-7】小袋洗发液的问世**
>
> 某日用化工企业的老总参加一次会议。会议中间休息喝茶时，他听到几位参加会议的女宾在闲聊。然后听到女宾们讲到自己公司出产的一款洗发液，她们对产品的性能效果大加赞扬，就是抱怨洗发水的瓶子太大，一次出差用不了那么多，又不好携带，要是能装成像小袋饼干、榨菜一样，一袋一次用，携带就方便了。这位老总回到企业，马上进行小袋洗发水的开发。产品推向市场后果然大受欢迎，取得了很好的效益。
>
> (资料来源：李光明. 客户管理讲义. 2015)

2. 客户不满是创新源泉

产品创新是发现和解决客户并没有提出要求，但他们会热情响应的需要。华为公司是一个营销创新的典型。他们十五年来投入了上千亿，打造了一个以客户需求为导向，前端引导客户、末端服务客户的流程链。例如华为手机，就从名不见经传打造成了名列世界第三的品牌。而支持华为不断创新的机制里，就有解决客户不满的微创新策略。

3. 客户不满促使服务完善

有人说，现在客户是越来越难"伺候"了：看报纸要送到门口，买袋米要送到家、买个空调要安装妥当、买斤肉要剁成馅儿、买个电脑你要教会他上网，一步没做到便会引起客户的不满。但回头来看一看，这些当初无理的要求，如今都已成了商家争夺客户的法宝。客户对商家服务的不满意，然后提出的看似"无理"的要求，往往正是商家服务的漏洞。企业要想完善服务，就可以依靠客户的"无理取闹"来打破"有理的现实"，促进服务的不断完善。

二、洞察客户不满

当客户对企业的产品或服务感到不满意时，通常会有两种表现：一是显性不满，即客户直接将不满表达出来，告诉商家；二是隐性不满，即客户不说，但从此以后可能再也不来消费了，无形之中使企业失去了一个客户，甚至是一个客户群。对显性不满企业往往注重处理，而对隐性不满企业却疏于防范。据调查显示，隐性不满往往占到客户不满意的70%，因此，企业应对这种隐性不满多加注意。这就对销售人员观察、领会客户的表情、神态、行为举止的能力提出了更高的要求，着实做到未雨绸缪，即洞察客户不满。国外很多大型的超市商场，对这种不满都比较注意。例如特易购，他们要求收银台有两名以上客户排队时，就立即做出反应，增开收银口，疏导客户，将客户的不满化解于无形之中。

三、安抚客户不满

当客户表现出不满意时，企业应该去迅速了解客户的不满，这就要求工作人员掌握倾听、安抚和平息客户怒火的技巧。

1. 学会倾听

(1) 以诚恳、专注的态度来听取客户对产品、服务的意见，听取他们的不满和牢骚。倾听客户不满的过程中要注视着客户，使其感到企业对他们的意见非常重视；同时，必要时工作人员还应在倾听时拿笔记下客户所说的重点。这些虽不能彻底安抚客户，却可以平息客户的怒火，防止事态进一步扩大。

(2) 确认自己理解的事实是否与对方所说的一致，并站在对方的立场理解。

2. 安抚客户

(1) 客户在开始陈述其不满时，往往都是一腔怒火，工作人员应在倾听的过程不断地表达歉意，同时允诺事情将在最短时间内解决，从而使客户逐渐平静下来，怒火平息。

(2) 控制局面，防止节外生枝、事态扩大。有许多客户往往因自己的不良动机而故意夸大自己的不满意，以求"同情"，实现自己的"目的"。如一客户家中冰箱出现问题，他在陈述中就说冰箱是异常耗电的，保鲜箱与冷冻箱设计是多么不合理、容易出现异味、容量太小，等等。这时就需要客服人员在倾听的过程中准确判断客户的"真正"不满之处，有针对性地进行处理，从而防止节外生枝、事态扩大。

四、辨别客户不满

企业在处理客户的不满时，要判断出客户不满意的善恶之分，并结合实际情况进行具体处理。面对恶意不满企业要迅速了解情况，控制局面，拿出应对措施，防止节外生枝；而对善意不满则要多加安抚，赠送礼物，提供更优质的服务来拉住客户。企业要针对客户的申诉，迅速查找出引起客户不满的真实原因，才能在处理过程中做到心中有数，有的放矢。

1. 认准善意不满

大多数消费者投诉时确实对企业的产品或服务感到不满，认为企业的工作应该改进，其出发点并无恶意。不满完全是企业工作失误或客户与企业之间沟通不畅造成的，如饭店的饭菜不合客户口味，企业的产品质量与客户的要求不符，企业认为客户能操作的机器客户却不会等。这些原因造成的客户不满，企业若经过认真处理，则可以增加客户的忠诚度。

2. 区分恶意不满

随着市场竞争的白热化，企业间竞争的手段也更加复杂。有些厂家会利用客户不满意这种武器，向竞争对手发动攻击。也有的是社会上的不良分子，有意利用甚至故意制造事端，以胁迫企业，获取利益。

【案例6-8】啤酒里的苍蝇

清泉啤酒公司的区域经理小张拜访他的批发商客户王老板，客户中午请吃饭。二人来到餐馆，餐馆老板就迎上来，紧张地对王老板说："哎呀，你来得正好。那边有两个客人正在找麻烦，他们说喝的清泉啤酒有问题，啤酒我是从你那里拿的货，你帮处理一下吧。"王老板笑道："来得早不如来得巧。正好清泉的张经理在这，请他处理最好！"

张经理随餐馆老板来到那二位客人桌边，老板将他介绍给客人。一位年轻人拿起桌上的一瓶清泉啤酒，对张经理说："你看看，这清泉能喝吗？里面有苍蝇！"另一位客人在一旁嚷嚷至少要赔偿10万元。小张拿过酒瓶仔细看了看，确有一只苍蝇在里面，瓶口也没有开盖的痕迹。他想了想说道："两位老板，今天这事不管如何，先由我处理。第一，这瓶酒不能喝了，我们把它封起来，马上交给质量管理部门检验。第二，我现在就送一箱清泉啤酒给两位，这餐饭就算我请二位了；第三，如果检验结果出来，是我们公司的问题，那我们就按国家的规定予以赔偿。"接着，他叫王老板打通了当地质监局和工商局的电话，马上来人将有苍蝇的啤酒带回去检验。餐馆老板也来劝说，并保证妥善处理，两位客人再也不好说什么，只好悻悻地坐下喝酒吃饭。

一星期之后，检测结果出来，苍蝇是有人打开瓶盖放进去的。清泉公司立即向警方报案。一个月后，一个诈骗团伙落网，其成员中就有用苍蝇诈骗清泉公司的那两个人。

后来，王老板问张经理："不少公司碰到那种情况大都会给几万块钱'私了'，你当时是怎么想的？"张经理回答说："根据我对公司生产流程的了解，整个啤酒生产过程是全封闭的，不可能有整只的苍蝇留在酒里。当时我肯定是有人放进瓶里的，问题就出在销售或消费环节。所以我先稳住他们，要求质检、工商部门出面处理，以便获得证据，将他们绳之以法。"

（资料来源：李光明. 客户管理讲义. 2015）

五、妥善处理客户不满

对于客户提出的不满若处理不当，就有可能小事变大，甚至殃及企业的生存；若处理得当，客户的不满则会变成满意，客户的忠诚度也会得到进一步提升。

1. 真心真意为客户

客户有不满时，企业只要真心真意为客户服务，想客户之所想，急客户之所急，积极采取措施，就能把客户的不满转化为"美满"，实现企业与客户的双赢。

有的客户不满也可能对事情不够了解，信息沟通不够。在处理此类客户的"无意不满"时要做到耐心解释，及时沟通，有理有据，合情合理。

【案例6-9】银行的"固执"

2014年，中央电视台有一则报道。说是在某地一家银行里，一位大妈在大吵大闹，要求将自己账户里的20万元转到外地的一个账号去，银行工作人员不给她办理，大妈很愤怒，甚至躺在大堂的地上打滚。过了一会儿，派出所的民警也来了，了解到银行认为可能有人骗取大妈的钱，所以暂时不帮她办理手续，想请民警找到大妈的子女或家人来劝说。大妈却说，对方让她在1小时内转20万到这个账号，就可以获得40万的回报，是个理财产品。最后，民警将大妈的女儿找来，又通过电话进行查询，确定是一个诈骗骗局。银行的"固执"帮大妈避免了损失。

（资料来源：李光明. 客户管理讲义. 2015）

2. 选择处理不满的最佳时机

在什么时候处理客户的不满意才能起到最佳效果呢？处理过快，客户正在生气，双方难以进行良好的沟通；而过慢，事态扩大，则造成客户流失。例如三株口服液使人致死的事件虽然最后查明不是三株的原因，但由于三株事件处理过慢，加上策略使用不当，使得三株的形象受到极大的伤害，加速了企业的溃败。因此，工作人员要根据客户的具体情况选择合适的处理时机。

3. 给予适当的补偿

当客户的不满意是因为企业工作的失误造成的时候，企业要迅速解决客户的问题，并予以适当的补偿，最大限度地平息客户的不满。企业可通过向客户赠送小礼物、纪念品、提供企业产品的后续服务来维护与客户之间的关系。

4. 客户不满意处理效果评估

处理客户不满意不是"客户走人"就算了，企业要加强同客户的联系，派专人同客户进行沟通。在同客户沟通过程中，企业应对实际的处理效果进行必要的评估，了解每一次不满处理的效果是否达到了预期的目标，是否加深了与客户之间的联系，是否提高了客户的忠诚度。

评估要从以下几个方面进行：①客户是否满意企业处理不满意的效率；②处理的方法是否令客户满意；③处理结果是否达到了客户的要求；④客户有无其他要求；⑤引起客户不满之处是否得到了改善等。

通过对上述问题的分析和评价，企业可充分了解客户对处理效果的满意程度，从而在以后的工作中加以完善，并通过工作人员工作中表现出的诚意，打动客户的心，培养其忠诚度。

六、"不满意"危机公关

忽视客户的不满意，稍有不慎就会给企业带来严重的后果。而树立"不满意"公关意识，有助于企业及时做好准备，采取有效的策略化解客户的不满意。

1. 树立全员"不满意危机公关"意识

企业只有树立了全员"不满意危机公关"意识，认识到不满意处理不当可能会给企业造成的危害，企业的工作人员才不会置客户投诉而不理，或相互推诿，而是以一种积极的心态去处理客户的不满意，直至客户满意。

2. 定期进行满意度调查

企业应定期组织客户进行满意度调查。通过调查，企业可以得知客户对企业产品或服务的满意程度，了解到企业对客户满意度影响较大的是哪些方面，企业存在的不足是什么，客户最不满意的是什么，应如何改进等，进而做出对策，扼杀客户不满意的萌芽。

3. 设立专门的客户投诉部门

根据调查得知，95%的不满意客户不会投诉，他们所做的仅仅是停止购买。因此，为方便客户投诉，企业要设立一个专门的客户投诉部门并设置便捷的投诉方式，尽量将客户的不满意化解于企业内部。对此，企业可安排建议表格、免费投诉电话和电子信箱地址等。另外，专门的客户投诉部门也可使客户的投诉更加便捷，同时可避免出现客户投诉时员工互相推卸责任现象的发生。3M 公司就是采用设立专门部门来处理客户的投诉，迅速转化客户的不满意。3M 公司骄傲地说，它的产品的改进有 2/3 来自于客户的建议。

尽管以客户为中心的企业寻求创造客户的满意，但却未必要追求客户满意的最大化。如果企业一味通过降低价格或增加服务来提高客户的满意，那么这可能会降低企业利润。因此，企业还应遵循这样一种理念，在总资源一定的限度内，企业必须在保证其他利益关系方(雇员、经销商、供应商、股东等)至少能接受的满意水平下，尽力达到高水平的客户满意。

第七节　客户投诉管理

从不同的反馈途径来看，客户不满而投诉对企业行为的监视作用最为明显。一个企业要面对各式各样的客户，每日进行着庞大、复杂的销售业务，要做到每一项业务都使每一个客户满意是很难的。客户对于所购买的商品或服务多少都有某些疑问或不满，客户的投诉是反映这些问题的一种主要方式，并且是主动的客户反馈方式。因此，客户投诉和抱怨是难免的。当客户不满意某种产品或服务时，他可以说出来，也可以一走了之。如果客户拂袖而去，企业连消除他们不满的机会都没有，客户把不满埋在心里更为危险；而投诉的客户仍给予企业以弥补的机会，他们极有可能下次还会来买。因此，客户投诉从表面上看是个麻烦，其实是给企业一个难得的发现问题和纠正错误的好机会。所以，企业应积极、正确地处理投诉，变威胁为一种消除客户不满、改善企业与客户关系的机会，只要正确对待，就可以将客户投诉转变为企业的收益。

一、客户投诉的意义

1. 改进产品缺陷

企业或销售组织可以从客户的投诉、建议与意见中，发现自身经营管理上存在的问题。客户投诉有利于纠正企业营销过程中的问题和失误，发现产品生产和开发中存在的问题，并且企业还可以利用客户投诉，有意识地给相关部门施加压力，不断地改进或改善工作。因此，客户投诉管理不只是单纯处理投诉或满足客户的需求，客户投诉还是一种非常重要的"反馈信息能动开拓"。因为客户投诉还可能反映企业产品或服务所不能满足的客户需要，主动研究这些需要，可以帮助企业开拓新的商机。尤其是当企业面临革新的时候，为了使新产品能够顺利上市并引起良好的反应，企业必须倾听客户的意见。

2. 再次赢得客户

向企业投诉的客户一方面要寻求公平的解决方案，另一方面也说明他们并没有对企业绝望，而是希望企业再尝试一次。企业积极且系统地处理来自客户的咨询、建议与投诉，通过补偿客户在利益上的损失，可以赢得客户的谅解和信任，维护企业的良好形象，保证企业与客户关系的稳定和发展。许多投诉案例说明，只要处理得当，客户大都会比发生失误之前具有更高的忠诚度。企业不仅要注意客户的某一次交易，更应该计算每个客户的终身价值，重视建立和保持客户忠诚度的每一个细节，与客户保持良好的关系。从这个意义上说，企业不应惧怕客户投诉，而应热情地欢迎客户投诉。

3. 提升企业形象

客户投诉如果能够得到快速、真诚的解决，客户的满意度就会大幅度提高，他们会自觉不自觉地充当企业的宣传员。客户的这些正面口碑不仅可增强现有客户对企业的信心和忠诚度，还可对潜在客户发生影响，有助于企业在社会公众中建立起将客户利益置于首位、真心实意为客户着想的良好形象。优秀的企业都会加强同客户的联系，都非常善于倾听客户的意见，不断纠正企业在销售过程中出现的失误和错误，补救和挽回给客户带来的损失，维护企业声誉，提高产品形象，从而不断地巩固老客户，吸引新客户。

二、客户投诉的范围

因为销售的各个环节均有可能出现问题，所以客户投诉可能包括产品及服务的各个方面，总的来说，可以归纳为以下几个方面。

1. 商品投诉

商品质量投诉主要包括产品在质量上有缺陷、产品规格不符、产品技术规格超出允许误差、产品出现故障等。

2. 合同投诉

合同投诉主要包括产品数量、等级、规格、交货时间、交货地点、结算方式、交易条件等与原交易合同的规定不符。

3. 物流投诉

物流投诉主要包括货物在运输途中发生损坏、丢失和变质或因包装或装卸不当造成的损失等。在网上销售的货物，物流投诉是主要的问题。

4. 服务投诉

服务投诉主要包括对企业提供的服务质量、服务态度、服务方式、服务技巧等提出的批评与抱怨。

三、客户投诉处理程序

客户投诉处理流程包括以下几个步骤。

1. 记录投诉内容

有效处理投诉的重要条件之一是利用设计合理的投诉表格，利用客户投诉登记表详细记录客户投诉的主要内容，如投诉人、投诉对象、投诉要求等。因此，企业在客户投诉处理过程中，需要设计、填制、整理一系列的投诉管理表格，以帮助问题得以有序处理。

2. 判断投诉性质

了解客户投诉的主要内容后，要确定客户投诉的理由是否充分，投诉要求是否合理，属于何种投诉。如果投诉不能成立，即可以婉转的方式答复客户，取得客户的谅解，消除误会。

3. 确定处理部门

根据客户投诉的内容，确定相关的具体受理单位和受理负责人。如属运输问题，交储运部处理；若属质量问题，则交质量管理部处理。

4. 分析投诉原因

要查明客户投诉的具体原因及造成客户投诉的具体负责人。

5. 提出处理方案

根据实际情况，参照客户的处理要求，提出解决投诉的具体方案，如退货、换货、维修、赔偿等。

6. 提交领导批示

对于客户投诉问题，企业领导应予以高度重视，主管领导应对投诉的处理方案一一过目，并及时做出批示。根据实际情况，采取一切可能的措施，挽回已经出现的损失。

7. 实施处理方案

处理直接责任者，将处理方案通知客户，并尽快地收集客户的反馈意见。对直接责任人和部门主管要按照有关规定进行处罚，依据投诉所造成的损失大小，扣罚责任人一定比例的绩效工资或奖金。同时对不及时处理问题造成延误的责任人也要进行追究。

8. 总结评价结果

对投诉处理过程进行总结与综合评价，吸取经验教训，提出改善对策，不断完善企业的经营管理和业务运作，以提高客户服务质量和服务水平，降低投诉率。

从某种意义上说，恰当地处理投诉是最重要的售后服务。一个企业不应该一方面花费数百万用在广告和促销活动上以达成交易和建立客户忠诚度，另一方面却又对客户的合理投诉置之不理。

四、建立投诉管理体制

为了保证企业各部门处理投诉时能保持一致、通力配合，圆满地解决客户投诉，企业应明确规定处理客户投诉的规范和管理制度。

1. 建立组织制度

企业要有专门的制度和人员来管理客户投诉问题，并明确投诉受理部门在公司组织中的地位，要明文规定处理投诉的责任人，规定处理投诉的业务流程，根据实际情况确定投诉部门与高层经营者之间的汇报关系。另外，企业还要做好各种预防工作，将客户投诉防患于未然。

2. 及时处理投诉

一旦出现客户投诉，企业应及时处理，力争在最短的时间内全面解决问题，给客户一个满意的答复。否则，拖延或推卸责任会进一步激怒投诉者，使事情进一步复杂化。如 IBM 公司明确规定，必须在 24 小时内，对用户的询问与投诉做出明确的答复。其具体做法是：设置用户服务子系统，开通投诉热线，安排专人记录，并将信息传递给相关部门。

3. 落实处理责任

在处理问题时应分清责任，确保问题的妥善解决。不仅要分清造成客户投诉的责任部门和责任人，而且需要明确处理投诉的各部门、各类人员的具体责任与权限以及客户投诉得不到及时、圆满解决的责任。对于重复出现的常规性问题，则按规定的程序与方法予以及时处理；而对非常规性问题，则授权给合适的部门根据具体情况创造性地予以处理，以提高组织在处理投诉上的响应速度，减少经济与声誉上的损失，避免恶化与客户的关系。

4. 完善诉理档案

对每一起客户投诉及其处理都要做出详细的记录，包括投诉内容、处理过程、处理结果、客户满意程度等，并分类建档。利用计算机管理客户投诉的内容，不断改进客户投诉处理方法，并将获得的信息传达给其他部门，使之做到有效、全面地收集、统计和分析客户意见，立即反映，做出明确适时的处理。要经常总结经验，吸取教训，为将来更好地处理客户投诉提供参考。

五、投诉处理的一般方式

一般而言，处理投诉可以通过信函、电话、访问、网络等方式进行。

1. 利用信函

对于投诉处理来说，利用信函有优点，也有缺点。其优点是便于记录和保存，有较高的证据性和逻辑性，较少感情用事，主观倾向小；缺点是信函投诉者单方面的记述使企业无法进行充分的核实，不利于处理。同时，投诉者表达能力的高低也影响投诉处理的效果。另外，客户寄出的信函和企业回复的信函能否安全到达目的地也令人担心。对于企业来说，给投诉者回函，既要考虑成本，又要考虑花费的时间等问题。由此看来，利用信函处理投诉不是很方便可靠。

利用信函处理投诉时，当投诉受理部门收到客户投诉的信函时，应立即回信通知客户已经收到，并告知客户本部门的名称、地址和电话。同时，把客户投诉的相关内容输入投诉处理系统，便于查询处理进度。另外，回函内容应与负责人、法律人员、消费问题专家进行协商。

2. 利用电话

很多企业设立了免费投诉电话，使客户在全国任何地方都可以向公司总部投诉。由于电话投诉看不到客户的面孔，所以要求接待者更应设身处地地为客户着想，考虑自己处在与对方同样的处境下，会有什么样的心情，希望得到怎样的帮助。接待者应尽可能地询问并记录更多的内容，如何时、何地、何人、发生何事、结果如何等。对于客户的姓名、地址、电话号码、所购商品名称及出现的问题等重要内容，一定要复述确切，仔细听取。同时，要把受理投诉人员的姓名、电话明确地告诉对方，以便今后更进一步地联系。

3. 利用访问

有些客户会亲自来公司投诉，他们不仅要花费时间和精力，还需自己支付交通费用，因此，这些客户的期望值很高，希望与公司面谈后，自己投诉的问题能够得到完全解决。即使不能完全解决，起码也要有一定进展。因此，接待这类客户更要小心谨慎。接待者应仔细听取对方的投诉，让客户知道自己是真正想为他们解决问题的。同时，也要让客户了解自己的权限范围，不再抱过高的期望。

对于一些重要的投诉，企业应当派人访问客户，当面征求意见，妥善处理。访问人员要记录必要的信息，提出多种解决问题的方案，征求客户的意见，努力做到当场处理完毕。如果无法当时回复客户，应尽可能明确地给出解决问题的具体时间表和解决方案。

当然，对于恶意的客户投诉，企业可以利用各种法律手段，采取理智的行为应付，避免将矛盾激化，使问题更加严重。

4. 利用网络

互联网是现代处理信息的有力工具和技术。可以利用网站、电子邮件、微博、微信等处理客户的投诉。

六、投诉处理的正确措施

当客户的投诉得到满意的解决时，他们一般会继续做企业的忠诚客户，并会向朋友和同事们讲述自己的投诉是怎样被解决的。但是，那些投诉未得到解决的客户呢？他们可能继续抱怨，可能发誓再也不买企业的产品，也可能向朋友们讲述自己遭受的恶劣服务。

因此，处理投诉的最终目的是使客户满意。那么，如何能使投诉的客户感到满意呢？

1. 鼓励客户投诉

要在企业内部建立尊重每一位客户的企业文化，并通过各种渠道告知客户他的投诉权利。更重要的是让全体员工，而不仅仅是客户服务部门的员工，认识到客户的投诉可为企业提供取得竞争优势的重要线索，而不是给工作带来麻烦。那些直接向企业投诉的客户是企业的朋友，而那些对企业"沉默"的客户则会给企业造成更大的损失，因为他们更容易转向与企业的竞争对手交易，而且还会散布对企业不利的意见和信息。

为鼓励客户直接向企业反映情况，企业应该制定明确的产品和服务标准及补偿措施，清楚地告诉客户如何进行投诉及可能获得什么结果。如联邦快递就保证，如果客户在递交邮件次日上午 10:30 前没有收到邮件，邮递费用全免。在此基础上，还要增加接受和处理投诉的透明度，设立奖励制度鼓励客户投诉，督促员工积极接受并处理投诉，从而加强客户与企业、企业与员工、员工与员工之间的理解。如芝加哥第一银行就定期将客户的投诉信件和电话录音公布在布告栏中，并选择典型事例发表在企业的公开出版物上，同时奖励由于其投诉给企业带来产品或者服务改进的客户及正确处理客户投诉、提高了客户忠诚度的员工。

另外，为了让员工都能够真诚、友善地面对客户投诉，企业应该使每一个员工都详细了解本公司的产品或服务。在条件允许的情况下，企业还应鼓励员工使用本公司的产品或服务，这样他们才能更加设身处地地处理客户投诉。

2. 培训客户投诉

在鼓励客户投诉的基础上，企业还要采用各种方式培训客户如何投诉。如通过促销材料、产品包装、文具、名片等客户能够接触到的媒介，告知客户企业接受客户投诉部门的联系方式和工作程序。加拿大的一家大银行即将包含了指导客户投诉和获得解决方案的五个步骤的宣传手册放置在所有分行的营业厅中，告知客户如何向企业递交投诉并得到合理的解决，手册还为对投诉的最初解决方式不满意的客户提供了进一步联络的部门及该银行负责客户满意的最高负责人——公司副总裁的联系方式。

3. 方便客户投诉

企业应尽可能降低客户投诉的成本，减少其花在投诉上的时间、精力、金钱等。方便、省时、省力的信息接收渠道使客户投诉变得容易。如一些企业在产品销售地点等能够最大限度接触目标客户的地方设立意见箱，越来越多的企业通过设立免费电话接受客户意见。现在医疗、旅游、通信等企业基本都设立了投诉电话。事实证明，这是一种非常有效的方法。如 800 电话引入美国的最初三年中，投诉电话的数量每年递增的速度很快。这并不是说明企业产品和服务的质量下降了，而是表明 800 电话的方便、快捷、免费等优点使沉默的客户张开了口。

一些企业利用计算机和 Internet 技术建立了产品和客户数据库，在接受客户投诉后，将该客户的购买记录迅速调出，传送到解决此投诉所涉及的每个部门，提高了处理客户投诉的效率。

4.反馈客户投诉

在发生客户投诉之后，企业就要及时解决客户的不满，并将处理情况及时反馈顾客和有关部门。为此企业应该成立专门接受和处理客户投诉的部门或责令专门人员承担这项对企业具有战略意义的工作，并建立处理客户投诉的系统，形成高速、专业的工作流程。

另外，为了避免客户投诉过程中对问题的一遍遍重复(因为每次重复都会加剧其不满)，企业要有一个完备的客户投诉记录系统，将客户的不满在第一次投诉时就详细记录下来，并及时传送给需要参与解决此问题的每一个员工。

一线员工往往是客户投诉的首要对象。从客户角度来看，最有效的补偿就是当客户投诉时，一线员工能够当场立即采取补救措施。有时，可能客户需要的仅仅是一个真诚的道歉或者是关于某一问题的合理解释而已，这些并不需要一线员工一级一级向上级请示。因为客户最害怕的是无休止的等待，更不愿意被人从某个部门或某个人推给另一个部门或另一个人。因此，最容易接触到客户的一线员工应该成为及时处理客户投诉的一支重要力量，尤其在服务行业中。然而，一线员工往往并不清楚应该怎样处理客户投诉。因此，企业须利用各种形式，定期对一线员工进行培训，教他们如何倾听客户投诉，如何选择恰当的解决方案并迅速采取行动。

本 章 小 结

本章叙述了客户满意管理的内容。客户满意是通过对一种产品的可感知的效果或结果与他的期望值相比较后所形成的一种失望或愉悦的感觉状态。客户满意的层次分为横向满意层面(企业的理念满意、行为满意、视听满意)和纵向满意层面(物质满意层、精神满意层、社会满意层)。企业因素、产品因素、服务和系统支持因素、客户互动因素、情感因素是影响客户满意度的主要因素。从对客户满意度的直接影响因素来看，可以将影响满意因素分为不满意因素、满意因素与特别满意因素三类。

本章叙述了客户满意度测试与分析。客户满意度衡量的指标包括：美誉度、指名度、回头率、抱怨率、销售力。客户满意度测试的对象为：现实客户、使用者与购买者、中间商客户、内部客户。

本章叙述了不满意管理的主要内容。包括正视客户不满意，洞察客户不满意；倾听、安抚客户不满，辨别客户不满，处理不满效果评估、"不满意"危机公关。

本章对客户投诉管理作了阐述。指出了客户投诉的意义，叙述了投诉的范围与处理的程序，以及投诉管理的体制、方式与措施。

思考与练习

1. 什么是客户满意度？其影响因素有哪些？
2. 客户满意度衡量的指标包括哪些？
3. 客户满意的层次分为几方面？
4. 如何正确处理客户不满意？
5. 如何对待投诉？如何积极、正确地处理投诉？

实训项目题

重点知识讲授

1. 客户满意与客户满意度；2. 客户满意度测试与分析；3. 客户投诉管理

实训项目 1. 怎样处理客户投诉

试在网上购物后提出投诉，记录对方的处理过程并进行评价。

实训项目 2. 如何进行满意度调查

试写出一个医院的客户满意度调查方案。(提示：可以 3～5 人一组，上网查阅相关资料，并选择当地的一家医院调查)

案 例 分 析

【案例1】小王的工作失误

小王是桂林某公司的业务员，对客户非常热情。有一客户从广州而来，小王陪客户游览桂林山水，品尝当地特色风味，自认为服务非常周到。可是客户认为很不满意。怪小王给他的产品不好，价格太高，认为小王是个不懂业务的人。要求企业换人与他谈生意，搞得小王很是尴尬。

问题：

1. 小王的做法哪里有问题？
2. 客户究竟怎样才能满意呢？

(资料来源：李光明，客户管理讲义. 2015)

【案例2】旅游景点的经营决策

广西桂林市某县新发现一处大型溶洞,极具旅游价值。此景点在离桂林40公里左右,且位于县城与桂林之间,而县城中已有1个著名的景点和1个高档的娱乐项目。溶洞项目开发经营多年,却效果不佳,游客不多,效益不好。当地政府与旅游部门想方设法提高这个旅游景点的开发效益。后来请某市场调查公司对该景点项目进行消费者的满意度调查,对该溶洞的评价结果如下。

评价项目	知名度	美誉度	交通	饮食	住宿
权重	0.2	0.35	0.2	0.15	0.1
满意度评分	4	5	8	8	8
标准分	10	10	10	10	10

问题:

你认为该溶洞的经营存在何种问题?旅游开发经营者应当如何提升客户满意度?

(资料来源:李光明. 客户管理讲义. 2015)

第七章　客户忠诚管理

【学习目标】

通过本章的学习，要求了解并掌握客户忠诚的基本含义，理解客户忠诚的内容与分类，掌握客户忠诚管理的内容和方法以及客户流失管理的方法。

本章关键词： 客户忠诚；客户忠诚类型；客户流失；中间商

本章项目任务： 1. 怎样培养忠诚客户；2. 忠诚客户的分类；3. 中间商客户的忠诚管理

【开篇引例】化妆品公司的客户忠诚培养

日本的一家化妆品公司设在人口百万的大都市里，而这座城市每年的高中毕业生相当多。在这些高中毕业生中，有许多即将步入黄金时代的少女。这些刚毕业的女学生，无论是就业或深造，都将开始一个崭新的生活，她们会脱掉学生制服，开始学习修饰和装扮自己。这家化妆品公司的老板了解了这个情况后，灵机一动，想出了一个好点子。于是每一年都为女学生们举办一次服装表演会，聘请知名度较高的明星或模特儿现身说法，教她们一些美容的技巧。在招待她们欣赏、学习的同时，老板自己也利用这一机会宣传自己的产品，表演会结束后公司还不失时机地向女学生们赠送一份精美的礼物。

这些应邀参加的少女，除了可以观赏到精彩的服装表演之外，还可以学到不少美容的知识，又能个个中奖，人人有份，满载而归，真是皆大欢喜。因此许多人都对这家化妆品公司颇有好感。这些女学生事先都会收到公司寄来的请柬，这些请柬设计得也相当精巧有趣，让人一看就目眩神迷，哪有不去的道理？因而大部分人都会寄回报名单，公司根据这些报名单准备一切事务。据说每年参加的人数，约占全市女性应届毕业生的90%以上。

在她们所得的纪念品中，附有一张申请表。上面写着：如果您愿意成为本公司产品的使用者，请填好申请表，亲自交回本公司的服务台，你就可以享受到公司的许多优待，包括各种表演会和联欢会，以及购买产品时的优惠价等。大部分女学生都会响应这个活动，纷纷填表交回，该公司就把这些申请表一一加以登记、装订，以便事后联系或提供服务。事实上，她们在交回申请表时，或多或少都会买些化妆品回去。

思考： 这家日本公司的做法有何意义？

（资料来源：何海怀. 温州职业技术学院，《客户管理》课程网站，http://www.wzycm.com，2015，有改写）

开发新客户对企业营销非常重要，但在产品供大于求、竞争激烈的市场上，新市场的开拓毕竟有限，成本也很高，因此，保持老客户的忠诚成为客户管理的一大重点。在激烈的市场竞争中能够脱颖而出的企业都有一个共同点，那就是建立起了客户忠诚。

第一节　客户忠诚的含义及意义

一、客户忠诚的含义

忠诚，是一个有着悠久历史的人文概念。在中国，早在几千年前就有了对忠诚的定义及推崇。"千里走单骑"的关羽，其忠诚获得了千年赞美。忠诚是在一定的时期内人们相互的信任和合作。这个概念包含了心理上的认同与偏爱和行为上的持续与坚持。随着时代的发展，忠诚被逐步引入至国家、民族、家庭乃至经济领域。实践证明，现在的企业管理比历史上任何一个时期都更需要"忠诚"的加盟。

客户忠诚是指客户偏爱购买某一产品或服务的心理状态或态度，或是"对某种品牌有一种长久的忠心"，指客户对企业的产品或服务的依恋或爱慕的感情；同时指客户对某一企业的某一产品或服务形成偏爱并长期频繁地重复购买的行为，客户忠诚实际上是客户行为的持续反应。因此，客户忠诚是态度偏好与行为坚执的二者统一。

忠诚型的客户通常是指会拒绝竞争者提供的优惠，经常性地购买本公司的产品或服务，甚至会向家人或朋友推荐本公司的产品和服务的客户。尽管满意度和忠诚度之间有着不可忽视的正比关系，但即使是满意度很高的客户，如果不是忠诚客户，为了更便利或更低的价钱，也会毫不犹豫地转换品牌。忠诚客户所带来的收获是长期且具有累积效果的，一个客户能保持忠诚度越久，企业从他那儿得到的利益就越多。

二、客户忠诚的意义

1. 促升销量

忠诚客户都是良性消费者，他们向企业重复购买产品或服务，而不会刻意去追求价格上的折扣，并且他们会带动和影响自己周围的人发生同样的购买行为，从而保证了企业销量的不断上升，使企业拥有一个稳定的利润来源。

2. 增强竞争

忠诚客户持续地向企业而非其竞争对手购买产品或服务，则企业在市场上的地位会变得更加稳固，具有更强的市场竞争力。如果客户发现所购产品或服务存在某些缺陷，或在使用中发生故障，能做到以谅解的心情主动向企业反馈信息，求得解决，而非以投诉或向媒体披露等手段扩大事端，那么企业将会取得更大的收益。

3. 减少费用

首先，忠诚度高的客户会多次购买，企业不必再花太多金钱去吸引他们；其次，关系好了，还会减少合约的谈判等经营管理费用；再次，这些忠诚的客户还会向他们的朋友宣传，使企业赢得更多正面的口碑营销效应。

4. 利于推新

忠诚的客户在购买产品或服务时，选择呈多样性，因为只要是企业的产品或服务他们都乐意购买，他们会较其他客户更关注企业所提供的新产品或新服务。一个忠诚的客户会很乐意尝试企业的新业务并向周围的人介绍，有利于企业拓展新业务。

5. 提升凝聚

客户忠诚一方面是要追求外部客户对企业的忠诚度，同时也要追求企业员工的忠诚。企业的产品和服务是通过员工的行为传递给客户的，一位对企业有着较高忠诚度的员工，无疑会努力用自身的良好行为，为企业的客户提供满意的服务，从而感染客户，赢得客户对企业的忠诚。因此，在企业中倡导客户忠诚观念，对员工实施关怀，给员工提供展现个人能力和发展的空间，会极大地提高员工的工作激情，形成巨大的凝聚力。

6. 推动诚信

以客户满意为起点，以客户忠诚为经营活动的目标，就可以促进企业不断地追求更高的目标，为社会创造更多的令公众满意的物质财富。同时，企业以客户为中心的理念的贯彻，可以带动企业建立起诚实守信的经营机制，增强全体员工的服务意识和道德意识，从而杜绝各种制假售假、欺瞒诈骗的违法行为，为推动诚信社会的建立发挥积极的作用。

第二节　客户忠诚的分类

客户对于某一品牌或企业的忠诚，主要是源于他们获得的价值。不同的企业所具有的客户忠诚差别很大，不同行业的客户忠诚也各不相同。实际上，客户忠诚主要从客户获得价值而产生心理与行为的状况区分，表现为态度忠诚与行为忠诚。态度忠诚是指客户内心对企业及其产品和服务的情感依恋，行为忠诚是指客户对企业的产品和服务的不断重复购买。

一、客户忠诚的类型

1. 垄断忠诚

垄断忠诚是指客户别无选择下的顺从态度。比如因为政府规定只能有一个供应商，客户就只能有一种选择。这种客户通常是低依恋、高重复的购买者，因为他们没有其他的选择，也可以说是一种被动忠诚。公用事业公司往往是垄断忠诚的一个最好的实例，而微软公司则是由于技术上的垄断使客户保持忠诚。

2. 惰性忠诚

惰性忠诚是指客户由于惰性而不愿意去寻找其他的供应商，这往往产生于市场不发达的地区或行业。这些客户是低依恋、高重复的购买者，他们对公司并不满意。如果其他的公司能够让他们得到更多的实惠，这些客户便很容易被人挖走。拥有惰性忠诚客户的公司应该通过产品和服务的差异化来改变客户对公司的印象。

3. 潜在忠诚

潜在忠诚的客户是低依恋、低重复购买的客户。他们希望不断地购买产品和服务，但是企业的一些内部规定或是其他的环境因素限制了他们。例如，客户原本希望再来购买，但是卖主只对消费额超过 2000 元的客户提供免费送货，由于商品运输方面的问题，该客户就放弃了购买。这些客户实际上是未形成稳定忠诚度的客户，是企业争取的对象。

4. 方便忠诚

方便忠诚的客户是低依恋、高重复购买的客户。这种忠诚类似于惰性忠诚。如某个客户重复购买是由于地理位置比较方便，这就是方便忠诚。在互联网时代，方便忠诚的客户不少。同样，方便忠诚的客户很容易被竞争对手挖走。

5. 价格忠诚

价格敏感的客户会忠诚于提供最低价格的零售商。这些低依恋、低重复购买的客户是很难发展成真正意义的忠诚客户的。现在市场有很多的一元店、二元店、十元店等小超市，就是从低价格出发，做好自己生意的，但是，重复光临的人并不是很多。

6. 激励忠诚

不少公司通常会为经常光顾的客户提供一些忠诚奖励。激励忠诚与惰性忠诚相似，客户也是低依恋、高重复购买的那种类型。当公司有奖励活动的时候，客户们都会来此购买；

当活动结束时，客户们就会转向其他有奖励的或是有更多奖励的公司。

7. 超值忠诚

超值忠诚即典型的感情或品牌忠诚。超值忠诚的客户是高依恋、高重复购买的客户，这种忠诚对很多行业来说都是最有价值的。客户对于那些使其从中受益的产品和服务情有独钟，不仅乐此不疲地宣传它们的好处，而且还热心地向他人推荐。

二、客户满意度与忠诚度

1. 客户忠诚度及影响要素

客户忠诚度是指客户再次购买相同企业产品和服务的行为，又可称为客户黏度，是客户对某一特定产品或服务形成了"依附性"偏好，进而重复购买的一种趋向。调查表明，如果一个网站不能吸引人，那么75%的客户不会访问第二次。亚马逊的客户中，65%是回头客，这就是它成功的主要表现之一。

客户与公司进行业务往来的时间长短，只是忠诚度的一种指标。忠诚度的基础在于持续的客户满意，它是一种情感上的联系，而不只是一种行为。它是消费者对产品感情的量度，反映出一个消费者转向另一品牌的可能程度，尤其是当该产品要么在价格上，要么在产品特性上有变动时，随着对企业产品忠诚程度的增加，基础消费者受到竞争行为的影响程度降低了。所以客户忠诚度是反映消费者的忠诚行为与未来利润相联系的产品财富组合的指示器，因为对企业产品的忠诚能直接转变成未来的销售。

影响客户忠诚度的因素主要有以下几个方面：①产品质量；②服务水平；③技术能力；④服务效果，即客户内心感受的满足度；⑤客户关系，包括与客户互动的同理心态和相对的盟友关系；⑥理念灌输，产品品牌的确认和供应商的确认；⑦持续的良性心理刺激及增值感受。

2. 客户满意度与忠诚度的关系

客户满意是一种心理感受，一种暂时态度，带有主观性，非常难以衡量。客户忠诚是客户满意的行为化，是一种客观标准，表现为持久的态度和行为，其衡量的量化指标就是客户的重复购买。

忠诚的客户来源于满意的客户，但满意的客户并不一定是忠诚的客户。有些业务，客户的满意度提高了，但销售并未取得明显增加。客户的忠诚度有赖于满意度的提高，更取决于客户的信任度。因此，在其他影响因素不发生作用的条件下，客户忠诚是客户满意的函数，两者有非常强的正相关关系。客户满意是客户忠诚的前提，没有满意的客户便不会有客户对企业的绝对忠诚，满意的客户不一定是忠诚的客户，而绝对忠诚的客户一定是满意的客户。

为了增强忠诚度，企业必须提高每个客户的满意度水平，并长期保持住这种水平，因此就需要增加提供给客户的价值。增加价值可以使客户感到自己的所得超过了他们的期望，但这并不意味着要降低价格，或者仅仅在同样多的货款下提供更多的有形产品。

通过增加客户在与公司的每一次互动(即使这种互动的结果并不总是销量)中获得的价值，公司提高满意度水平的可能性更大，带来的客户保持率更高。如果客户是因为对获得的价值和享受的服务感觉良好而留下的，他们将更可能成为忠诚的客户。这种忠诚度可以带来重复的购买、推荐和价值的增加。

当一个公司节省了花在吸引客户身上的花费，也就意味着，它可以在改进产品和服务方面投入较多的资金，而这更可以在忠诚客户身上获得良好的回报。实行以客户忠诚为基础的管理是提高公司利润的一个有效途径，原因如下。

(1) 对于许多行业来说，公司的最大成本之一就是吸引新客户的成本。公司吸引一个新客户的成本往往比留住一个老客户的成本高 4～6 倍。客户流失率每减少 2%就相当于降低 10%的成本。

(2) 客户的保留程度与公司和利润之间具有很高的相关性。客户对企业保持忠诚往往是想要获得更多的价值，从而也给企业带来更多的价值。与长期利润相关的唯一因素往往是客户忠诚，而不是销售量、市场份额或是低成本供应商。统计数据表明，对大多数公司来说，如果能够维持 5%的客户忠诚增长率，其利润在五年内几乎能翻一番。

三、客户忠诚度的测量

客户的忠诚度可以参考下列指标进行测量。

1. 重复购买次数

在一定时期内，客户对某一品牌的服务或产品的重复购买次数越多，说明对这一品牌的忠诚度越高；反之，则越低。由于服务或产品的用途、性能、结构等因素也会影响客户的再购买次数，因此在确定这一指标的合理界限时，要根据不同服务或产品的性质区别对待，不能一概而论。例如，市场的垄断性程度也可能产生"被忠诚"的客户，因为他们别无选择。

2. 购买挑选时间

客户购买商品都要经过挑选这一过程。但是由于信赖程度的差异，对不同服务或产品，客户挑选的时间是不同的。根据购买挑选时间的长短，可以确定客户对品牌忠诚度的大小。通常，客户挑选的时间越短，说明他对该品牌的忠诚度越高；反之，则说明他对该品牌的忠诚度越低。在利用客户购买挑选时间测定品牌忠诚度时，也要考虑服务产品的属性。个别属性的服务或产品，客户几乎对品牌不太介意，而化妆品、酒、烟、计算机、汽车等服务产品的品牌，在客户做出购买决策时则起着举足轻重的作用。

3. 对价格的敏感程度

客户对价格都是非常重视的，但这并不意味着客户对服务或产品价格变动的敏感程度相同。事实表明，对于喜爱和信赖的服务或产品，客户对其价格变动的承受能力强，即敏感度低；而对于不喜爱和不信赖的服务或产品，客户对其价格变动的承受能力弱，即敏感度高。

4. 对竞争产品的态度

根据客户对竞争品牌的态度，可以从反面判断其对某一品牌忠诚度的高低。如果客户对竞争品牌有兴趣并抱有好感，那么就表明他对本品牌忠诚度较低；而如果客户对竞争品牌不感兴趣，或没有好感，就可以推断他对本品牌的忠诚度较高。一般地，对某种产品或服务忠诚度高的客户会不自觉地排斥其他品牌的产品或服务。

5. 对产品质量的承受能力

任何服务或产品都有可能出现由各种原因造成的质量问题。如果客户对该品牌服务或产品的忠诚度较高，当服务或产品出现质量问题时，他们会采取宽容、谅解和协商解决的态度，不会由此而失去对它的偏好；而如果客户的品牌忠诚度较低，服务产品出现质量问题时，他们会深深感到自己的正当权益被侵犯了，可能产生很大的反感，甚至通过法律方式进行索赔。

此外，客户满意度、客户生命周期、客户保持率、客户口碑、客户流失率等指标也可作为客户忠诚度的参考。特别是市场的垄断程度，对客户忠诚度的表象有巨大的影响。

第三节　客户忠诚价值及管理实施

美国贝恩策略顾问公司在长期的企业管理咨询工作中发现：在知识和智力资本占举足轻重的行业，处于同一行业的各个公司之间的业绩存在着巨大的差距。导致巨大差距的原因，用常规的市场份额、经营规模、单位成本、服务质量等战略因素已无法解释，而全面质量管理、核心业务流程等令人信服和十分奏效的管理制度如今也难以保障企业成功。那么问题的症结出在哪里呢？贝恩策略顾问公司通过对几十个行业长达10年的调查，发现了人们从未注意和研究过的因素，正是这个因素足以解释上述现象及其相互间的数量关系，这个因素便是客户忠诚。西方一些忠诚领先企业的大量经营实践证明，客户忠诚是企业经营成功和持续发展的基础和重大动力之一。

一、客户忠诚的价值

1. 客户忠诚的企业价值

客户忠诚能给企业创造怎样的价值呢？美国贝恩策略顾问公司的"忠诚实践项目"通过对几十个行业的研究证明：客户忠诚和持续忠诚程度极高的公司，其利润额始终保持高位，增长速度也快得多。忠诚、价值、利润之间存在着直接的联系，反过来，为客户创造更多的价值又有利于培养客户的忠诚，而忠诚的客户又会给企业带来利润的增长。从广告业、经纪保险业、出版业到汽车修理、商品分销等各种行业，忠诚的力量全部产生了令人吃惊的效果。当客户保持率提高五个百分点时，几乎不同行业中每个客户的净现值都出现增长情况。

客户忠诚之所以会产生如此高的经济效果，主要源于以下两个方面。

(1) 客户数量增长效应。客户数量增长效应即忠诚对企业客户存量的增长作用。假设有两家公司，一家公司的客户保持率是 95%，另一家公司是 90%，即前者的客户流失率是每年 5%，而后者是每年 10%。再假设两家公司每年的新客户增长率均是 10%，那么第一家公司的客户存量每年将净增 5%，而第二家公司则为零增长。这样持续 14 年后，前者的客户存量将翻一番，而后者却没有实质性的增长。可见，在其他条件相同的情况下，客户保持率维持在每年增加五个百分点，则企业的客户存量每 14 年翻一番；倘若每年维持 10% 的增长，企业的客户存量每 7 年即可实现成倍增长。客户数量的增长往往直接带来市场份额的增长和销售的增长，从而带来利润的增长。

(2) 客户保持时间效应。在大多数情况下，企业赚取每一客户的利润与其保持交易的时间成正比。随着客户保持年限的延长，投资回报率会以指数规律增长。造成利润增长的主要原因是：客户人均的营业收入增长效应。在大多数行业里，长期客户对企业的贡献随时间的延长而增加。因为高度满意的客户随着时间的增加会购买更多的产品或服务，并愿意为物有所值的产品或服务付出额外的费用，使营业成本减少。长期客户的服务成本会随着时间的增加而递减，因为在已经建立信赖感的前提下的交易行为会为双方节省大量的时间、精力、体力成本和口碑效应。高度满意的客户经常会把卖方推荐给其他潜在客户，因而在公司向新客户进行营销推荐时成本几乎为零，从而间接地为企业创造更多的收入和利润。而当面临卖方合理的价格调整时，长期客户对价格敏感度较低，不会因一点小利而离开。

因此，基于客户忠诚的管理既是一种客户管理理念，也是一种营销战略和方法。在企业客户管理中实施客户忠诚的管理理念和方法，提高客户忠诚度，可以进一步提高企业的业绩及可持续增长的能力。

2. 客户忠诚的社会价值

客户忠诚还可以为企业带来非货币价值——良好的口碑效应和企业形象效应,并产生良好的社会综合效应,体现社会商业价值。

客户忠诚管理渗透的是这样一种管理理念:一个企业的目的是创造价值,而不仅仅是为了赚取利润。为客户创造价值是每一个成功企业的立业基础,创造优异的价值有利于培养客户忠诚的观念,反过来客户忠诚又会给企业带来更多的利润和价值,创造价值和忠诚一道使企业立于不败之地,同时也为商业社会创造了价值。利润不可缺,但企业的真正使命并非只获取利润,更在于为社会创造价值;利润应当是价值创造的一种结果,而绝非最终目标。

客户忠诚管理最终有利于建立以价值为核心的商业模式,即建立在客户忠诚、雇员忠诚和投资者忠诚(企业忠诚)三维基础之上的市场商业忠诚。三者的相互作用方式是:忠诚的客户可为公司带来更多的销售额、利润和业务的持续增长;可持续的业务增长有助于吸引并留住最佳的雇员,形成雇员对企业的忠诚;忠诚的长期雇员可为公司降低成本、改善质量,从而为客户创造更大的让渡价值和产生更高的生产力;生产力螺旋上升式的稳定,降低了资本的成本,保证了企业为增加价值创造潜力的投资,三者共同构成一个商业体系中的"忠诚力量",从而形成稳定发展的社会商业模式,为社会的稳定发展提供了动力。

二、客户忠诚管理实施

在客户忠诚管理的实施方面,各个企业的策略各具特点,但基本的做法有下列几点。

1. 设计客户价值主张

每一个企业在制定战略规划时都应该对价值主张进行设计和发展,而衡量价值的标准是客户的需要,针对目标客户的需要进行价值让渡系统的设计,能为客户提供比竞争对手更优异的价值。

2. 实施忠诚管理的步骤

建立客户忠诚管理可实施以下步骤:①选择合适的客户,将客户进行分类,选择有保留价值的客户;②制订忠诚客户计划;③了解客户的需求并有效地满足其所需;④与客户建立长期、稳定的互需、互动关系,有效地吸引客户为获得较高级别的待遇和服务而重复或扩大购买;⑤不断发现并订立超越客户要求和期望的特别策略,持续超越客户的期望。

3. 培养雇员忠诚

培养雇员忠诚采取的方法是：①寻找最佳的雇员，选择那些特质、潜力、价值观与公司的制度、战略和文化相一致，才识兼备、技术娴熟、工作能力强，能够长期做出令人满意贡献的人；②充分满足雇员的需要，尊重员工的合理要求，倾听员工上进的需求；③在员工培训和个人发展上舍得投资；④在员工中树立"客户至上"的意识；⑤充分授权，使员工感到受重视、被信任，从而增强其责任心；⑥建立有效的激励制度，将员工的报酬与其工作满足顾客的程度挂钩。

4. 赢得投资者忠诚

实施客户忠诚管理的企业必须谨慎选择合适的投资者，即愿意与公司达成长期合作关系的投资人。为赢得投资者的忠诚，企业必须付出很大的努力建立一个忠诚投资者的基础。赢得投资者忠诚的最佳途径：一是丰富的利润，二是工作能力强的经理人，三是企业有潜力的发展。投资者的忠诚是企业必须争取的重要一环，直接关系到企业的生死存亡。

第四节　培养忠诚客户

培养忠诚客户是每个企业客户管理人员梦寐以求的结果，但这并不是一朝一夕可以达到的，必须在全面规划的基础上，采取行之有效的策略与方法，才能取得一定的效果。

一、培养客户忠诚的策略

1. 产品差异化策略

尽可能多地向客户提供一系列满足甚至超过不同目标客户群体期望的产品和服务，以满足客户的不同需求，是使客户从产品依赖转化为客户忠诚的基本条件。

2. 客户差异化策略

客户差异化策略是指充分了解客户，掌握更多的客户信息，以便有针对性地制定个性化的服务和一对一的营销策略，从而获得客户的忠诚。个性化的服务和一对一营销是以产品最终满足单一消费者需要为依据的。如果能够对每位顾客提供差异化的解决方案，能够为他们提供最大的附加价值，就能从中得到最大的客户忠诚。例如现在的金融、医疗、保健行业，都推行客户差异化的策略。

二、培养客户忠诚的方法

1. 提升客户满意度

满意是忠诚的基础，企业可通过提高以下方面提升客户满意度。①价值。通过改进产品、服务、人员和形象，提高客户获得的总价值。②服务。通过改善服务系统和分销网络，减少购买时间、体力和精力的消耗，降低客户成本。例如，建立线上销售与服务系统。③质量。有了品质优良的产品与服务，才能有品牌的基础，才能产生良好的美誉度、满意度和忠诚度。④创新。任何产品、服务都有生命周期，随着市场的成熟，原有产品带给客户的利益空间越来越小，因此，企业必须不断创新，提供满足个性化需求的产品和服务。

2. 奖励忠诚，提高转移成本

利益是维系客户的最有效杠杆之一，应让客户从忠诚中受益，如对忠诚客户实行价格优惠、多购优惠。构建转移壁垒，使客户在更换品牌或卖方时，原来获得的利益会损失，或不再享有优惠，即提高客户的转移成本。会员制就是常用的方法之一。

3. 加强结构性联系

为客户提供生产、销售、物流、调研、管理、资金、技术、操作培训、维修保养、事故处理等服务与帮助，使客户对企业依赖性增加，形成结构性联系，而不会轻易背叛。如盖茨"让客户上瘾"的如意算盘——通过盗版、免费软件，使客户在使用习惯后形成结构性联系，实际上已经"被忠诚"了。

4. 增进沟通

忠诚客户来源于重复购买者，要获得尽量多的忠诚客户，就必须对重复购买者加强沟通；而重复购买者来源于初次购买者，要获得尽量多的重复购买者，就必须对初次购买者加强沟通。企业要借助客户联系卡、数据库提供的信息，以及客户投诉制度、客户建议制度等，与客户进行联络、沟通，灌输长远合作的意义，描绘发展的远景，防止出现误解，从而与客户建立互相信任的关系，促进客户的忠诚。

5. 增加情感债务

增加情感债务即针对客户的需求，提供人性化的服务，加强感情投资，从而提高客户转换购买的精神成本，使顾客不忍、不易离去。对老客户表示关爱的方式包括：经常性电话问候、特殊关心、邮寄销售意见卡、邮寄节日或生日贺卡、赠送纪念品、举行联谊会等。

6. 把最好的条件留给老客户

许多公司把最好、最优惠的交易条件提供给新客户，这其实是一个倒退，应当为最老的客户提供最好的条件。新客户的素质是个未知数，不知道最后他们会产生多少利润。而对目前的老客户，能清楚地了解他们，找出谁是最有价值的客户，奖励他们以守卫忠诚。这就有点像在经过与恋人的浪漫终于确立关系之后还要不忘记送她一束玫瑰花一样。

7. 用新产品表示感谢

对潜在客户常常会有免费试用活动，这是增加销售的一个好方式。更好的方式是多给忠诚的客户一张免费入场券，以鼓励他们把其他人带进来。会员制的俱乐部这样做会有非常好的成效。企业也可以用产品来奖励忠诚的客户，以鼓励他们同公司做更多的生意。

例如，移动电话公司免费给忠诚的客户提供语音信箱，或者打很大的折扣。有了语音信箱，就不怕没人应答。这样，电话公司不会因某人不在家而失去生意。更好的是，有一些人会打一个电话来听留言，然后也许再打一个电话来答复，或者在对方的语音信箱里留言。正如声音电话解决了没人应答的问题一样，呼叫等待则解决了占线的问题。更多的电话能够接通，电话公司自然就有更多的业务量。例如，如果给忠诚的客户提供免费的三方通话功能，会进一步刺激电话的使用。

8. 塑造良好的品牌形象

良好的品牌在客户心中占据重要的位置，追求名牌已成为广大客户的共识，品牌是企业赢得客户的重要武器，企业如果能够抓住客户的心理，大力实施名牌战略，就能保持客户的忠诚。

9. 控制产品价格

仅有产品的高质量是不够的，合理地制定产品价格也是提高客户忠诚度的重要手段。企业要以获得正常利润为定价目标，坚决摒弃追求暴利的短期行为；要尽可能地做到按客户的"预期价格"定价。所谓"预期价格"，是指大多数消费者对某一产品的心理估价。如果企业定价超出预期价格，消费者会认为价格过高，名不符实，从而削弱购买欲望；如果企业定价达不到预期价格，消费者又会对产品的性能产生怀疑，进而犹豫不买。

10. 服务内部客户

所谓内部客户是指企业的任何一个雇员或机构。每个员工或机构都构成了对外部客户供给循环的一部分。如果内部客户没有适宜的服务水平，使他们以最大的效率进行工作，那么外部客户所接受的服务便会受到不良影响，必然会引起外部客户的不满甚至丧失外部客户的忠诚。如果企业对这一问题不给予足够的重视，势必会导致较低的客户忠诚度和较高的客户流失率，最终导致企业赢利能力降低。

第五节　客户流失管理

客户流失已成为很多企业所面临的尴尬局面，失去一个老客户带来的巨大损失，需要企业至少再开发十个新客户才能弥补。客户流失管理，包括客观地分析客户流失原因，采取正确的措施留住好的客户，是客户忠诚管理的重要工作。

一、客户流失原因分析

客户的需求不能得到切实有效的满足往往是导致企业流失客户的最关键因素，一般表现在以下几个方面。

1. 产品质量不稳定

企业产品质量不稳定，客户利益受损。这是经常能够看到的最主要方面，相关的案例也特别多。

2. 缺乏创新

企业缺乏创新，客户"移情别恋"。任何产品都有自己的生命周期，随着市场的成熟及产品价格透明度的提高，产品带给客户的利益空间往往越来越小。若企业不能及时进行创新，客户自然就会另寻他路，毕竟利益才是维系厂商关系的最佳杠杆。

3. 服务水平低

企业内部服务意识淡薄。员工傲慢、客户提出的问题不能得到及时解决、咨询无人理睬、投诉没人处理、服务人员工作效率低下等都是直接导致客户流失的重要因素。

4. 市场管控不力

特别是对中间商的管控不当，引起中间商的窜货，常常会导致市场价格和销售的混乱，使忠实的客户因其利益受伤害而离开。

5. 员工跳槽带走客户

很多企业在客户关系管理方面不够细腻、规范，客户与业务员之间的关系太好，利益分不开，而企业自身对客户的影响相对乏力，一旦业务人员跳槽，老客户就随之而去，同时导致竞争对手实力增强。

【案例7-1】一位房产公司老板的"杯具"

一家房产公司准备在国庆节举行一栋楼盘的开盘销售仪式，公司老板非常重视，因为同一时间，对面一家房产公司也有一个楼盘准备开盘销售。他请礼仪公司布置了会场，准备了礼宾小姐、鲜花、礼品等，预请了当地的政府相关部门领导和有关的人士等来宾，自己精心写了一篇讲话稿，还准备了优惠的促销政策。正是万事俱备，只欠东风了。

第二天，他很早就来到现场，贵宾们也陆续到齐了，可是却一直不见开会。原来该公司的销售经理和所有业务人员以及约定的客户都没有到场，他们去哪了呢？这时对面的房产公司楼盘开盘销售了，人头攒动，热闹非凡。仔细一看，那里的业务人员和客户大多数竟是自己公司的！老板顿时气得晕倒，销售仪式也没法进行了。后来调查得知，是该公司的销售经理对老板不满，带着所有的业务人员和客户"跳槽"了。

(资料来源：李光明.客户管理讲义.2015)

---

6. 竞争对手的诱惑

市场竞争激烈，为了能够迅速在市场上获得有利地位，竞争对手往往会不惜代价以优厚条件来吸引那些资源丰厚的客户。"重金之下，必有勇夫"，客户弃你而去也就不是什么奇怪的现象了。

7. 短期行为

企业的短期行为伤害了客户利益，例如，为了加大销售，减少库存，采取降价的措施，或者有的时候企业为了不亏损，坚持不降价，导致老客户的流失。另外，个别客户自恃经营实力强大，为拿到厂家的市场最优惠"待遇"，以"主动流失"进行要挟，若企业满足不了他们的特殊需求，就有可能真的"叛逃"。

二、客户流失的主要管理措施

(一)实施全面质量管理

企业在整个经营过程中实施全面质量管理是创造价值和使客户满意的有效措施。客户追求的是较高质量的产品和服务，如果不能给客户提供优质的产品和服务，那么终端客户就不会对他们的上游供应者满意，更不会建立较高的客户忠诚度，客户也就不可能会为企业创造丰厚的效益并与企业建立牢固的关系了。因此，企业应实施全面质量管理，在产品质量、服务质量、客户满意和企业赢利方面形成密切关系。

1. 加强产品质量管理

通用电器公司董事长杰克·韦尔奇说过："质量是通用维护顾客忠诚度最好的保证，是通用对付竞争者的最有力的武器，是通用保持增长和赢利的唯一途径。"可见，企业只有在产品的质量上下大功夫以保证产品的耐用性、可靠性、精确性等价值属性，才能在市场上取得优势，才能为产品的销售及品牌的推广创造一个良好的运作基础。

(1) 树立全员质量意识。产品质量是制造出来的。因此，企业的全体人员都必须有质量意识，这要求企业必须在自身文化建设中贯彻质量意识。

(2) 不断改善产品的质量。大多数客户的需求是不断发展的，因此对产品的质量要求也不断提高。质量是产品实体价值的体现，也是消费者购买产品的原因。不断改善产品的质量，消费者购买产品的价值就会得到更好的实现，从而不断满足顾客需求，而企业也能从顾客对产品的满意中获得更多的赢利。

2. 提高企业服务质量

(1) 树立"客户至上"意识。要帮助员工认识到维系客户的重要性。客户是企业生存的根本，员工一定要认识到客户满意的重要性，只有认识到了其重要性，才能真正为客户着想，处处使客户满意。客户首先面对的是企业的一线员工，员工服务态度、服务质量的好坏将直接影响客户对企业的印象，这就需要企业加强对员工服务意识方面的培养，建立"无客户流失"文化，并将其渗透到员工的观念上，贯彻到行动中。

(2) 把企业的服务理念灌输在行动中。企业除了在传统的售前、售中、售后服务领域做好工作外，还应不断地进行创新，为客户提供竞争对手难以满足的服务。诚信营销已成为今后营销发展的大趋势，是企业的生存之本。当然，诚信不只是表现在口头上，更要贯彻于行动中。兑现承诺，对客户提供真诚的服务，已成为吸引客户、保持客户忠诚度很重要的一个方面。

(3) 不断完善企业的服务。很多企业为了发现自身存在的问题，经常雇一些人，装扮成潜在顾客，报告潜在购买者在购买公司及其竞争者产品的过程中发现的优缺点，并不断改进。著名的肯德基快餐店就经常采用这种方法。

3. 降低客户购买成本

企业在竞争中为防止竞争对手挖走自己的客户，战胜对手，吸引更多的客户，就必须向客户提供比竞争对手具有更多"客户让渡价值"的产品，这样才能提高客户的满意度并提高双方深入合作的可能性。为此，企业可以从两个方面改进自己的工作：一是通过改进产品、服务、人员和形象，提高产品的总价值；二是通过改善服务和促销网络系统，减少客户购买产品的时间、体力和精力的消耗，从而降低货币和非货币成本。

4. 建立全面质量管理体系

企业必须建立涵盖市场调研、产品开发、供应、生产、销售等全部经营管理工作的质量管理体系，包括方针、计划、策略、制度、组织、实施办法等，形成纵向到底、横向到边的全方位、全员的全面质量管理体系，全面保证产品与服务质量，才能减少客户流失问题的产生。

(二)提高对客户流失的反应速度

1. 倾听客户意见，把握信息

(1) 认真倾听，使客户感觉受到重视。客户与企业间是一种平等的交易关系，在双方获利的同时，企业还应尊重客户，认真地对待客户提出的各种意见及抱怨，并真正重视起来，这样才能得到有效的改进。在客户抱怨时，销售人员要坐下来认真倾听，扮演好听众的角色，有必要的话，甚至拿出笔记本将其要求记录下来。要让客户觉得自己得到了重视，企业对自己的意见有所考虑。当然仅仅是听还不够，企业还应及时调查客户的反映是否属实，迅速将解决方法及结果反馈给客户，并提请其监督，以增加其合作的忠诚度。

(2) 从倾听中把握信息，进行创新。客户意见是企业创新的源泉。很多企业要求其管理人员都去聆听客户服务区域的电话交流或客户返回的信息。通过倾听，企业可以得到有效的信息，并可据此进行创新，促进企业更好的发展，为客户创造更多的经营价值。当然，还要求企业的管理人员能正确识别客户的要求，将客户关于产品的信息准确地传达给产品设计者，力求以最快的速度生产出最符合客户要求的产品，满足客户的需求。

2. 分析与评估客户流失

(1) 对流失的客户进行原因分析。对于那些已停止购买或转向另一个供应商的客户，公司应该与他们接触一下以了解发生这种情况的原因。美国的论坛公司分析了 14 个大公司客户流失的原因，除了客户离开了公司所在的地区、改行或破产外，其他的因素有：15%的原因是他们发现了更好的产品；70%是因为供应商的问题。这些因素中有些是公司无能为力的，如客户离开了当地，或者改行了、破产了；但很多因素公司是可以改进的，如客户流失的原因是因为服务差、产品次、价格高等。

(2) 对流失的客户进行成本分析。一是对流失客户后公司的利润进行成本分析，即看流失的客户对企业是有利的好客户还是长期亏损的不良客户。如果是有利润的，应采取措施保留，一个企业如果每年降低 5%的客户流失率，利润即可增加 25%~85%。如果是长期亏损的不良客户，则要有措施对其予以处理。二是对流失客户自身的利润进行成本分析，即看客户是否获得了价值。如果客户自身无利益所得，则他们必定流失，需要采取措施。

3. 强化市场管理体系

企业应建立强力督办系统，迅速解决市场问题，保证客户的利益。如窜货问题导致客户无利可图，企业应迅速解决。企业要定期派出业务人员到市场上进行巡查，一旦发现窜货迹象，要及时向企业反映，以争取充足的时间来采取措施控制窜货的发生，从而降低经营风险。因为在很多情况下，猖獗的窜货往往致使客户无利可图，最后客户才无奈放弃产品经营而离企业远去。

4. 建立投诉和建议制度

95%的不满意客户是不会投诉的，他们仅仅是停止购买。处理不满意的最好的方法是要方便客户投诉，一个以客户为中心的企业应为客户投诉和提建议提供方便。

5. 建立预测系统

建立预测系统，为客户提供有价值的信息：①预测短期内市场需求的变化；②预测竞争对手可能会做出的反应。企业要真正为客户着想，一切从客户出发，不仅将企业的信息反馈给客户，而且及时地对竞争对手的行为做出预测，并提供给客户。

(三)加强与客户的沟通

1. 经常与客户沟通，防止误解

(1) 将厂家的信息及时反映给客户。企业应及时将企业经营战略与策略的变化信息传递给客户，便于客户顺利开展工作。同时，企业应把客户对企业产品、服务及其他方面的意见、建议收集上来，把其融入企业各项工作的改进之中，这样一方面可以使老客户知晓企业的经营意图，另一方面可以有效调整企业的营销策略以适应顾客需求的变化。当然，这里的信息不仅包括企业的一些政策，如新制定的对客户的奖励政策、返利的变化、促销活动的开展、广告的发放等，而且还包括产品的相关信息，如新产品的开发、产品价格的变动信息等。

(2) 加强对客户的了解。①要掌握客户的资料。很多销售人员跳槽能带走客户，很大的原因就是企业对客户情况不了解，缺乏与客户的沟通和联系。企业只有详细地收集客户资料、建立客户档案进行归类管理并适时把握客户需求，才能真正实现"控制"客户的目的。客户服务已成为市场竞争的焦点。企业还要确保客户的订货能正确及时地得到满足，收集客户有关改进产品或服务方面的意见，并将其反馈到企业的各个部门。②引进新型的客户关系软件。市场上流行的CRM给企业提供了了解客户和掌握客户资料的条件，它主要使用通信和互联网技术实现对客户的统一管理，建立客户档案，注明其名称、公司地址、资金实力、经营范围、信用情况、销售记录、库存情况等，做到对客户的情况了然于心，并为客户提供完善的服务，以留住客户。

(3) 经常进行客户满意度的调查。一些研究表明，客户每四次购买中会有一次不满意，只有5%的不满意客户会抱怨，而大多数客户会少买或转向其他企业。所以，企业不能以抱怨水平来衡量客户满意度。企业应该通过定期调查，直接测定客户满意状况。测定的方法是在现有的客户中随机抽取样本，向其发送问卷或打电话咨询，以了解客户对公司业绩各方面的印象；企业还可以通过电话向最近的买主询问他们的满意度是多少。测试可以分为：高度满意、一般满意、无意见、有些不满意、极不满意。企业在收集有关客户满意的信息时，询问一些其他问题以了解客户再购买的意图将是十分有利的。一般而言，客户越是满意，再购买的可能性就越高。衡量客户是否愿意向其他人推荐本公司及其产品也是很有用的，因为好的口碑意味着企业创造了高的客户满意。企业只有了解了客户不满意的所在才能更好地改进，赢得客户的满意，防止老客户的流失。

2. 向客户灌输长远合作的理念

客户在合作的过程中基于利益的考虑，经常会发生很多的短期行为，这就需要企业对其客户灌输长期合作的好处，并对其短期行为进行成本分析，指出其短期行为不仅会给企业带来很多的不利，而且还给客户本身带来了资源和成本的浪费。而企业与客户合作的目的是为了追求双赢。双方的长期合作，可以保证产品销售的稳定，获得持续的利润；还可以与企业共同发展，赢得企业的信任，获得企业更大程度的支持。

3. 向客户描绘企业发展的远景

企业应该向老客户充分阐述自己企业的美好远景，使老客户认识到自己只有跟随企业才能够获得长期的利益，这样才能使客户与企业同甘苦、共患难，不会被短期的高额利润所迷惑，而投奔竞争对手。

4. 建立感情关系

感情是维系客户关系的重要方式，日常的拜访、节日的真诚问候，以及婚庆喜事，过生日时的一句真诚祝福、一束鲜花，都会使客户深为感动。交易的结束并不意味着客户关系的结束，企业还须在售后与客户保持联系，以确保他们的满足持续下去。维系客户关系是企业工作的职责。

对于那些以势力相要挟的客户，企业一定要严肃对待，"杀一儆百"乃为上策。客户流失管理既是一门艺术，又是一门科学，它需要企业不断地去创造、传递和沟通优质的客户价值，这样才能最终获得、保持和增加客户，锻造企业的核心竞争力，使企业拥有立足市场的资本。

第六节　中间商客户的忠诚管理

中间商客户是企业客户的重要组成部分，对大多数产品制造商来说，甚至是主要的客户。中间商客户的忠诚，往往关系到生产商的生死存亡。对中间商的忠诚管理有其特殊性，本质上是一个渠道管理的问题。企业要想在市场竞争激烈、渠道变幻莫测的今天建立中间商的忠诚，主要应抓好对中间商的激励和窜货管理两方面的工作。

一、激励中间商客户

美国哈佛大学的心理学家威廉·詹姆士在《行为管理学》一书中认为，合同关系仅仅能使人的潜力发挥20%～30%，而如果受到充分激励，其潜力可发挥至80%～90%，这是因为激励活动可以调动人的积极性。所以，激励渠道成员是渠道管理中不可缺少的一环。激励渠道成员是指制造商激发渠道成员的动机，使其产生内在动力，朝着自己所期望的目标前进的活动过程。其目的是调动渠道成员的积极性。

中间商和制造商虽然同属一条供应链，但他们作为制造商的客户却有着不同的特点。

(1) 中间商具有经济独立性，他们并不认为自己是制造商雇用的供应链中的一员。并且，经过一些实践后，他们安于某种经营方式，执行实现自己目标所必需的职能，在自己可以自由决定的范围内制定自己的政策。

(2) 对中间商而言，最重要的是顾客，而不是制造商。他们感兴趣的是顾客要从他们那儿购买什么，而不是生产商要向他们提供什么。

(3) 中间商往往会把自己销售的所有商品当作一个整体来看。他们关心的是整个产品组合的销量，而不是单个商品种类的销量。

(4) 如果没有一定的激励，中间商不会记录其出售的各种品牌的销售情况。生产商无法从经销商的非标准化记录中获得有关产品开发、定价、包装或者促销计划的信息。有时候，经销商还会故意隐瞒实际情况。

中间商和制造商是各自独立的经济实体，他们都有各自的利益。他们之间是合作的关系，而不是上下级之间的命令关系。所以，制造商要想管理好中间商，不能靠行政命令，而应该采取"胡萝卜加大棒"的政策。但是，"胡萝卜"要多一些，"大棒"只在不得已的情况下使用。

对于制造商而言，目的无非就是希望中间商多提货、早回款，希望现有的渠道增加抵御风险的能力等。因此，了解经销商需求只是激励的第一步，然后应该做的是采取有效的激励措施，而有效的激励措施就是渠道催化剂。

激励中间商的形式大体上可以分为两种：直接激励和间接激励。

1. 直接激励

直接激励指的是通过给予中间商物质、金钱的奖励来激发中间商的积极性，从而实现公司的销售目标。例如，为了应战格兰仕掀起的新一轮微波炉价格大战，美的一改往常的做法，将注意力转移到了经销商身上。美的一掷千金，花费 3000 万元，购买了奔驰、宝马、奥迪 A6 等 83 辆奖励车，并承诺送 120 家优秀经销商出国深造。投入 3000 万元奖励经销商，其力度连经销商自己也颇感意外。一位奥迪 A6 的得主说："谁也没想到会有这份奖励，当初的合同中并没有这个说法。不用说美的的销售量还会攀升。"

直接激励主要有以下几种形式。

(1) 返利。在制定返利政策时一定要考虑到如下因素。

① 返利的标准。标准中一定要分清品种、数量、坎级、返利额度。制定标准时，一要参考竞争对手的情况，二要考虑现实性，三要防止抛售、倒货等。

② 返利的形式。返利是现价返，还是以货物返，还是二者结合，一定要注明；货物返能否作为下月的任务数，也要注明。

③ 返利的时间。返利的时间是月返、季返还是年返，应根据产品特性、货物流转周期而定。要在返利兑现的时间内完成返利的结算，否则时间一长，搞成一团糊涂账，对双方都不利。

④ 返利的附属条件。为了能使返利这种形式促进销售，而不是相反(如倒货)，一定要加上一些附属条件，比如严禁跨区域销售、擅自降价和拖欠货款等，一经发现，取消返利。

在现实中会遇到这种情况，返利标准制定得比较宽松，失去了返利刺激销售的目的，或者返利太大造成了价格下滑或倒货等。因而企业在执行过程中，一是在政策的制定上就要考虑周全；二是执行起来要严格，不可拖泥带水。

(2) 折扣。价格折扣包括以下几种形式。

① 数量折扣。经销数量越多、金额越大，折扣越丰厚。

② 等级折扣。中间商依据自己在渠道中的等级，享受相应待遇。

③ 现金折扣。回款时间越早，折扣力度越大。

④ 季节折扣。在旺季转入淡季之际，企业可鼓励中间商多进货，减少厂家仓储和保管压力；而在进入旺季之前，应加快折扣的递增速度，促使渠道进货，达到一定的市场铺货率，以抢占热销先机。

⑤ 根据提货量，给予一定的返点，返点频率可根据产品特征、市场销货等情况而定。

(3) 促销。一般而言，生产商的促销措施会很受分销商的欢迎。促销费用一般可由生产商负担，亦可要求分销商合理分担。生产商还应经常派人前往一些主要的分销商那里，协助安排商品陈列，举办产品展览和操作表演，训练促销人员，或根据分销商的推销业绩给予相应的激励。生产商开展促销活动时要注意如下几个问题。

① 促销的目标。很多人认为，促销一定要明确销售额多少、增加二批多少、渗透终端店多少等。

② 促销力度的设计。设计促销力度时，一要考虑是否刺激经销商的兴趣，二要考虑促销结束后经销商的态度，三要考虑成本的承受能力。很多企业都是拿利润来促销，一促销，销售额便提高，促销一停，销售额就下降，怎样做都无利润。

③ 促销内容。是搞赠品，还是抽奖，还是派送，甚至返利，促销内容一定要能吸引人。

④ 促销的时间。促销在什么时间开始、什么时间结束，一定要设计好，并让所有的客户知道。

⑤ 促销考评。为了保证促销有始有终，好钢用在刀刃上，一定要对促销效果进行考评。这样，一来可督促经销商认真执行，二来可从中总结经验教训。促销考评结果要存档备案。

⑥ 促销费用申报。这是很多企业滋生贪污腐败的温床，因而要严格申报。申报时一定要上报促销方案、实施情况、考评结果、标准发票、当事人意见，只有这样才能保证促销费用的有效使用。

⑦ 促销活动的管理。促销活动在正常营销工作中占有很重要的位置，无论是公司统一组织、统一实施，还是分区组织、分区实施，从提交方案、审批，到实施、考评，都应当有一个程序，从而确保促销活动的顺利进行。例如，与别的企业往往把促销措施直接针对终端消费者不同，娃哈哈的促销重点是经销商。公司会根据一定阶段内的市场变动、竞争对手的变动以及自身产品的配备，而推出各种各样的促销政策，常年循环、月月如是。针对经销商的促销政策，既可以激发其积极性，又保证了各层销售商的利润，因而可以做到促进销售而不扰乱整个市场的价格体系。相反，依赖于直接让利给消费者的促销，则造成经销商无利可图而缺乏动力，最终竞相降价可能把零售价格打乱。

同时，推出任何一项促销活动或政策，应该考虑设计一套层次分明、分配合理的价差体系。价差体系指的是产品从厂家到消费者手中经过的所有批零渠道的价格体系。就饮料、家电等产品而言，一般有3~4个环节之间的利益分配。高价的产品如果没有诱人的价差分配，就无法引起经销商的积极性；而低价产品如果价差控制得当，仍然可以因量大而为经销商带来利润。有序地分配各级经销层次的利益空间，不但是生产商的责任，更是其控制市场的关键所在。当今很多企业在营销中，喜欢动辄以低价轰炸市场，以为只要自己的价格比别家的低，肯定卖得就比别人的火，其实未必。因为没有考虑价差的低价，无疑让经销商无利可图，则企业目标也无法达到。一般而言，低价策略在新产品进入一个成熟市场时，会因其对原有市场价格体系的摧毁而达到出人意料的效果，可是在长期经营中它却可能是一个毒素颇大的兴奋剂。

2. 间接激励

间接激励是指通过帮助中间商获得更好的管理、销售的方法，从而提高销售绩效。在市场机制日益成熟的今天，直接激励的作用在不断地削弱。一方面，企业每天都向市场推出成熟或不成熟的新产品，各种形式的招商广告铺天盖地，各种各样的承诺一个比一个诱人；另一方面，大量的经销商在经历了账面资金不断缩水的教训后，面对五花八门充满诱惑的招商广告依然捂紧并不膨胀的口袋，无动于衷，致使企业大量的招商广告只赚眼球无法赚钱。经历了代理、经销、买断等厂商合作方式，演绎过降价、打折、买一送一等促销手段后，经销商们面对厂家抛出的橄榄枝，比任何一个时期都来得冷静、理智。显而易见，在当前竞争白热化、残酷性日趋突出的市场上，没有一套行之有效的营销管理方法将产品卖出去，再大的让利空间、再多的广告投入都不行。所以，制造商们越来越意识到间接激励的重要性。

间接激励通常的做法有以下几种形式。

(1) 帮助经销商建立进销存报表，做好安全库存数和先进先出库存管理。进销存报表的建立，可以帮助经销商了解某一周期的实际销售数量和利润；安全库存数的建立，可以帮助经销商合理安排进货；而先进先出的库存管理，可以减少即期品(即将过期的商品)的出现。

(2) 帮助零售商进行零售终端管理。终端管理的内容包括铺货和商品陈列等。通过定期拜访，帮助零售商整理货架，设计商品陈列形式。

(3) 帮助经销商实施客户管理。帮助经销商建立客户档案，包括客户的名称、地址、电话，根据客户的销售量将他们分成等级，并据此告诉经销商对待不同等级的客户应采用不同的支持方式，从而更好地服务于不同性质的客户，提高客户的忠诚度。

(4) 伙伴关系管理。从长远看，企业应该实施伙伴关系管理，也就是制造商和中间商结成合作伙伴，风险共担，利益共享。近年来，营销渠道的作用正在逐渐增强，渠道合作、分销商合作、商业合伙、战略联盟等变得日益普遍。合作关系或战略联盟表述了一种在制造商和其渠道成员间的持续的相互支持的关系，包括努力提供一个高效团队、网络或渠道伙伴联盟。

(5) 竞赛。设计销售、回款、市场开拓、品牌宣传、售后服务等竞赛指标，提出竞赛方案，鼓励中间商客户之间展开遵守规则的竞赛，对优胜者予以物质与精神的奖励，既可以激励中间商，又能增强企业的凝聚力。

制造商和中间商在签订伙伴协议的时候应注意以下三点。

① 如果以前没有合作过，则制造商在产品的有用性、技术支持、定价及相关领域内的协议中应明确说明合作内容。完成以后，渠道成员的任务及其报酬就比较清楚了。

② 评估现有分销商完成任务的能力。业务人员在这一过程分析渠道成员的需求和所遇

到的问题，并且评估渠道成员的优势和劣势。在合作领域内，客户经理对分销商应予以特别的关注，帮助其克服在经营中暴露出的弱点。例如，如果分销商没有足够的销售力量，应制订并执行一项培训计划，旨在提高分销商的推销人员的技能。若某一个渠道成员在控制存货方面遇到问题，制造商应在这一领域内提供专家意见。总而言之，制造商的支持计划应很清晰——关注分销商的需要。

③ 制造商应持续地评估方案的恰当性，以指导渠道成员的关系。在变化迅速的环境中，没有哪一套渠道方案可以长久地保持不变，所以，应当动态地、不断地评估方案的恰当性。

二、窜货管理

在对中间商客户的管理中，往往会遇到一个令销售管理人员头痛不已的问题——窜货。窜货又被称为倒货、冲货，也就是产品越区销售，它是渠道冲突的一种典型的表现形式。它由于伤害中间商客户的利益，而破坏中间商的忠诚。

1. 窜货的种类

根据窜货的表现形式及其影响程度，可以分为以下几类。

(1) 自然性窜货。自然性窜货是指经销商在获取正常利润的同时，无意中向自己辖区以外的市场倾销产品的行为。这种窜货在市场上是不可避免的，只要有市场的分割就会有此类窜货，这是利差、需求形成的"自然现象"。它主要表现为相邻辖区的边界附近互相窜货，或是在流通型市场上，产品随物流走向而倾销到其他地区。这种形式的窜货，如果货量大，该区域的通路价格体系就会受到影响，从而使通路的利润下降，影响二级批发商的积极性，严重时可发展为二级批发商之间的恶性窜货。

(2) 良性窜货。良性窜货是指企业在市场开发初期，有意或无意地选中了流通性较强的市场中的经销商，使其产品流向非重要经营区域或空白市场的现象。在市场开发初期，良性窜货对企业是有好处的。一方面，在空白市场上企业无须投入就提高了其知名度；另一方面，企业不但可以增加销售量，还可以节省运输成本。因此，经销商是"有功的"。只是在具体操作中，企业应注意，由于由此而形成的空白市场上的通路价格体系处于自然形态，因此企业在重点经营该市场区域时应对其中间商再进行整合。

(3) 恶性窜货。恶性窜货是指为获取非正常利润，经销商蓄意向自己辖区以外的市场倾销产品的行为。经销商向辖区以外的市场倾销产品最常用的方法是降价销售，主要是以低于厂家规定的价格向非辖区销货。恶性窜货给企业造成的危害是巨大的，它会扰乱企业整个经销网络的价格体系，易引发价格战，降低通路利润；使得经销商对产品失去信心，丧失积极性并最终放弃经销该企业的产品；混乱的价格将导致企业的产品、品牌失去消费者的信任与支持。

企业还必须警惕另一种更为恶劣的窜货现象,即经销商销售假冒伪劣产品。假冒伪劣产品以其超低价诱惑着经销商铤而走险。经销商往往将假冒伪劣产品与正规渠道的产品混在一起销售,掠夺合法产品的市场份额;或者直接以低于市场价的价格进行倾销,打击其他经销商对品牌的信心。

由此可见,不是所有的窜货都具有危害性,也不是所有的窜货现象都应及时加以制止。市场上流行一句话:"没有窜货的销售是不红火的销售,大量窜货的销售是很危险的销售。"良性的窜货会形成一种热热闹闹的销售局面,这有利于提高产品的市场占有率和品牌知名度,而需要企业严加防范和坚决打击的是恶性窜货。

2. 窜货的原因

在我国目前的市场经济发展过程中,窜货乱价具有必然性。其根本原因是,商品流通的本性是从低价区向高价区流动,从滞销区向畅销区流动。因此,同种商品,只要价格存在地区差异,或者只要同种商品在不同地区的畅销程度不同,就必然产生地区间的流动。

形成窜货的具体原因有很多,既有厂家的各种原因,也有经销商的各种原因,但"利"字却贯穿了窜货的全过程。"天下熙熙,皆为利来;天下攘攘,皆为利往。"窜货是渠道成员过度追逐自身利益的必然结果。但是,厂家往往却是形成窜货的"罪魁祸首",窜货是厂家各种行为的主观或客观结果。"越区销售"的屡屡发生,就是因为厂家对管理过程中的各个环节缺乏有机的控制,才导致某些经销商、代理商有空可钻。因此可以认为,"越区销售"是由管理失控及以下几方面原因造成的。

(1) 管理制度有漏洞。有些企业根本没有窜货方面的管理制度,对代理商、经销商以及业务员没有严格的规定,没有奖惩措施,待事情出现时无法可依,只好将事就事。对窜货的客户处理不严,姑息纵容,警告一下,批评一下,象征性地罚款了事,更有甚者助纣为虐,企业的这种态度间接鼓励了经销商的窜货。许多企业,销售人员的收入始终是与销售业绩挂钩的,于是有时为了多拿奖金,一些推销员或企业派驻代理商的业务代表,会鼓动代理商违规操作,向其他地区发货。

(2) 管理监控不力。有些企业有了规章制度,但反应迟钝,或睁一眼闭一眼,有法不依;一些企业在销售的过程中,患有"营销近视",片面追求销售量,采取了短期行为,对于窜货的重视不够,信息反馈不及时,不能及时发现窜货现象,待知道时,"星星之火"已成"燎原之势";还有一些企业的分公司和推销人员为了完成既定的销售目标,低价向相邻市场抛售产品,或是一些企业内部管理不善,使得一些业务员为了一己私利争夺市场而窜货。

(3) 激励措施有失偏颇。企业在激励中间商时往往忽略采取其他措施将中间商的行为控制在合理的范围之内。企业针对渠道成员制定的种种激励措施,一般都会以经销商完成一定额度的销售量为基准,经销商超额完成的百分比越高,则获得的奖励越多,带来的利润越丰厚。为完成既定的销售量以获得高额奖励，许多经销商往往不顾一切地来提高销售量，甚至经销商之间也会窜货。一些不道德的经销商还会不择手段地向其他区域市场"攻城掠地"，甚至倒贴差价，赔本销售，将原本井然有序的市场搞得鸡犬不宁。还有许多企业在产品定价上分多个级别，如总经销价、总代理价、一级、二级、三级批发价等。如果总经销商自己直接做终端的话，其中两个阶梯的价格折扣便成为相当丰厚的利润，这个价格体系所产生的空间差异就非常大，形成了让其他经销商越区销售的基础。所以，采取年终返利、价格折扣等激励措施应有前提条件。

(4) 代理选择不合适。这里有两层意思。一是对独家代理与多家代理商的选择不当。一般来说，厂家采取独家代理制，即在某一个区域市场内只寻找一家合作的经销商或代理商，比较容易掌控，可保证市场规范、有序。然而"有钱能使鬼推磨"，许多厂家因利益的驱使而不顾市场规范，只要谁愿拿钱来买它的货，他就可以成为在当地的经销商，致使"一女嫁二夫"甚至"一女嫁多夫"的现象比比皆是。这样，厂家根本无法控制经销商，也就无法控制市场，企业的短期行为必然导致产品的越区销售。二是对代理商或经销商的资格审查不严，使一些不合格的经销商滥竽充数，只要能赚钱，他们什么事都敢做，跨区销售也就不在话下。

(5) 抛售处理品和滞销品。一些企业为了一点蝇头小利，自食苦果，对积压货物不予退货，让经销商自行处理。而经销商为了避开风险，置企业信誉和消费者利益于不顾，将积压的、过期的，甚至变质的产品，拿到畅销的市场上出售，或者将区域市场内的滞销产品向其他区域市场窜货。还有不少经销商往往用畅销产品降价所形成的巨大销售力来带动不畅销产品的销售，从而形成窜货。经销商甚至把假冒商品与正品一起卖，这种现象在食品、饮料、化妆品等有明显使用期限的产品中极其普遍。这样厂家得到的不仅是市场混乱，更重要的是砸了企业的牌子。

3. 治理窜货的措施

(1) 归口管理，权责分明。企业分销渠道管理应该由一个部门负责，多头负责、令出多门最容易导致市场的混乱。这个部门首先要制定一整套的管理规章制度，如代理商的资格审查，设立市场总监，建立巡视员工作制度，建立严格的奖惩制度等。例如某品牌电动自行车的销售体系是每个县找一家独家代理，代理商每跨区销售一台车罚款 2000 元。制度一经制定，有法必依，违法必究。

(2) 签订不窜货乱价协议。制造商与各地经销商、代理商之间是平等的企业法人之间的关系，需要通过签订的经销或代理合同来约束经销商的市场行为。在合同中要明确加入"禁止跨区销售"的条款及违反此条款的惩处措施，或要求经销商或代理商缴纳市场保证金，将其销售活动严格限制在自己的市场区域之内。另外，由于相当多的企业对推销人员的奖励政策是按量提成，从而导致本公司推销员迁就纵容经销商窜货，谋取私利。因此，在企业内部推销员之间也可签订不窜货乱价协议，加大处罚力度，并且应当鼓励经销代理商之间、业务员之间相互监督。

(3) 加强销售通路管理。推销员和销售管理人员具有销售通路管理的职责。规范通路管理应做到以下几点。

① 积极主动，加强监控。推销员和销售管理人员特别要关注销售终端，关注零售市场，如果某区域销量或价格有明显变化，应该及时找出原因。其中重点是向上搜索一级、二级代理商渠道，检查有无窜货现象发生。

② 信息沟通渠道要畅通。最关心窜货的除了厂家外就数被窜货地区的经销商或代理商了，他们往往第一个发现问题，所以应有一个畅通的渠道能让他们及时地反馈、沟通信息，以便推销员和销售管理人员及时掌控市场窜货状况。

③ 出了问题，严肃处理。一旦确认窜货问题，推销员和销售管理人员应根据规章罚款或取消代理资格等，绝不姑息。

(4) 外包装区域差异化。鉴别窜货的难题之一是如何确认货物是应销往何地区的。其解决的办法是厂方对销往不同地区的产品在外包装上进行区别。主要措施如下。

① 给予不同编码。大件商品如汽车、摩托车、家电等都是一件商品一个编号，区分起来没问题。而日用品可以采取批次编号，发往不同地区的商品批次编号不一样就行。

② 利用条形码。对销往不同地区的产品在其外包装上印刷不同的条形码。

③ 通过文字标识。当某种产品在某地区的销量达到一定程度，并且外包装又无法回收利用时，可在每种产品的外包装上印刷"专供××地区销售"。例如国内不少电视生产商就是这样做的。

④ 采用不同颜色的商标。在不同地区，将同种产品的商标，在保持其他标识不变的情况下，采用不同的色彩加以区分。但这种方法要慎重使用，要作适当的宣传，以免为假冒产品开了方便之门。

(5) 建立合理的差价体系。企业的价格政策要有利于防止窜货。主要措施如下。

① 每一级代理的利润设置得不可过高，也不可过低。过高容易引发降价竞争，造成倒货；而过低则调动不了经销商的积极性。

② 管好促销价。每个厂家都会搞一些促销活动，促销期间价格一般较低，经销商一般要货较多。经销商可能将其产品以低价销往非促销地区，或促销活动结束后低价销往别的地区形成窜货。所以企业应对促销时间和促销货品的数量严加控制。

③ 价格政策要有一定的灵活性。价格政策要有调整的空间，否则对今后的市场运作不利。并且企业还要严格监控价格体系的执行情况，制定对违反价格政策现象的处理办法，使经销商不至于因价格差异而窜货。

(6) 加强营销队伍的建设与管理。主要抓好以下几点。

① 严格推销人员招聘、甄选和培训制度。企业应把好推销员的招聘关，挑选真正符合要求的高素质人才，在其上岗前要进行严格的培训，此所谓"磨刀不误砍柴工"。

② 制定人才成长的各项政策，使各推销员能人尽其才。企业应建立的主要目标有销售定额、毛利额、访问户数、新客户数、访问费用和货款回收等。其中，制定销售定额是企业的普遍做法。企业应对做出优异成绩的销售人员给予晋级、奖金、奖品和额外报酬等实际利益，以此来调动推销人员的积极性。物质激励往往与目标激励联系起来使用。企业还可对做出优异成绩的推销人员给予表扬，颁发奖状、奖旗，授予称号等，以此来激励推销人员上进。

③ 严格推销人员的考核，建立合理的报酬制度。绩效标准不能一概而论，管理人员应充分了解整个市场的潜力和每一位销售人员在工作环境和销售能力上的差异。绩效标准应与销售额、利润额和企业目标相一致。常用的推销人员绩效指标主要有：销售量、毛利、访问率、平均订单数目、销售费用、销售费用率、新客户数目等。合理的绩效评估和酬赏制度，能真正做到奖勤罚懒，奖优罚劣。评估考核时应注意销售区域的潜量、区域形状的差异、地理分布状况、交通条件等对推销效果的影响以及一些非数量化的标准，如合作性、工作热情、责任感、判断力等，力争从多方面杜绝窜货现象的发生。

例如，某食品公司解决窜货的办法是这样的。该公司的产品价格在全国范围内是统一的，不论是广州还是乌鲁木齐，对零售价与批发价都有严格的规定。然而，子公司和推销人员受利益的驱使纷纷进行跨区销售。该公司深刻意识到"低价冲货，祸国殃民"。从一开始，公司就重视市场秩序的整顿工作。2014年年初，公司成立了市场监管部，专门负责打击冲货。对冲货规定了严厉的处罚制度，并规定追究连带责任。冲货一经查出，销量全部划归被冲公司，因冲货获取的奖金全部没收，对于当事人和公司经理处以1～5倍的罚款。办事处冲货的，子公司经理要承担责任，子公司经理冲货的，地区总经理要承担责任。此外，工厂还在包装盒上打上批号，不同地区销售不同批号的货，所有批号在全国公开，因此，市场监管部只要一查批号，就可以看出是本地货，还是其他公司冲来的。此外，公司对发货的时间、流向都要进行严格的登记，以便有据可查。这些措施都对制止冲货起到了很好的作用。

第七节　网络客户的忠诚管理

网络时代的营销与传统的营销方式有着很大的不同，主要表现在营销范围更广、速度更快、供需双方见面很少、沟通更加方便，同时企业对于信誉更为重视，客户对服务的要求也更高。在网络时代，客户忠诚更加难于建立，而一旦建立之后，便能为企业带来更加丰厚的回报。

一、网络客户的忠诚效益

对于每个行业来说，在早期为赢得客户所付出的高成本使得企业不能赢利。但在随后的几年，随着服务老客户成本的下降及老客户购买额的上升，这些客户带来了巨大收益。用同样的方法分析包括书、服装、百货和家电等电商时，会发现传统的忠诚原则仍然有效。客户关系建立初期，就获取一名客户的成本而言，电子商务过高于传统的零售渠道。比如服装业，网络公司比传统公司的成本要高出20%～40%。但随着时间的推移，利润就大大增加了。并且由于网络商店在扩展产品的范围方面比传统的零售渠道更为方便，所以网络公司可以向那些忠诚的客户出售品种越来越多的商品，利润也就如滚雪球一般，越滚越大。

事实表明，网络客户往往倾向于在一个固定的网络供销商那里集中购买所需的各种商品，甚至在某种程度上这成为其日常生活的一部分。特别是在企业对企业的部门中，这种现象更为明显。例如，全美最大的工业供销公司发现，其老客户在公司分支机构的购买量是很稳定的，但当这些老顾客从该公司网站上购物时，其销售额竟上升了三倍。

此外，由于"让客户告诉客户"这一信息传递原则的作用，那些忠诚的客户也会经常把新的客户介绍给网络供应商，从而为网络供应商提供了另外一些丰富的利润源泉。虽然这种信息的传递方法在传统商业中也很盛行，但其在网络时代的效率更高。因为点击鼠标要比口头的传播速度更快，并且这种以"旧"带"新"策略的成本比那些通过传统的广告或其他市场途径销售的成本要低得多。

二、诚信是网络客户忠诚的基础

要想获得客户的忠诚，首先必须获得他们的信任。网上的商业活动具有明显的距离性、风险性和不确定性，因而诚信变得尤为重要。网上的客户由于缺少了销售商这一感性的中间环节，因此他们就必须依靠网络公司的形象和承诺来做出购物决策。如果客户认为网络公司的形象和承诺有问题，就会另行选择。从对网上消费者进行的一项匿名调查中发现，驱使他们在一个特定的网址上购物的最主要的动力不是低廉的价格和丰富的商品选择机会，而是他们的"信任感"。可见，价格不能驾驭网络，而诚信却能。

当客户确实信任一家在线企业时，他们会更愿意与之分享个人信息。这些信息使该企业与客户之间能形成更亲密的关系，并为客户提供更定制化的产品和服务，而这些反过来又将增强客户的忠诚度。如此的良性循环很快就可转换为一种持久的竞争优势。

三、网络客户的忠诚特点

网络客户与传统客户的忠诚相比有一些不同的特点。谨慎的客户选择是成功的基础，在没有锁定目标客户群的前提下，企业要想取得客户的忠诚是很困难的，而网上不同的客户群对企业经营业绩的贡献具有很大的差异。因此，公司必须根据网络客户的忠诚特点而"有所为，有所不为"。

要想聚集"金牌"客户群，首先要清楚地了解网络客户的不同特点。其实，大多数客户并不是把最低价格放在首位，相反，便利性是他们的首选。对客户而言，只要能使生活更轻松，即使价格高一点也无所谓。他们当然也有强烈的忠诚感，毕竟"轻车熟路"远比"从头开始"容易。还有一大类客户主要受品牌影响，他们也需要长期稳定的客户关系。如果公司认为客户上网主要是单纯受价格驱动，不值得留住，那么就大错特错了。

研究显示，一个网站的设计和营销策略对其所要锁定的目标客户忠诚影响很大。对于同一市场内不同的网络公司而言，其锁定的目标客户群细分起来也是有很大差别的。一些网站是为锁定长期稳定的目标客户而设计的，而另外一些网站则是为吸引那些在不同网站之间来回飞舞、以讨价还价寻求最低价格的"蝴蝶型"的客户而建立的。这些"蝴蝶型"的客户通常受促销折扣和一般性广告的诱惑，例如就百货而言，最好的诱饵就是那些目标不明确的旗帜广告。但是，如果一家网络公司将其大笔的营销资源投资于这些无差别的旗帜广告和网上优惠券，而不是投资于"建立网上社区"，则该公司不可避免地会减低客户忠诚度而导致客户的流失。

四、建立网络客户的忠诚

在因特网这一虚拟的空间中跟踪客户的足迹，包括客户的购买史和购买偏好，比在现实的传统商业环境中更容易。在现实中，如果客户不购物，商店对他们的购买行为就没有记录；即使购买后留下记录，这些数据也是不完全的概括。但在虚拟商店中，客户的购买方式是透明的，其每笔交易都会被自动记录。如果一个客户在看到价格显示屏时就退出网站，那么他属于"价格敏感型"；如果他从一个网页跳到另一个网页而没有达成任何一项交易，那么他很可能没有找到想要的东西。

通过提供如此丰富的数据，网络给公司带来了前所未有的机会，使得它们可以更好地了解、服务客户，从而也为建立网络客户忠诚创造了机会。

有不少公司充分利用互联网的优点，展开"大数据营销"，获得丰厚的回报。马云的"阿里巴巴"就是一个成功的典范。戴尔公司也是个例子，它一直把对客户行为的测度作为其电子商务战略的核心，并建立了由各部门的主管组成的"客户体验委员会"。在一次访谈中，该委员会成员、公司副总裁保罗·贝尔说："每个上市公司每季度都向股东公布其运行状况，但很少有公司像我们这样每周、每季度地追踪测度客户的感受。"通过对获得的大量数据的研究，该委员会总能够"想客户之所想"，每天更新信息并与公司所有雇员分享客户信息。例如，为了节省客户的"拥有成本"，戴尔特设了一个拍卖网站，以帮助客户卖掉他们的过时配置。该举措既便利了客户，也为戴尔带来了滚滚红利。

大量的研究表明，网络客户忠诚的主要决定因素并不包括技术，相反却都是一直提倡的客户服务方面的基本点：质量保证，及时发货，令人信服的产品提示，便利的、定价合理的运送，明确的、值得信赖的隐私政策。当然，这些要素随企业不同而不同，并且会随着时间而演化。

现在，许多公司都倾向于把其网上平台与其他业务分开，就是通常说的"线上"与"线下"。就短期而言，这种战略可能会创造收益；但就长期来说，它需要建构客户忠诚度。这是因为客户的最终目的是得到商品的使用价值，不管客户是在网上还是在传统的商店里购买。很多公司都深知，忠诚是由公司与客户的全方位接触决定的。就此而言，网络"是一种工具，而不是一种战略"。

网络时代，建立强有力的客户忠诚不再仅仅是增加利润的一种途径，而是企业的生存之本。

本 章 小 结

本章叙述了客户忠诚管理的内容。

客户忠诚是指客户偏爱购买某一产品或服务的心理状态或态度，或是"对某种品牌有一种长久的忠心"。客户忠诚能使企业销量上升、竞争地位加强、营销费用降低、避开价格战和方便企业新产品的推广。

客户忠诚可分为垄断忠诚、惰性忠诚、潜在忠诚、方便忠诚、价格忠诚、激励忠诚、超值忠诚等。忠诚的客户来源于满意的客户，客户的忠诚度有赖于满意度的提高，更取决于客户对你的信任度。

客户的忠诚度可用客户重复购买次数、购买挑选时间、对价格的敏感程度、对竞争产品的态度、对产品质量的承受能力等这些标准来测量。为了有效防范客户流失，公司可以实施全面的质量管理、提高市场的反应速度和增进与客户的沟通。

抓好中间商客户的忠诚管理是客户管理的重要工作。它主要包括中间商的激励和窜货管理两个方面。激励中间商的方式主要有直接激励和间接激励。窜货主要是由利益、供求关系、价差、管理、竞争等引起的，企业需要在人员、制度、客户资料以及科学的管理政策等各方面采取措施。

网络客户的忠诚管理是时代发展的新挑战，电商带来了机会，但同时也出现了客户流动风险，使得客户的忠诚管理更具有意义。

思考与练习

1. 客户忠诚的作用体现在哪些方面？
2. 客户忠诚可分为几种类型？对企业有何重要意义？
3. 如何全面而正确地理解客户忠诚的含义？
4. 培养忠诚客户有哪些原则？
5. 如何理解客户忠诚度测量标准？
6. 实施全面的质量管理有何重要意义？

实训项目题

重点知识讲授

1. 客户忠诚的分类；2. 培养忠诚客户；3. 中间商客户的忠诚管理

实训项目 1：怎样培养忠诚客户

分析本章的开篇引例，日本公司是如何培养忠诚客户的？对于你培养公司的忠诚客户有何启发？

学生 3～5 人一组，观察分析中国移动、中国联通、中国电信公司是怎样在本校培养忠诚客户的。写出 2000 字的分析报告。

实训项目 2：忠诚客户的分类

对学校周边某一商店或餐馆进行调查，分析其忠诚客户的类型。

实训项目 3：中间商客户的忠诚管理

学生 3～5 人一组，寻找一家批发商或零售商，参加他们的供应商或生产商的客户座谈会，或参加某一生产商的展销会，客户月、季、半年、年终销售会、联谊会、产品推新会等，考察其对中间商的管理与激励措施，写出考察报告。

案 例 分 析

【案例】刘理的客户忠诚

刘理是某电视机厂的业务代表，他在桂林市有4家客户。A家是大客户，每年销售额达60万元；B家销量也不错，但总是不断要求促销支持和加大返利；D家没什么要求，但每年的销量变化不大；而C家则每次进货都要求降价。现在国庆节就要到了，B和C又提出了促销和降价的要求。这次刘理经企业批准同意了他们的促销要求。

问题：

试分析刘理的客户忠诚类型并推出解决措施。

（资料来源：李光明. 客户管理实务讲义. 2015）

第八章 客户服务管理

【学习目标】

通过本章的学习，了解客户服务对企业生存发展的重要意义，理解和掌握客户服务的涵义、特征、目标和核心，掌握客户服务管理的方法，减少客户流失的原则及一系列留住客户的方法、措施和策略。

本章关键词：客户服务；客户服务特征；客户服务标准

本章项目任务：1. 如何制定客户服务标准；2. 怎样建立与运作客服团队

【开篇引例】厦航的优质服务

台海网(微博)3 月 4 日讯 据厦门日报报道(记者 徐景明) "今天我们就来介绍这样一支特殊的队伍，他们在要求严格、标准苛刻的民航领域都堪称楷模。" 这是昨晚中央电视台《焦点访谈》栏目介绍厦门航空有限公司的一段开场白。节目的末尾，厦航还被点评为 "最会服务的公司、最会赚钱的公司"。

这期节目的名称叫作 "细微之处见真诚"，从厦航的配餐部 "挑米" 开始介绍——厦航每日的 3 万多份配餐，每一粒米，都是配餐部员工手工挑选的，而且，一份米，要手检两遍才算过关。这样做，为的就是旅客吃到的米饭百分之百无异物。"在这些细微之处，厦航都要求自己做到精益求精。" 随后的节目，围绕着厦航缜密而细致的机上服务——送饮料要垫湿纸巾、热餐食要用手心试温度、和乘客说话超过三句，就要蹲下来……

约 5 分钟的节目播出后，在网络上迅速引起反响。"这个节目，让我们看到了什么是厦航服务，什么是高品质的服务。" 一位网友在厦航微博上留言说。还有一位网友，被节目中穿插的温情小故事深深打动——老家在沈阳的厦航乘务部乘务长赵迪，放弃了春节休假，坚守一线，她只能趁着航班到沈阳后的 10 分钟时间，与家人见上一面。

以诚为本、以客为尊。节目的最后，也为 "厦航服务" 所换来的成果 "点赞"：连续 10 个季度被评为 "服务最佳航空公司"，累计安全飞行 300 万小时，主营业务利润率 7.8%，名列行业之首；在坚守社会主义核心价值观的过程当中，既创造了品牌，也创造了效益，成为最会服务的公司，也成为最会赚钱的公司。

据悉，2 月 13 日，中宣部新闻局发出重要通知，将厦航作为培育和践行社会主义核心价值观的优秀企业予以宣传。随后，新华社、人民日报、中央电视台、中央人民广播电台等媒体先后刊发、播出相关报道，对 "厦航服务" 予以高度肯定。

思考： 为什么厦航被点评为"最会服务的公司、最会赚钱的公司"？

（资料来源：http://www.hxdb.com.cn，台海网，2015,3）

第一节 客户服务概述

客户服务是客户管理的重要组成部分，甚至可以说是最重要的部分。因为许多客户管理工作都是基于客户服务的基础上的，或者说是因为客户服务而产生和发展的。

一、客户服务的含义

1. 服务的含义

服务是指为他人做事，并使他人从中受益的一种有偿或无偿的活动，不以实物形式而以提供活劳动的形式满足他人某种特殊需要。社会学意义上的服务，是指为别人、为集体的利益而工作或为某种事业而工作，如"为人民服务"，他在邮电局服务了 15 年。经济学意义上的服务，是指以等价交换的形式，为满足企业、公共团体或其他社会公众的需要而提供的劳务活动，它通常与有形的产品联系在一起。

1960 年，美国市场营销协会(AMA)最先给服务下的定义为："用于出售或者是同产品连在一起进行出售的活动、利益或满足感。"这一定义在此后的很多年里一直被人们广泛采用。

从商业或服务贸易的角度出发，服务是个人或社会组织为消费者直接或凭借某种工具、设备、设施和媒体等所做的工作或进行的一种经济活动，是向消费者个人或企业提供的，旨在满足对方某种特定需求的一种活动和好处，其生产可能与物质产品有关，也可能无关，是对其他经济单位的个人、商品或服务增加价值，并以活动形式表现的使用价值或效用。

服务的提供可涉及：①在顾客提供的有形产品(如维修的汽车)上所完成的活动。②在顾客提供的无形产品(如为准备税款申报书所需的收益表)上所完成的活动。③无形产品的交付(如知识传授方面的信息提供)。④为顾客创造氛围(如在宾馆和饭店)。

2. 客户服务的含义

客户服务就是企业为客户提供各种各样的服务，但其含义在不同的人和站在不同的角度看却有着不同的理解。

一般认为，客户服务的含义为：企业在适当的时间和地点，以适当的方式和价格，为目标客户提供适当的产品或服务，满足客户的适当需求，使企业和客户的价值都得到提升的活动过程。开展客户服务工作必须考虑客户在时间和地点上的便利性；提供的服务必须以客户能接受的方式进行；收取的服务费用必须是客户能接受的、公平的；为客户提供的产品或服务必须能满足客户实际和适当的需要，最终通过为客户提供优质的、令客户满意的服务使企业和客户的价值都得到提升。

二、客户服务的特征

企业的客户服务工作贯穿于产品或服务售前、售中和售后的全过程，包括企业向客户提供与产品或服务相关的技术、信息等方面的各项专业化活动。它具有以下特征。

1. 双向互动性

一方面，企业和客户服务人员要主动了解和掌握客户的实际需要，在客户没有提出来之前主动为客户提供其需要的满意服务；另一方面，在客户主动提出需要服务时，要尽可能地满足客户的要求，令客户满意。因此，企业与客户在服务过程中是相互影响的。

2. 无形性

企业提供的服务贯穿于售前、售中和售后的全过程，它是无形的。但是，客户在获得服务的过程中却可以感受到它的存在，客户会通过自身的感受对企业的服务质量进行评价；并且，优质、满意的客户服务能使客户得到精神上的满足和体验。

3. 相连性

企业为客户提供的服务在销售过程中与其生产是同时进行的，而有形商品的销售和服务在售前、售中、售后也是同时进行的。因此，服务的特性之一是"生产"与"消费"同时发生，无法分割，即相连性。例如：当接受律师咨询或是美容院美容时，律师、美容师所提供的服务，客户也都在现场，所以客户与服务提供商的互动关系都会影响服务的结果。不像实体物，例如矿泉水，生产与消费的时间是分割的。但是，随着科学技术尤其是互联网技术的发展，相连性不再是服务的一个普通特性，出现了服务提供与消费者消费分离的现象，例如外汇、股票的买卖等过程。

4. 不确定性

服务的不确定性包括两个方面：一方面指客户向企业提出需要的服务项目和程度、时间、地点等具有不确定性；另一方面指企业客户服务人员的服务态度、服务技术水平以及服务人员的调配等方面存在着不确定性。服务的不确定性会导致客户产生不安全感，因此，企业一方面要精心选拔和严格培训客户服务人员，提高服务人员的服务意识、服务水准和管理水平；另一方面，要针对客户服务需要，在时间、地点等方面的不确定性，尽可能采取在时间上全天候、空间上全方位服务等措施，消除客户的不安全感。

5. 时效性

服务的无形性以及服务的生产与消费的同时进行，使得服务具有一定的时效性，不可储存。例如，"春运"期间对运输服务需求大大增加，绝不是在平常期间通过增加运输的次数、多投入运力就可以解决的，车、船、飞机等的平时空位反而造成浪费。企业应该在服务的有效期内，主动为客户提供其需要的各项服务，从而使客户得到最大限度的满足。

6. 有价性

服务的有价性表现为两个方面：一方面指客户获得的服务是有代价的，包括购买商品、服务时的一次性付出以及购买商品、服务后享受各项服务时的费用支出；另一方面指通过为客户提供服务能够提升客户和企业的价值。

7. 独特性

服务的独特性也包括两个方面：一方面指不同的企业为客户提供的服务具有不同的特色；另一方面指不同的客户对企业的服务要求具有独特的个性特征。

8. 广泛性

服务广泛存在于人们的生活中，所有的客户在购买商品或服务的前、中、后都需要企业为其提供各种各样的服务，所有的企业也都要为企业的所有客户提供力所能及的服务。

三、客户服务的目标

客户服务的目标是：企业通过对客户的关怀，为客户提供满意的产品和服务，满足客户的个性化需求，在与客户的双向互动中取得客户的信任。从本质上讲，企业为客户提供优质、满意的客户服务，其核心是为客户创造价值。因此客户服务的重点是：便利性、及时性、信息公开性(价格、内容、技术等)和平等性。它从下面几个方面体现。

1. 客户关怀(传递关心理解)

企业对客户的关怀贯穿于客户购买企业产品或服务的全过程。在客户购买产品或服务前，企业要及时掌握和预见客户的实际需要，及时、主动地将企业产品或服务的信息与客户进行有效的沟通；在客户选购产品或服务的过程中，企业销售人员要礼貌、专业地接待客户，热情地介绍产品或服务，让客户充分了解企业提供的产品和服务，并根据客户的实际需要，站在客户的立场为客户着想，当好客户的参谋，解决客户的实际问题；在客户购买产品或服务后，企业售后服务人员要及时、高效地跟进，为客户提供产品的安装、使用、维护等方面的服务、指导和培训，主动为客户消除各种后顾之忧。

2. 客户满意(强化心理感受)

客户满意是指客户对企业和员工提供的产品和服务所做的正面、肯定的评价，是客户对企业的客户关怀的认可。客户满意是人的感受，其产生源于客户对产品或服务的实际价值与客户的期望所进行的比较。如果产品或服务的实际价值与客户的期望相符，那么客户就会认为可以接受；如果产品或服务的实际价值超出客户的期望，那么客户就会感到满意；如果产品或服务的实际价值达不到客户的期望，那么客户就会产生不满或失望。因此，通过服务态度、服务水平的提升，使客户能产生积极的心理感受，体会企业关怀而达到满意。

3. 客户信任(确立忠诚行为)

客户满意不等于客户信任，客户满意是客户的一种价值判断，而客户信任则是客户满意的行为化，客户满意可以导致客户信任。客户信任是指客户对某一企业、某一品牌的产品或服务认同和信赖。它是客户满意不断强化的结果，与客户满意倾向于感性感觉不同，客户信任是客户在理性分析基础上的肯定、认同和信赖。客户满意是客户对某一产品、某一服务的肯定评价，即使客户对某企业满意也只是基于客户所接受的产品和服务令其满意，但如果某一次的产品和服务不完善，客户就会对企业不满意，可见，它是一个感性的评价指标。但是，客户信任是客户对该品牌产品以及拥有该品牌企业的信任感，他们会理性地面对品牌企业的成功与不利，即使某一次企业为客户提供的产品或服务不能令其满意，客户仍然会继续购买企业的产品或服务，甚至会主动为企业出谋划策使其改进。

四、客户服务的类型

1. 按服务的时间分类

(1) 售前服务。售前服务是指在销售产品之前为客户所提供的服务。其主要内容有：做好市场调查预测工作，根据客户需要组织生产或经营商品，最大限度地满足消费者的需求；做好广告宣传，把商品的特点、性能、用途通过广告媒体向客户进行介绍说明，引起客户的注意和兴趣，激发客户购买行为的发生；为客户提供样品和说明书，使他们充分了解和认识商品功能的先进性和可靠性，以及商品的使用和保养方法，以此来取得客户的信赖和购买；开设各种技术培训班，使客户掌握有关的技术资料和技术方法，增强他们的购买信心。

(2) 售中服务。售中服务是指在销售成交过程中所提供的服务。它包括：创造优美、舒适的购物环境；良好的服务态度；热情为客户介绍商品的性能、特点、用途、保养方法；耐心、细致地解答客户疑问，为客户现场操作示范、表演；区别不同客户选择不同色彩或式样的商品，充当客户的参谋；包扎商品和收款付货等服务活动。通过这些服务活动，往往能激发客户的购买行为，使他们高兴而来，满意而去。

(3) 售后服务。售后服务是指商品出售之后所提供的服务。其主要内容有：提供技术指导、技术咨询服务，为客户解决技术上的难题；提供零配件和备用件的服务；搞好安装、调试和大型商品的输送服务；建立维修网络和巡回检查服务；实行商品的"三包"服务制，即包退、包换、包修。通过这些服务活动，能消除客户的后顾之忧，提高企业信誉。

2. 按服务的性质分类

(1) 技术性服务。技术性服务是指提供与产品技术和效用有关的服务，如企业提供的安装、维修、调试、技术培训、技术指导等服务。

(2) 非技术性服务。非技术性服务是指提供与产品的效用无直接关系的服务活动，如广告宣传、送货上门、分期付款等服务活动。

3. 按服务的地点分类

(1) 定点服务。定点服务是指在固定地点建立或委托其他部门设立服务点进行销售服务，如生产企业遍布全国的维修服务网点。

(2) 流动服务。流动服务即指没有固定的服务点，而是定期或不定期地向顾客提供推销服务，如流动货车、上门访问维修、巡回检修等。这种服务方式的特点是深入居民区，能直接为顾客排忧解难，因而深受顾客欢迎。

4. 按服务收费分类

前面介绍的售前、售中、售后服务的大部分工作都是免费的，只有大宗服务项目如设备安装、汽车修理等，才视情况收取一定的费用。还有按照国家规定、服务项目、服务期限的不同区别服务收费的标准。

5. 按服务特性分类

客户服务特性是通过以下两方面体现的。

① 程序特性。程序特性是指一个企业为客户所提供的服务流程。比如，客户购买了一台冰箱，那么，客户从购买时起，就进入了这个冰箱企业所提供的服务程序。它规定了产品维修是由经销商还是厂家负责；什么情况下可以退货或换货；产品维修多长时间可以交还客户；是否有补偿；等等。所有这些都是客户服务的程序特性，这是企业为客户所制定的。

② 个人特性。个人特性是指客户服务人员在与客户沟通时，其自身的行为、态度和技能，以及在客户服务岗位上是不是称职等，这是企业为客户服务人员而制定的。

企业不同的客户服务特性决定了不同的客户服务类型。

(1) 漠不关心型的客户服务。这一类型的客户服务，其程序特性方面表现为无组织、程序非常混乱、不一致、不方便等。比如，客户购买的空调机坏了，需要维修，客户或者不知道企业的电话号码，或者电话打过去没人接；电话通了，却没有告诉客户一个准确的维修时间、应该由谁来维修；再问此事，却没有下文，如石沉大海，根本没有人给客户回复。再比如，去车站购票，不知道应该去哪一个窗口买票；问询处也没有人，更不知道应该在哪里得到帮助。这些都是典型的程序方面的问题。在个人特性方面，服务人员缺乏热情，没有服务意识和敬业精神，一问三不知。这一类型的客户服务对客户根本就不关心，实际上根本就没有客户服务。

(2) 按部就班型的客户服务。这一类型的客户服务，其程序特性方面很强，而在个人特性方面很弱。在服务程序上制定方案头头是道，一、二、三、四，甲、乙、丙、丁，设定了很多非常细致的客户服务的流程。但是，个人特性方面缺乏热情，不感兴趣，很冷淡。给客户传递的信息是，每个客户都要遵守规矩，不能搞特殊化。就算客户很着急，那也得按先后次序排队。比如客户说空调机坏了，热得难受，能否马上派人来维修？回答是不行，按规定需要两天后才能派人维修，或者服务人员技术很差，来了几次也修不好。这就是按部就班型的客户服务。

(3) 热情友好型的客户服务。这一类型的客户服务，在个人特性方面很强，而在程序特性方面很弱。个人特性很强是指客户服务人员态度特别好，很热情，也很友好，特别会沟通，技术也不错。但是，这个企业却没有一个很好的客户服务流程，很混乱。给客户传递的信息是：客服人员很努力，有同情心，但却真的不知道该怎么做，不知工作流程，管理纷乱。就像客人点菜以后，等了很久，第一道上的却是白饭！这就是热情友好型的客户服务。

(4) 优质服务型的客户服务。这一类型的客户服务，其程序特性方面和个人特性方面都很强。程序方面表现为及时、有效、正规、统一。客户服务人员有着很好的素质，他们关心客户，理解客户，体贴客户，能够很好地运用客户服务的技巧。它传递的信息是：企业很重视客户，并且希望用最好的服务来满足客户的需求。这就是优质型的客户服务，是最好的一种客户服务类型。

第二节　客户服务管理理念

一、客户服务的现实发展

当企业之间在产品质量、售后服务、品牌、价格四大领域的竞争达到同一水平、几乎没有多大区别时，企业要想赢得竞争的优势，只有通过自身的努力把服务做得更好，比别的企业更有特色，更能吸引客户。随着经济全球化步伐的加快，我国企业面临的竞争也越来越激烈。以客户为中心、以服务客户为中心的理念已在世界范围内被广大企业所接受。世界知名企业纷纷通过建立自己的客户服务网络管理系统来加强与客户之间的联系，及时掌握和满足客户的需要，从而继续保持和增强企业的竞争优势。

客户服务的发展，经历了从产品管理为导向到以客户关系管理为导向的逐渐成熟的过程，主要经历了以下四个阶段：

(1) 被动服务阶段。这一阶段是客户服务的初期，客户服务主要定位于售后服务，主要措施是解决客户房屋投诉，并没有一个专门的部门来负责，其主要工作为围绕具体项目内的特定业主群体，提供入伙后的物业服务。

(2) 部门服务阶段。在这一阶段，客户服务内容主要限定为解决客户投诉，由销售部门解决。企业客户服务工作的好坏，就是销售部门和该部门员工的问题。企业对客户服务还没有得到充分认可。

(3) 客服服务阶段。成立了专门的企业客户服务部门，用以整合整个企业各个部门的服务资源，建立企业级的客户服务体系，形成统一的面对客户的窗口。

(4) 全面服务阶段。这一阶段，企业的客户范围进一步扩大，不仅针对企业的目标客户，而且包括企业内部员工、政府和合作伙伴，提供全员、全过程的整合服务，主要以提供个性化的服务，增值服务为特点，以形成企业在服务方面的核心竞争力为发展方向而形成一个全面的客户服务体系。

二、客户服务的重要性

1. 优质、满意的客户服务是企业最好的品牌

(1) 优质的客户服务能招徕更多的客户。客户服务不是企业的短期行为，而是企业长远的、持续的经营活动的重要组成部分，精明的企业通过优质的客户服务使客户满意，从而使这种满意在人与人之间、客户与客户之间进行信息的传播，为企业招徕更多的客户，从而使企业获得更多的利润。

(2) 优质的客户服务使企业具有更强的竞争力。企业吸引客户的不仅是企业的产品，同时也是因为企业能为客户提供令客户满意的优质服务，而非一般竞争性的服务。企业必须为客户提供别的企业没有的、独具特色的或比别的企业做得更出色的服务，只有这样，企业才能够具有更强的竞争优势，才能够进一步提高企业的知名度和美誉度，使企业在客户心中树立起良好的品牌形象。

(3) 服务品牌是企业赢得客户的最好品牌。企业通过为客户提供优质、满意的服务，在客户心中牢固地树立起最好的服务品牌形象，从而赢得客户对企业和产品的认可和信任。如

"海尔"电器，它既是产品品牌也是服务品牌，它与同类产品比较，在质量上没有优势，在价格方面更是别的产品贵，但是，"海尔"电器经过多年的经营已经成为中国电器的第一品牌。它依靠的是在客户心中树立起来的服务品牌！这是服务品牌赢得客户最典型的例子。

2. 优质、满意的客户服务给企业带来巨大的经济效益

优质的客户服务将使企业拥有一批稳定的、高价值、高忠诚度、高回头率的客户，给企业带来巨大的经济效益。客户资源是企业的无形资产，而且是企业中最重要、最有价值的无形资产。如果一个企业没有客户资源，其产品(或劳务)就不能实现交换，那么企业的一切活动都将是徒劳无效的。客户资源虽然是无形资产，但它也是可以用货币计算的。

例如，假定一个顾客在肯德基餐厅一个星期消费一次，平均每次消费 40 元，那么一年消费额为：52×40 元=2080 元，10 年的消费就是 20800 元。另据调查发现，一个客户对服务满意的话将会把自己的满意告诉另外 5 个人，假定有 20%的人听从了满意客户的劝说而前往消费，那么肯德基餐厅 10 年又将增加 20800 元的销售额；而如果一个客户不满意的话将把自己的不满意告诉另外的 10 个人，同样假定以 20%的人听从了不满意客户的劝说而不前往消费，那么肯德基餐厅 10 年就将损失 2×20800 元=41600 元的销售额。

3. 优质、满意的客户服务是企业防止客户流失的屏障

客户流失是企业最不愿意看到的事情。在市场竞争状况下，竞争企业必然会使用各种手段来抢夺有限的客户资源，竞争越激烈，客户的忠诚度就越低，客户流失就成为一种必然。那么，如何防止客户的流失呢？优质、满意的客户服务是防止客户流失的最佳屏障，即使别的企业的产品价格比本企业的产品价格便宜一些，但由于客户不知道该企业的服务到底好还是不好，而本企业提供的服务项目非常齐全，服务质量非常好，客户感觉离不开，那么客户就没有理由离开本企业；即使客户一时离开了，但比较之后，还是感觉原来是最好的，最终还是会回来的。

4. 优质、满意的客户服务是企业发展壮大的基础

一方面，企业拥有一批老客户将使企业获得稳定而巨大的经济效益；另一方面，企业可以将有限资金的一部分用来服务已有的老客户，而将大部分的资金用于产品和市场开发等其他方面，从而使企业处于市场竞争的有利地位，使企业不断发展壮大。

三、客户服务管理理念与原则

1. 客户服务管理的理念

客户服务管理是指企业为了建立、维护并发展客户关系而进行的各项服务工作的总称，

其目标是建立并提高客户的满意度和忠诚度、最大限度地开发利用客户，获得良好的价值。

客户服务管理是了解与创造客户需求，以实现客户满意为目的，企业全员、全过程参与的一种经营行为和管理方式。它包括营销服务、部门服务和产品服务等几乎所有的服务内容。客户服务管理的核心理念是企业全部的经营活动都要从满足客户的需要出发，以提供满足客户需要的产品或服务作为企业的义务，以提升客户与企业价值作为经营的目的。

2. 客户服务管理的原则

(1) 以客户的需求为导向。企业所做的一切服务工作都应该紧紧围绕着客户的需求而展开，满足客户的需求既是企业开展客户服务工作的出发点，同时也是企业开展客户服务工作的最终目的。这要侧重于两个方面。

① 从客户需求的形式来看，它表现为潜在需求和明确需求。客户购买一台冰箱，制冷性能好是客户对冰箱的明确需求，而当冰箱不制冷时，客户才发现冰箱压缩机质量的重要性，这就是客户对购买冰箱的潜在需求。潜在需求通常与产品和服务的特色有关，明确的需求同利益关系更为密切。

② 从客户需求的内容来看，它包括以下几个方面，也是客户服务工作的重点内容：客户对购买产品或服务便利性的需求；客户对产品或服务的价格确定过程的了解需求；客户对产品制造和物流过程的了解需求；客户对与企业平等交易的需求；客户对及时获得产品信息的需求；客户对选择分销渠道的需求；客户对企业提供的服务内容和标准的了解需求；客户总是想在购买到满意的产品的同时能获得最多、最高水准和最满意的服务。因此，企业和企业员工要将企业为客户提供的具体服务项目、详细的服务内容和服务标准，尤其是有别于其他企业的特色服务、出色服务适时地告知客户，使客户消除购买的后顾之忧，坚定购买的信心。

(2) 为客户创造价值。客户价值是企业价值实现的前提和基础。这里客户价值是指客户获得的价值，它是整体客户价值与整体客户成本之间的差额部分。整体客户价值是指客户从给定产品和服务中所期望得到的所有利益，由产品价值、服务价值、人员价值和形象价值组成；整体客户成本由货币价格、时间成本、体力成本和精神成本组成。因此，客户价值实质上就是指客户总价值与客户总成本之间的差额。客户总价值是指客户购买某一产品与服务所期望获得的所有利益，客户总成本是指客户为获得某一产品所花费的时间、精力以及支付的货币等。

客户价值是一种相对价值。不仅不同客户对某一产品的期望价值会不同，而且同一客户在不同时间期望价值也会不同。第一，客户价值的大小是客户购买该产品和服务时付出的成本与得到的价值之间的比较，付出的成本越小，得到的价值就越大，客户就会越满意；第二，客户在得到这种产品和服务时，他们会将这种产品和服务与其他企业提供的产品和服务进行比较，如果他们认为自己得到的产品和服务比别人的产品和服务要好，那么他们就会感到满意，否则，就会认为不值得；第三，在产品技术品质相同的情况下，客户更关注产品附加值和服务质量，甚至在更多情况下，客户更愿意获得附加值高和服务质量高的产品；第四，从企业的角度来看，企业也会根据其收益指标和成本指标来衡量客户价值，一般来说，客户的价值就是企业的成本构成因素，客户的成本就是企业的价值构成因素。因此，企业在评估客户价值时，既会考虑到产品和服务本身的成本和价值因素，也会考虑到企业与客户之间的平衡因素。总而言之，企业为客户创造的实物价值和服务效用价值一定要超过客户付出的成本。

现代生产技术的普遍应用，产品成本差别在缩小，客户获得产品的货币成本、时间成本和精力成本已相差无几。在构成客户价值的因素中，产品的有形价值同质化使得客户价值的差别集中到无形的服务上来，因此，增加客户价值的核心方法就是改善企业的服务，通过客户服务提高客户价值。主要有下面几个方面。

① 强化客户感知。客户价值是客户的一种感受和体验，很难计算其数值。强化客户感知关键是要强化有形证据在客户服务中的作用，要求的一致性、产品的适宜性、价格的合理性、品牌的优异性、服务的完美性以及关系的密切性是决定客户感受强弱的主要因素。

② 提供个性化服务。客户不要求千篇一律的产品，所以根据客户的需求来订制客户的产品；同时，企业要根据客户不同的个性提供令客户满意的服务，这才是最佳的客户服务。

③ 协助客户成功。企业在提供客户购买的产品或服务的同时，为客户提供额外的辅助服务，帮助客户解决生产、经营过程中的问题，使客户获得成功。如客户购买了企业的生产设备，企业在提供生产设备及相关的服务同时，额外地为客户提供市场信息、提供客户，甚至帮助客户销售客户的产品等。

④ 让客户快乐。为客户提供良好的产品或服务，使客户认为自己得到了实惠，对企业感激不尽，身心获得愉悦、欢乐，从而产生信任。

第三节　客户服务的标准

制定一套有效的、可行的优质服务标准，是企业开展客户服务管理的基础，而确保标准得到贯彻和实施，则是企业开展客户服务管理的前提。

一、客户服务标准的作用

企业确定优质客户服务标准，可以使企业和其员工开展客户服务有了依据，同时对企业和其员工客户服务的质量好坏也有了评价的标准，而且还能使客户对企业起到重要的监督作用。

1. 为企业和企业员工明确目标

规范的优质服务标准为企业的服务团队和员工设定了一个明确的目标，使企业员工清楚他们努力工作的意义和必须达到的要求，使他们有了工作的目标感和方向感，从而瞄准目标，向着正确的方向共同努力。

2. 向企业员工传达期望

清晰、简洁、量化和可行的优质服务标准构成了对所有服务行为期望的共同基础，通过确定优质服务标准，企业向员工传达了这样的信息："这就是企业所期望的，是我们所有客户都想要的，是企业出色的客户服务工作的归宿。"

3. 评价员工服务质量的依据

企业制定的一整套客户服务标准，是企业进行客户服务人员的选拔和录用决策的依据，也是企业客户服务人员工作职责的具体规定。标准贯彻到企业员工的培训工作中，进而转化为客户服务人员更为具体的、更细小的操作准则。同时，企业制定的这些清晰、简洁、量化和可行的优质服务标准又可成为对客户服务人员工作行为和服务质量考核的依据，从而使企业服务团队的水平得以不断提高。

4. 使客户对企业起到监督作用

企业制定的客户服务标准，不仅对企业和其员工开展客户服务工作起到指导作用，同时也对企业和员工起到监督和约束作用。客户通过企业公布的客户服务标准对照企业和客户服务人员的服务行为，对他们的服务质量进行评价，把他们的满意和不满意告诉企业，从而使企业不断改进服务，使企业的服务质量跃上一个新的台阶。

二、客户服务标准的内容

1. 客户服务标准的要素

优质客户服务标准包括三大要素，即服务硬件、服务软件和服务人员。这三个要素相辅相成，缺一不可。

(1) 服务硬件。服务硬件是指企业开展客户服务所必需的各种物质条件。它是企业客户服务的外包装，起到向客户传递服务信息的作用；它是企业开展客户服务工作必须具备的基础条件，也是客户对企业形成第一印象的主要因素；它为客户的服务体验奠定了基调。服务硬件一般包括以下几个方面。

① 服务地点。客户在购买产品和获得服务时希望更方便、更快捷，因此，企业距离客户更近，更方便地使客户获得企业产品和服务方面的信息，更方便地使客户能够购买到企业的产品，更方便地使客户获得企业及时、高效的服务，成为客户选择企业的重要因素。这一因素在零售行业表现得尤为突出，互联网的发展对服务地点的优化产生了巨大的影响。

② 服务设施。服务设施主要是指企业为客户提供产品或服务所必需的基本工具、装备等，如运输车辆、行李寄存处、停车场等。服务设施包括质量和数量两个方面，设施的质量决定了企业为客户提供的服务好坏，而设施的数量决定着企业提供服务的能力大小。

③ 服务环境。服务环境主要是指企业为客户提供服务的空间环境的各种因素，包括服务场所的内外装修、环境的色彩、空间大小、光线明亮程度、空气清新度、环境卫生清洁度、温度与湿度、空气气味、家具的风格与舒适度、座位的安排，等等。它是客户购买产品或接受服务过程中的服务体验的主要因素。

(2) 服务软件。服务软件是指开展客户服务的程序性和系统性，它涵盖了客户服务工作开展的所有程序和系统，提供了满足客户需要的各种机制和途径。服务软件包括以下几个方面。

① 时间性。时间性是指企业为客户提供服务时完成服务的时间标准，服务的每个过程、每个步骤都应该规定具体的完成时间。

② 流畅性。流畅性是指企业为客户提供服务时企业内部各部门、各系统、各员工之间要相互配合、相互合作，使服务能顺利、流畅地完成。

③ 弹性。弹性是指企业为客户提供服务时，企业的服务系统具有根据客户的实际需要及时进行调整、灵活处理的特性。

④ 预见性。预见性是指企业为客户提供服务时能对客户的需要进行准确的预测，并且在客户没有提出时，能主动为客户提供该项服务。

⑤ 沟通渠道。为了保证企业客户服务系统的正常运行，及时了解客户的实际需要以便向客户提供优质的服务，企业内部以及企业与客户之间必须保持畅通的沟通渠道。

⑥ 客户反馈。企业必须建立有效而可观测的客户反馈系统，以便及时了解客户对服务工作的意见、客户的想法、客户对服务的满意与否。

⑦ 组织和监管。企业对客户服务部门和服务人员进行有效的监督和管理，以使客户服务系统能够正常地运行。

【阅读材料】某银行的客户服务标准部分内容

● 时间性：客服人员在客户进入业务厅20秒内打招呼。
● 主动性：客服人员主动询问客户需求。
● 沟通性：客服人员边与客户交谈边帮助提供需要的服务，如取号、填单。

● 准确性：客户人员准确无误告知客户需要准备的资料与信息。

● 反馈性：客户人员发现客户不满意或不能处理的事物，当即反馈给大堂经理与客户接触处理。

（资料来源：李光明. 客户管理讲义. 2015）

（3）服务人员。企业的服务硬件和软件是理性的、规则的，而这些规则是靠服务人员来执行的，服务人员的服务意识、服务精神以及他们在服务过程中的一言一行等个性化的东西决定着服务质量的好坏。服务人员的个人因素包括以下几个方面。

① 仪表。客户服务人员在为客户提供服务时，服务人员形象的好坏对客户的心理活动产生着积极或消极的影响。企业要制定能使客户留下良好印象、制造和谐气氛、产生良好情绪的符合仪表要求的外在指标，如：男士服务人员头发长短不能盖过耳朵、不能留奇形怪状的发型、不能染发，不许留胡子，指甲不能过长；女士脸部适当着淡妆，着装要统一，佩带服务牌等。

② 态度、身体语言和语调。客户服务人员的态度体现在服务人员的表情、身体语言以及说话的语气、语调等方面，它是客户对企业客户服务质量评价的重要方面，也是客户对企业提供的服务满意与否的重要指标。企业要制定在开展服务工作时客户服务人员的态度、身体语言以及说话语气、语调等方面的可观测指标，如：服务人员在为客户提供服务时要微笑，说话时眼睛要注视对方，语气要平和、委婉，站立时手势摆放要得体，等等。

③ 关注。关注是指满足客户独特的需要和需求，这种关注或关心是敏感的，它认同客户的个性，从而以一种独特的方式对待每一位客户。企业要制定出以何种方式向客户表示关注，如何才能使客户感觉受到了特别对待，哪些不同的客户需要保持不断变化的、敏感的关注，企业和服务人员为满足这些独特的需要具体做什么等方面的标准。

④ 得体。得体不仅包括如何发出信息，还包括语言的选择运用。某些语言会把客户赶跑，因此，要注意避免使用这些语言。企业要制定客户服务人员在开展客户服务时的具体语言要求，如：在不同的环境下，说哪些话比较合适；在与客户打交道的过程中，哪些话是必须要说的；应该怎么称呼客户；应该在什么时候称呼客户的名字，频率是多少；等等。

⑤ 指导。指导包括服务人员如何帮助客户；例如如何指导客户做出购买决定，为客户提出劝告和提供建议；在为客户提供帮助的过程中，应该配备什么资源；服务人员需要具备什么知识水平才能为客户提供正确的指导；企业如何了解服务人员的知识水平是否达到标准；如何衡量这个标准；等等。

⑥ 解决问题。客户不满时怎么办；如何使客户转怒为喜；如何对待粗鲁、难以应付的客户；如何理解"客户总是对的"；如果客户永远都是对的，企业在保持这个标准上能做到什么程度；应该由谁负责处理客户的不满和问题，他们的权力范围有多大；企业如何指导

客户的问题得到妥善解决；有哪些相应指标，如何观察和衡量这些指标，这些都是解决问题时应全面考虑的问题。

2. 客户服务标准的 BPM 因子

(1) BPM 因子包括以下三个层次。

B：(Basic 基本因子)，它是企业为客户提供服务的基本设施或服务项目。如：星级以上的宾馆都有空调、独立卫生间，它是顾客认为一家宾馆必须提供的基础设施，这就是基本因子。

P：(Performance 绩效因子)，它是吸引客户购买企业产品或服务的因素。如：一家酒家坐落在城市商务中心，交通便利，商务设施齐备，这些就是吸引商务人士下榻的绩效因子。

M：(Motivation 激励因子)，它是企业在满足客户的基本需要以外增强顾客满意度的因素。如：在 20 世纪 80 年代，在大多数宾馆还叫旅社的时候(这些旅社没有独立卫生间，更谈不上空调)，这时有一些宾馆开风气之先，提供了带空调和独立卫生间的客房，使顾客趋之若鹜。这些便是激励因子，没有它顾客并不会感到不满意；但有了它，就会大大增强顾客的满意度。

(2) BPM 因子与客户满意度的关系。BPM 因子与客户满意度之间的关系如表 8-1 所示。

表 8-1　BPM 因子与客户满意度之间的关系

项　　目		客户满意度
基本因子 B	减弱	降低
	加强	增加不大
绩效因子 P	减弱	降低
	加强	增加
激励因子 M	减弱	降低不大
	加强	增加

从上表中可以看出，基本因子具有这样的特征：当它减弱时，客户的满意度会跟着降低；而当它加强时，客户的满意度却不会增加或增加不大。如一家新开张的宾馆，如果以客房有空调、有独立卫生间为卖点来吸引顾客，效果肯定不大；而如果你的宾馆不具备空调和独立卫生间，顾客肯定会一个一个地走掉，因为减弱基本因子会降低客户的满意度。

绩效因子却与客户满意度保持一致的关系：当它减弱时，客户的满意度就会降低；而当它加强时，客户的满意度就会加强。如前述的一家酒家坐落在城市商务中心，交通便利，商务设施齐备，它就会吸引商务人士下榻；如果这家酒家地理位置偏僻，交通也不方便，那么它就很难吸引到商务顾客下榻。

激励因子与客户满意度是另一种关系：当它减弱时，客户满意度降低不大；而当它加强时，客户满意度就会增加。如前所述的 20 世纪 80 年代，在大多数旅社都没有独立卫生间，也没有空调的情况下，顾客并不会感到不满意；但如果有了它，就会大大增强顾客的满意度。

随着社会的进步、竞争的日益激烈，绩效因子和激励因子会变成基本因子。所以，企业要根据客户的需求，不断地发掘新的绩效因子和激励因子，并制定新的服务标准，从而提高客户的满意度。

三、制定客户服务标准

1. 客服标准的指导原则

(1) 标准应由有关员工参与设计和认可。企业客户服务员工处于服务的第一线，对客户的需求最了解，也最有发言权。因此，制定企业客户服务标准时，应该让企业的客户服务员工参与设计，只有这样，才可能使企业的服务员工不折不扣地执行自己制定的服务标准；同时，在有条件的情况下，企业可邀请客户参与对服务标准的制定，一方面使制定出来的服务标准更加切合客户的实际需要，另一方面密切了企业与客户之间的关系，使标准能够得到更好的贯彻和实施。

(2) 标准应该科学完整。企业制定的服务标准必须考虑到形形色色的客户和客户方方面面的需求，尽可能使服务的每一个环节都被覆盖，并且科学合理。

(3) 标准应该得到清晰的陈述。企业制定出来的服务标准应该以书面的形式清晰地加以陈述，使企业客户服务员工能够更好地理解和执行，也使客户能够有依据地对企业的客户服务工作进行监督。

(4) 标准能满足客户的要求。企业开展服务工作的最终目的就是为了满足客户的需要，因此，在制定服务标准的时候，必须将客户的物质方面和精神方面的要求体现出来。

(5) 标准须现实可行、通俗易懂。企业要从自身实际情况出发，制定出能满足客户需要的，同时又是本企业切实能够做得到的，并且对企业服务员工和客户都是通俗易懂的标准。

(6) 标准须得到上层管理者的支持。服务标准的具体执行者是企业的客户服务部门，而服务部门开展客户服务工作离不开上级管理部门和管理者提供的物质方面的保障以及精神上的支持，否则，客户服务工作将难以顺利进行。

(7) 标准必须得到严格的执行。企业的服务标准确定之后，在公布时必须准确，执行时必须不折不扣，不允许出现有法不依，有规不行。

(8) 标准必要时应予以修正与更新。客户对企业提供的服务标准的要求会不断提高。企业要定期和不定期地对不适用或已经过时的服务标准予以修正，使企业的服务质量进一步提高，以更好地满足客户的需要。某些新标准会随着新技术、新工艺的出现而不断出现，为了跟上时代发展的步伐和满足客户新的需要，企业在必要时应该添加新的服务标准。

(9) 标准应反映出组织的目标。服务标准应该体现出企业的经营服务理念和目标，通过优质的客户服务工作使客户满意，从而使企业的经营目标得到实现。

(10) 标准执行过程进行有效持续的沟通。企业客户服务员工和有关管理人员要经常与客户进行有效的沟通，让客户理解企业客户服务的理念和了解服务标准的内容，使服务标准得到更好的贯彻和执行；同时，经常与客户进行有效的沟通，能够及时向客户传递企业的相关信息和掌握客户的新需要。

2. 制定客服标准的步骤

制定企业优质客户服务标准是一个不断循环的过程，一般可分为四个步骤。

(1) 分解服务过程。分解企业的服务过程，就是把客户在企业所经历的服务过程进行细化、再细化，放大、再放大，从而找出会影响客户服务体验的每一个要素。

服务圈是一个分解服务过程的工具，它就是客户在企业所经历的关键时刻和关键步骤的图，通过这个图去解剖企业的服务过程，从而找出关键所在。不同的行业、不同的企业、不同的岗位，服务圈肯定有所不同，在画服务圈时要结合行业、企业、岗位的特点。服务圈画出来之后，要确定关键步骤在哪里。画服务圈的工作由直接参与某项服务的一线员工或高级顾问来做。设计合理服务圈的操作原则：

① 以尽可能完美的结局结束服务。服务项目的结尾部分将长时间、深刻地留在客户的记忆中，因此，它比其他任何一个环节都重要得多。就像一场电影，高潮大致都是出现在结尾而不是开头。这并不是说在项目的开始提供基本满意的服务不重要，但是如果企业的服务项目以相对低层次的服务手法开始，以高层次的服务内容结尾，这种呈上扬态势的过程肯定比高高兴兴开始、平平淡淡结束要好得多。比如，咨询服务业的服务者在这方面的经验就非常丰富，他们往往在项目开始时浅尝辄止，然后充分规划整个服务程序，而在服务的最后再放上一两块"金子"。这样，服务的结尾就具有极大的吸引力，甚至服务者劳动成本间接增加也不会在乎。以航空业为例，航班的推迟或取消以及时有发生的行李丢失事件，使越来越多的人对航空公司怨声载道。其实，对于行李丢失的现象，航空公司完全可以在行包处提供专人服务，甚至为乘客下机后提供地面运输服务，这样不仅体现了航空公司对乘客"无微不至"的关怀，更会使航空公司赢得一批忠诚的客户。

② 尽早去除负面影响。行为科学告诉我们，在一系列包含正负结果的事件中，人们往往愿意先接受负面的结果，这样可以避免过分担心，并且使自己具有更好的心理承受能力；他们希望在最后得到正面的、积极的答案，这给他们的感觉要愉悦得多。在开展服务的过程中，有些服务会导致客户产生痛感，如外科手术；而大多数的服务不会导致痛感，但有

时会使客户产生不愉快的感受，如吃饭前的排队或是游览主题公园前的排队、停车等都是典型的例子。这些不愉快通常出现在服务过程的早期，因此，在服务过程的最后，弱化和消除客户这种不愉快的记忆是非常必要的。在专业服务中经常会有服务提供商为了避免客源的流失，不愿意向客户公布坏消息，往往拖到最后一刻才不得不说，这是绝对错误的做法。服务人员应尽早提供坏消息，如痛感、不适、长时间排队等候和其他一切令人不愉快的事情，并且尽快用其他的感受去覆盖它，只有这样，坏消息才不会在客户的记忆中主宰整个经历和过程。

③ 分割快乐、捆绑痛苦。如果将某种经历分成片断，整个过程看起来似乎要比实际过程长许多，而人们对自己的失去和获取的反应往往不尽对称。比如人们购买彩票，一次赢得 100 元和两次分别赢得 50 元，如果让人们选择其一的话，相信绝大多数的人会选择宁愿赢得两次。而如果同样是拿 100 元去购买彩票，一次购买 100 元而一分钱都不中和分两次购买每次各 50 元也都是一分不中，会选择哪一个呢？恐怕绝大多数的人希望只是一次不中。这就是为什么公司应该将愉悦的经历分成若干小段，而将不快的过程捆绑为一个整体的道理。但是，并非所有的企业都掌握了这个概念和原则，例如电话服务热线常常让人心灰意冷。为了接通相关部门，顾客不得不听完所有的接听结构语音介绍，并一次次按下相应的按钮，通常要经过四五个步骤才能到达目的部门。相关公司应该减少到达最终目的地的步骤数目，以此减轻等候的不愉快感觉。迪士尼主题公园在这方面做得非常出色。对于排队等候的游客，他们投入了极大的努力去分散排在队伍后面的人的注意力，以此减轻他们的不适感，并且尽可能使景点与景点之间的路程缩短。这些基础工作的到位，使得越来越多的人加入到迪士尼乐园中，而娱乐的细化则使得人们感觉到快乐的时光得到了延长。

④ 承诺选择性。一个十分有趣的调查表明，当献血者可以自主选择被抽血的手臂时，他们感觉到的不适将大为减轻。原因很明显：当人们相信自己可以控制一个过程的时候，心情往往要好许多，特别是当人们感觉不适时，通常这种选择只是象征性的，如选择被抽血的手臂。换个角度来说，这种差别又是实际存在的，如在允许病人非正规自主选择癌症或是心脏病的治疗方法时，医学专家早已意识到了这一点。这是受到高度支持的选择和决定，在做出决定的同时，病人已经感觉到获取，他们不再觉得过分无助，因而对于治疗的进程更加配合。许多企业已经学会在正常情境中使用这条原则，例如许多航空公司让乘客自由选择机上进餐的时间；绝大多数宾馆让住户自主决定是使用闹钟或是统一接收起床铃声等。调查发现，这条原则不仅能省钱，还能让客户开心满意。有客户投诉施乐公司，抱怨客户服务人员的维修服务不够迅速。最初，公司考虑增加维护人员，但是经过深思熟虑之后，它决定让顾客自己选择维修时间。这让公司知道了维修个体的紧急程度，维护人员可以优先到达发生严重故障的修理现场。正如其所期望的，顾客的满意度直线上升，而真正让客户服务人员吃惊的是：所需的维护人员比估计的要少得多。他们最终得出结论：其

实顾客并不是过分在乎投诉的即时回复，他们在乎的是自己的选择权。

(2) 找出每个细节的关键因素。在上一个步骤中，通过"服务圈"的方式把服务过程进行了分解之后，就要找出每个细节的关键因素。在服务过程中，哪些是关键因素呢？比如客户进入了停车场，那么客户希望进入的是一个整洁的停车场，停车快捷，由专人指引停车，甚至有人代他泊车，车子放在停车场是安全的。也就是说，在这些细节中，整洁、方便、热情、安全是细节的关键因素。那么，怎样才能找出每个细节的关键因素呢？关键因素的影响分析应从顾客角度出发，对服务体验的关键要素予以详细地描述。有时，一个本以为自己良好地控制了关键因素的组织会发现，顾客根本不这样认为。因此，必须要从客户的体验出发。

(3) 把关键因素转化为服务标准。从前面分析的细节中可以发现，一些细微的事情都可能影响到某一个关键因素。比如：停车场的安全栏杆，它每天都千百次地抬起、放下，绝大多数时候是运动自如、无故障的，但是如果这次它出现了问题，就会使这位顾客产生负面的服务体验——折价超市的服务"方便"性不太好。因此，要把影响顾客服务体验的关键因素标准化、具体化，具体到服务圈里的每一个细节中去。

(4) 根据客户的需求对标准重新评估和修改。企业制定出客户服务标准后，该标准是否合理呢？按照该标准能否达到优质服务呢？这并不是企业能说了算的，它必须由客户说了算，企业要根据客户的需求来对标准进行重新评估和修改。许多企业在制定标准时，更多考虑的是这套标准对企业有什么好处、是否便于企业的运作与管理，而不是从客户的角度考虑，因此往往导致客户对企业的不满。下面的案例说明了根据客户的需求重新评估和修改服务标准的重要性。

【案例 8-1】中国工商银行为特殊客户提供上门服务

2013 年 12 月 13 日，客户杨某携其父亲的银行卡及身份证件来到工行延安志丹支行，称该张银行卡密码错误次数超限，要求工作人员为其重置密码并办理后续业务。按照该行规定，重置密码必须由本人持本人有效证件到营业网点办理。但客户称其父亲患病在家行动不便，并坚持认为自己是持卡人的女儿可以全权代理。该行现场管理经过与该客户认真沟通后了解到，此张银行卡持卡人因患有脑溢血行动不便，不能亲自前来办理银行卡解锁业务。现场管理立即将该情况上报主管行长，根据省行下发的《特殊个人客户特殊场景业务服务流程》安排了两名工作人员亲自上门服务，上门核实了持卡人的身体状况和神智状况，核实一致后让持卡人在上门服务申请书上签字确认，委托其女儿代理办理银行卡解锁业务。客户所持银行卡成功代理解锁后，客户女儿致电 95588 对该行相关工作人员提出表扬，对银行的人性化服务做出了高度赞誉。

按照工行规定，客户重置密码必须是本人前来办理，可该客户由于患病行动不便不能前来，如果非要坚持规章制度，极有可能导致矛盾冲突甚至有被投诉的风险。该案例中，网点没有死板地按部就班，而是积极寻求解决问题的实际办法，根据《特殊个人客户特殊场景业务服务流程》(工银陕办发[2013]637号)等文件，迅速启动特殊业务上门服务机制，为特殊客户提供人性化服务，及时为客户解决了问题。

案例启示：一是对于特殊客户，网点不能一味循规蹈矩，应该根据银监会及该行各项文件规定特事特办，对于身体有残疾行动不便的客户，提供更人性化的上门服务。在确保零风险的情况下，竭力满足客户的服务需求，妥善解决问题。二是大堂经理、一线柜员要时刻谨记服务宗旨并了解特殊业务流程，对客户的需求要耐心了解、积极解决。三是网点全体工作人员在遇到此类特殊事件时要齐心协力、各尽其责，当班领导要及时研究拿出切实有效的解决办法，第一时间为客户解决问题。

(资料来源：郭若桐. 工行延安分行，2014-1-6)

3. 制定客服标准要注意避免的误区

(1) 标准越严越好。许多企业认为标准越严越好，可能就会出现小餐馆采用五星级大酒店的标准的现象。如果小餐馆真的采用了五星级大酒店的标准，那么，其结果必将是：一方面会吓跑原来的顾客，另一方面又不能将出入大酒店的客户吸引过来，最终导致什么顾客也没有了。表8-2是西餐厅的不同等级服务标准。

表8-2　西餐厅的不同等级服务标准

初级标准	中级标准	高级标准
● 没有预订	● 接受预订	● 特定餐桌的选择
● 自己就坐，菜单在广告板上	● 安排就坐	● 介绍菜单：介绍主菜和特色菜
● 取消	● 提供水和面包	● 提供各种热面包和开胃小吃
● 现成的：无选择	● 准备菜肴	● 在餐桌旁单独准备
● 限制为4种选择	● 沙拉(4种选择)	● 增加到20种选择：增加大菜，在餐桌旁去鱼骨，在餐桌旁准备调料
● 圣代吧：自助	● 主菜(15种选择)	● 增加到12种选择
● 只有咖啡、茶、牛奶	● 甜点(6种选择)	● 增加异域风情的咖啡，各种葡萄酒、烈酒
● 沙拉和主菜一起上；账单和饮料一起上	● 饮料(6种选择)	● 分道上菜的服务：在各道菜之间上果汁饮料
● 只收现款：离开时付款	● 上菜	● 付款的选择：包括签单总付，赠送薄荷糖
	● 收款	

从上表中可以知道，不同的标准适合不同档次的餐馆，但是有些标准，比如环境清洁、接待友好和礼貌、食品卫生等，无论是大酒店还是小餐馆都是越严越好。只要是符合顾客的期望、切合实际的、可操作的标准就是好的标准。

(2) 一切标准都符合"行规"。一些企业在制定服务标准的时候，总是拿行业中的模范企业来做样本，以他们为榜样来制定本企业的服务标准，结果制定出来的标准毫无自己的特色，怎么看都不像是自己的，而是别人的。

(3) 标准以平均数为目标。一些企业制定了类似这样的服务标准："顾客提出的要求要在 3～7 天内答复"，"产品维修满意率要达到 98%"，等等。这些标准初看起来好像对客户挺负责的，实质上是不妥当的，因为这些平均数包含着伤害部分人利益的极端情形。就算这个标准相当实际，如产品维修满意率要达到 98%，那么就意味着有 2%的客户是 100%不满意的；如果客户确实期望 5 天内交货，平均 5 天交货的服务标准也包含着提前一两天交货和延误多天交货的情形。前者会增加成本，但不一定使客户满意度提高，而后者会使客户生产经营受到影响，产生不满。解决的办法是制定出确定的标准，并且要完全达到标准。比如规定所有的订单要在接到后 5 天内将货物从工厂发出，而且只要未达到这个标准，就要立刻采取紧急补救措施。

(4) 标准不必让客户知道。一些企业认为，服务标准是企业对客户服务人员要求的，没有必要让客户知道。其实，企业制定的服务标准是否真正得到贯彻执行，不仅需要企业的管理机构进行监督，而且需要客户的监督，而客户的监督是最好的监督。

(5) 标准越细致越好。一些企业在制定服务标准时，总认为标准制定得越细致越好，如某些电信公司的收费标准就是如此。某电信公司规定：星期一至星期五每天 7 时至 19 时，3 分钟以内收费多少，超出 3 分钟每分钟收费多少(后来改为每 6 秒收费多少)；19 时至第二天 7 时收费减半；双休日和节假日收费减半等。客户不会因为收费的差价而将需要在白天打的电话推迟到晚上七点钟以后再打。因此，标准并不是越细致越好，而是要侧重考虑顾客的实际需要和令顾客满意。

四、实施客户服务标准

企业制定服务标准不是为了制定而制定，也不仅仅是为了给客户和社会公众看的。企业制定出服务标准后，必须将之贯彻和实施，为客户提供最优质的服务。贯彻和实施服务标准必须有两个系统的支持和保证，一个是员工培训支持系统，另一个是服务质量评价系统。前一个系统的内容将在下节介绍，而后一个系统将在"客户服务的评价与激励机制"中介绍，在此暂时不予介绍。

第四节　组建客户服务团队

企业制定出清晰、现实、可操作性的优质服务标准之后，必须将其付诸实施。而企业优质客户服务标准实施的前提是拥有一支优秀的客户服务团队。

企业组建一支优秀的客户服务团队，可以通过以下六个步骤进行：第一，设计客户服务岗位；第二，对客户服务岗位的人员素质进行描述；第三，选拔客户服务人员；第四，对客户服务人员进行技能培训；第五，选拔能胜任的企业客户服务团队领导；第六，在企业内部形成良好的客户服务组织氛围。

一、设计客户服务岗位

俗话说："先立庙，后请菩萨。"同样，客服队伍的建设，必须适合企业客服工作的需要，因此要先设计客服工作岗位。

1. 描述设置岗位的目的

(1) 岗位所提供的服务。企业必须明确设立的服务岗位能为客户提供什么服务，包括服务项目、服务内容和服务标准等。

(2) 岗位提供服务的结果。企业设立该服务岗位提供的服务满足了客户的哪些需要；是否能令客户满意；给企业带来什么利益；等等。

2. 明确岗位的具体工作

(1) 岗位最重要的任务内容。

(2) 岗位次重要的任务内容。

(3) 除了以上的任务之外的其他工作。

(4) 这些任务实施的频率(工作量)。

3. 明确岗位需要的条件

(1) 工作环境。服务岗位需要什么设备保障，以及服务地点的选择，服务时间的安排等。

(2) 工作的技能技巧。开展服务岗位的工作需要客服人员掌握的工作方法、技能、技巧等。

4. 制定客服岗位标准

(1) 明确服务岗位程序的标准。

(2) 明确服务岗位个人的标准。

(3) 确定衡量服务岗位工作业绩的标准。

5. 明确客服岗位的企业内部关系

(1) 明确服务岗位隶属企业哪个部门。

(2) 明确服务岗位与其他岗位的关系。

(3) 明确服务岗位在工作过程中的信息沟通与管理程序。

二、客户服务人员的素质要求

企业要确定能胜任客户服务岗位的服务人员必须具备的素质要求。

1. 客服岗位所需要的关键知识

(1) 客服岗位的工作方法以及企业产品、服务和客户等方面的知识。

(2) 客户岗位人员必须具备的教育水平。

(3) 客服岗位人员必须经过的相关培训。

2. 客服岗位必须具备的重要技能

(1) 客服岗位人员完成工作任务所具备的工作经历。

(2) 完成客服岗位工作任务必须具备的工作技能。

(3) 客服岗位需要的沟通与人际交往技能。

3. 客服人员需要具备的品格素质

(1) 注重承诺。"人若无信，不知其可"，没有人愿意与不讲信用的人打交道。对待客户诺言就是责任，说到就要做到。

(2) 宽容心。在开展客户服务工作过程中，会遇到一些"不讲理"或"性格急躁"的客户，这时要能够理解客户。

(3) 谦虚诚实。服务人员并不一定比客户懂得更多，也不可能对客户隐瞒什么而不被其他人知道。因此，只有谦虚诚实，才能够为企业留住客户。

(4) 同理心。要站在客户的角度去思考问题，这样才能够真正地理解客户的想法和处境，才能够真正地解决客户的实际问题。

(5) 积极热情。服务人员热情友好的态度会传递给周围的每一个人，会营造出一种温馨融洽的氛围，客户也会对服务人员产生好感，客户永远喜欢与能够给他带来快乐的人交往。

(6) 服务导向。服务导向是指一种乐于为别人提供帮助的意愿，它是服务人员必须具备的重要品质，这种品质是通过后天培养形成的。

4. 客服的技能标准

(1) 工作技能和沟通与人际交往技能的规定水平。

(2) 技能标准的可观测性的具体指标。

5. 对客服期望的结果

(1) 企业对客服岗位期望达到的结果。

(2) 客服岗位最终的工作成果的衡量方法。

三、客户服务人员的选拔

企业应根据客户服务岗位的特点和要求，面向社会通过公开招聘的形式，选拔具备优质客户服务能力的岗位应聘者。企业在招聘面试时，除了要考察应聘者的身体条件之外，还要重点考察应聘者的内在素质。因此，在面试时面试者要特别注意对应试者的提问方法和技巧，努力使应试者自然地回答，从而考察出应试者的真实素质。

1. 采用开放式问题提问

对应试者进行提问时，提问的问题应该是开放式的，即提一些笼统的、没有特定答案的问题，以考察应试者的全面、综合的素质。

2. 认真聆听应试者的回答

面试者应该用心地聆听应试者对每一个问题的回答，而一个问题的回答往往会决定着下一个问题的内容。如果这个问题的答案没有提供足够的信息，面试者可以对应试者说"请再多说一些"或"能不能讲得具体一些"，等等。

3. 鼓励价值判断

向应试者提一些诸如"你如何面对一位难缠的客户"、"你如何处理坚决要求退货的客户"、"你如何与性格不一的同事相处"等方面的问题，以考察应试者的价值取向和判断。

4. 寻找"选择点"

选择点是指那些需要应试者解释为什么选择这项活动而不是其他活动的情形。比如："你为什么参加我公司的招聘"，"某某成功人士为什么能取得如此成功"，等等。

通过以上的面试提问之后，面试者要对应试者进行综合的评价。表8-3是理想客户服务工作候选人的测试指标表。

表8-3　理想客户服务工作候选人的测试指标表

测试指标	测试评价	
真正喜欢他人	是( )	否( )
把为别人工作和服务看成享受	是( )	否( )

续表

测试指标	测试评价	
强烈的社交需要	是（ ）	否（ ）
在陌生人中间能感受自然	是（ ）	否（ ）
对某个集体或某个地方的归属感	是（ ）	否（ ）
具有控制感情的能力	是（ ）	否（ ）
与人接触时敏感，有表示同情或怜悯的能力	是（ ）	否（ ）
有一种调控自己生活和命运的意识	是（ ）	否（ ）
总体上信任他人的感觉	是（ ）	否（ ）
强烈的自尊	是（ ）	否（ ）
有关于自己能力的历史记录	是（ ）	否（ ）

在面试后，检查应聘者获得"是"的评价条目的多少，"是"的评价越多，说明应聘者胜任客户服务工作的潜能越大。

四、客户服务人员的培训

企业对选拔出来的客户服务人员必须进行岗前培训，以塑造良好的职业形象和掌握专业的服务技巧。

1. 标准的职业形象

客户服务人员开展客户服务工作时，首先展示给客户的是服务人员的形象。而一个人的形象包括两个方面：外在形象和内在形象。服务人员在没有开展实质性的服务工作之前，展示给客户的是服务人员的外在形象。如果服务人员的外在形象看起来很职业化，通常会给客户留下较佳印象。作为客户，如果一开始不了解站在他面前的服务人员究竟具有什么能力，那么他只能通过服务人员的外在形象进行判断，判断该服务人员是不是很职业化以及该企业的实力大小。例如，酒店厨师、医护人员一般以白色作为职业服色，如果不穿白色制服肯定会给人不专业的感受。

在面对面提供服务的时候，服务人员呈现给客户的是其外在的职业形象，而如果是电话服务人员，那么服务人员的声音就变成了服务人员的第一形象。对于以电话开展客户服务的服务人员，声音的魅力显得更为重要，如何通过声音向客户展示出自己的职业形象是电话服务人员的一项基本功。

因此，企业要设计好客户服务人员的标准职业形象(如服务人员留发的长短、着装的要求等)，通过培训，使客户服务人员都能达到企业客户服务人员的标准职业形象的要求。

2. 礼貌的服务用语

"您好"、"谢谢"、"欢迎光临"、"欢迎下次再来"、"有什么需要我帮忙吗"这些通常被人们认为是服务用语，其实这些只能被称为礼貌用语。那么，什么是服务用语呢？服务用语是那种能够让客户感觉到你是一名服务人员的语言。标准的服务用语就在于通过语言的表达让客户感觉到你是在为他提供服务。

当一个服务人员与客户说话时，如果他在每一句话的后面都能加上一句"您看这样可以吗"或者"您看这样行吗"，如果在为客户提供服务的整个过程中，服务人员在做事情之前要征求同意之后才做，那么客户就会觉得在尊重他。当为客户解决完一个问题之后，对客户说："先生，您看现在可以了吗？"走的时候也确认："您看还有什么需要我做的吗？"这就是请求式的服务用语，也正是服务人员的职业化素质中非常关键的一点。

作为客服人员，问题的关键不在于会说多少平常的礼貌用语，而在于能否不断暗示自己：我是一名服务人员，而且不仅从语言上，还要从行动上把这种态度表现出来。比如：当与客户同时站在电梯口，进电梯时要请客户先进电梯，出来时也要先请客户出来，这就会体现出对客户的尊重。

3. 专业的服务技巧

标准的职业形象和服务用语的作用是给客户一个良好的印象，这是比较浅显的层面，一般的服务人员都容易做到。而从根本上决定服务人员的服务质量和服务水平的，还是其专业的服务技能。专业的服务技能包括很多方面的内容，如专业知识、接待技巧、沟通技巧、服务技巧、投诉的处理技巧，等等。

不同的岗位需要有不同的服务技巧。例如客户到柯达专洗店冲洗胶卷，有时客户会问服务人员："为什么这张照片洗出来会是这样呢？"服务人员说："这可能是因为您当时选择的光线、角度的问题，下次如果再遇到这种情况，我建议您将光圈调到……。"客户听了会说："你真的很专业！"

4. 美好的礼仪形态

对服务人员培训的第四项内容是标准的服务礼仪形态，包括服务人员的站姿、坐姿、肢体语言，还有职业化的微笑等。服务人员在上岗之前，都要进行商务礼仪方面的培训：如何进客户的门、如何递交和收取名片、如何与客户握手、如何落座、如何与客户交谈、如何告辞等，这些都是客户服务人员必须掌握的基本礼仪。

企业对即将上岗的服务人员进行培训之后，要对培训的总体效果进行评价。

五、选拔客户服务团队的领导者

选拔优秀的客户服务团队领导人，是企业开展优质客户服务工作的重要前提和保证。俗话说："三军易得，一将难求！"有一则寓言，讲的是一头狮子率领一群绵羊打败了一只绵羊率领的一群狮子。这些说明了一个团队的领导人对团队的重要性。企业客户服务团队领导者的素质和技能，影响和决定着企业的客户服务水平。

1. 选拔的原则

(1) 出色的沟通者。管理者必须在工作中与被管理者进行沟通以达到有效管理的目的。无论组织的大小，优秀的领导者不仅看起来有清楚表达思想的能力——良好的书面与口头表达能力，还应该具备领导者的姿态——进行有力的沟通的能力。他们的沟通极具个人风格和魅力，并能使他们的追随者心领神会。他们还是非凡的聆听者，这使他们对其追随者的所需、所想了如指掌。

(2) 能为团队成员提供恰当的回报。在领导——追随者的动力系统中，必须有某种东西提供给追随者，如果没有，追随者们将另寻他主。高素质的客户服务团队领导者知道他的团队成员的需要，并且能满足这些需要。优秀的领导者清楚他不可能只是一味地索取而不施以任何回报，恰当的回报是指以恰当的回报形式在恰当的时间给予恰当数量的回报。

(3) 懂得有效地运用权力。优秀的领导者在使用权力的过程中总会谨小慎微、深思熟虑。权力是一种维持标准、形成规范和实现目标的工具，当领导者的权力使用恰当时，他会得到追随者的尊重和欢迎。这种对权力的心悦诚服并不是自然发生的，它的建立有赖于强有力的沟通技巧和向整个服务团队提供恰当的回报。

(4) 成功的决策者。出色的领导者总是在恰当的时机做出恰当的决策，反过来，成功决策将强化服务团队对领导者的支持，他们知道在决策过程中什么时候应给予别人参与机会，客户服务团队的领导者在做决策时，往往要面对来自各方的压力，他们的决策可能并不是受所有人欢迎。因此，有效决策需要内在的力量和勇气。

(5) 能够创造和保持凝聚力。领导者应以一种积极的力量的形象来行事，这是对高素质领导的基本要求。出色的领导者能够产生有感召力、凝聚力的积极力量，他们设定积极的目标与计划，团队其他人都努力跟随和仿效。无论是在逆境还是顺境，出色的领导者都传递着一种活力、生气以及成就感和目标感，因为他们知道别人在看着，以寻求指引。

2. 客服工作领导人能力的评价

企业对客户服务团队领导者的能力与业绩必须进行定期的考评。当然，客服团队的领导者应当具备较好的专业背景、学历和工作经历，这样就有了较强的权威性。可通过客户服务团队领导力测定表，由被测者本人自测与企业领导人评价、服务团队成员评价、客户评价相结合的方式进行综合评价。

第五节 提高客户服务水平的策略与方法

一、加强沟通的策略

沟通可以创造需求，客户的想法、意见以及企业的服务理念、服务特色的传递都离不开沟通，通过沟通可以实现客户与企业的双向互动。全方位的沟通是指与客户沟通时，既要注重语言沟通，也要注重其他方式的沟通。

1. 善于倾听

要提高客户服务的水平，客户服务人员就必须善于倾听。认真倾听客户的心声可以产生以下良好的效果。

(1) 鼓励客户投诉。当客户知道企业在以友好的方式听他们讲话时，就会解除一部分或全部的戒心，把事情的所有状况告诉企业。

(2) 获取有用信息。为了解决问题和更有效地做出决策，需要尽可能地获取信息，而仔细倾听有助于获取讲话者的全部信息。仔细倾听常常会促使对方继续讲下去并举出实例，企业可以进一步了解：客户是如何想的，他们认为什么重要。当企业掌握了尽可能多的信息之后，就可以更准确地做出决策了。

(3) 改善客户关系。认真倾听可以改善企业和客户的关系，因为倾听给客户提供了说出事实、想法和感情等心里话的机会，客户也会因为得到尊重而感到愉快，因此，倾听客户的抱怨可以改善企业和客户的关系。

(4) 积极解决问题。倾听是解决客户异议的最好办法。当然，这并不意味着双方必须同意对方的观点，但企业需要表明理解客户的观点和意见，从而在此基础上有效地解决客户的问题。

2. 主动询问

询问是沟通的另一种方式。询问"为什么时"有两种基本的问句形态，一是封闭式问句，一是开放式问句。封闭式问句是指特定背景下的特定答复，一般是二选一。如："这件衣服你买回去后穿过了吗？"答案只能是"是"或"否"。这种问句简单明确，但有时蕴含一定的威胁性。封闭式问句包括澄清式问句和暗示性问句，如"你刚才说这件衣服你只是试穿了一下，就是说你没有洗过？"就是澄清式问句。澄清式问句是让对方证实或补充原先的发言。暗示性问句本身已强烈暗示预期的答案，如"有修养的人都不会无理取闹，你说对不对？"开放式问句是在广泛的领域中寻求答案，如"请问你想如何处理这件事？"

3. 选择有效的语言沟通

语言包括书面语言和口头语言，两者都要求礼貌、简洁。要想清晰地表达自己的想法，语言必须简洁，所讲的材料必须条理化，使用的词必须明确。清晰来源于精心的准备，为达到清晰，必须理解和组织语言，追求以极少的文字传递大量的信息。实现清晰的要求是逻辑清晰和表达清晰。

讲话的准确性有赖于所掌握信息的全面性及词汇量的多少。客户服务人员在与客户沟通时，应当避免夸大其词，不要做虚假的宣传，即使客户只发现一个错误，企业也会陷入困境。在与客户沟通时，要避免以下几种不准确情况：数据不足、资料解释错误、对关键部分的无知、无意识的偏见和夸张。例如，药店的导购员不能夸大药品的作用，而且自己还必须对药品的效益与副作用有一定的了解与掌握。

声音在沟通过程中起着不可忽视的作用。如果客服人员可以控制自己的声音并吐字清晰，同时，没有紧张、上气不接下气的情况，其声音就会给客户留下深刻印象。此外，还要注意讲话的速度。讲话速度对发出的信息也会有影响，快速地讲话会给对方一种紧迫感，有时是需要这种效果的，但如果一直快速讲话，就会使对方转移注意力，并难以理解所讲的意思；反之，也不能讲得太慢，这会使听者厌倦而抓不住讲话的思路。表达能力强的人会根据所说语句的相对重要性来变换速度，即不重要的话语说得快，而重要的话语说得慢。

4. 运用其他的沟通方式

人们所做的任何一件事情都是在沟通、交流，常常在发出语言信息的同时伴有非语言信息。如快下班时来了一位客户，企业员工微笑着对他说"欢迎光临，很高兴为你服务"，但员工不时地偷看手表，这种非语言交流表明客户不怎么受欢迎。

人在交流时伴随着各种各样的身体语言，如面部表情、身体姿态、动作、姿势等，身体语言是非语言交流的主要形式，它往往是人们内心世界的真实表现。可以更好地表达情感和态度。比如：客户非常生气地说"我再也不跟你们公司做生意了"，可是他并未移动脚步，其实，他是想解决问题，说的不过是一句气话，如果此时你读懂了他的肢体语言的话，你就知道该如何做了。在与客户交往时，一方面要注意把握对方的身体语言，另一方面也要恰当地表达自己的身体语言。例如，面部表情往往是因高兴而微笑，因生气而皱眉。因此，要表情开朗、稳定，下巴放松但不松弛，目光稳定，既不要逃避对方，也不要故意瞪视对方。

沉默是一种强有力的沟通工具，有些沉默是积极的，如"此时无声胜有声"；而有些沉默是消极的，使人感到空气压抑。因此，企业员工不仅要正确理解沉默，还要善于利用沉默。当客户进行投诉时，沉默不仅表示自己在倾听，而且也可以考虑处理问题的策略。当客户称赞竞争对手的品牌好时，虽然企业员工不认为对手的牌子好，但也不能否认客户的看法，讲对手坏话，这样做可能会伤害客户的感情，也有损企业的形象，此时可以利用沉默，保留意见。在与客户沟通中，要小心、灵活地使用沉默。

非语言沟通中还包括时间和空间，人们对于时间和空间的不同态度和行为，表明对事件的不同想法。如企业员工和客户约好 9:30 见面，但到了 10:00 才到，说明该员工不重视这个客户，觉得这单生意无所谓，是一个不守信用的人；反之，如果提前到达，则可能说明相反的意思。对于空间，每个人都有属于自己的空间领域感，空间不仅影响交流，也可以利用空间进行交流。与客户的距离远近可表达不同的意思，如距离过远可能显得冷淡、自我防卫。

二、留住客户的策略

对于客户的流失问题，很多公司和经理人都"归罪"于客户的挑剔、竞争对手的"不择手段"或者其他的外部原因，而很少反省自己的过失与错误。但无论怎么样，只要客户流失了，企业就有责任采取改进措施来补救，而不是抱怨。

1. 放心的质量与舒心的服务

长期稳定的产品质量是留住客户、维系老客户的根本，"买得放心"——良好的产品质量就是良好的"服务"承诺。在这方面，企业必须紧跟现代科技的发展步伐，不断提高产品或服务的科技含量，一方面更好地满足客户的需要，同时也构筑起防止竞争对手进入的壁垒，以降低客户的流失率。例如中国海尔的"质量零投诉"、日本企业提倡的"设计零缺陷"。

"用得舒心"——细致周到、个性化的服务是客户需求得以满意的保证。由于科技的发展，同类产品在质量和价格方面的差距越来越小，而在服务方面的差距却越来越大，客户对服务的要求也越来越高。有人提出，在竞争焦点上，服务因素已逐步取代产品质量和价格，世界经济已进入服务经济时代。正是基于这样的认识，蓝色巨人 IBM 公司公开表示自己不是电脑制造商，而是服务性公司，"IBM 就是服务"的经营理念使其"执计算机产业之牛耳"达数十年之久。

2. 实现与客户的良好互动

服务是一个双向沟通的过程，服务的质量也有赖于与客户的互动。要对客户实行有特色、针对性的服务，客服人员应当主动与客户征求他们的意见，量身打造"保健式"的持续性服务，创新服务方法，才能留住客户。

三、网络客户服务的策略

网络客户服务的过程伴随着客户与产品接触的过程，包括售前服务、售中服务和售后服务。售前服务是利用互联网把企业产品或服务的有关信息发送给目标客户。这些信息包括产品技术指标、主要性能、使用方法与价格等。售中服务是为客户提供咨询、导购、订货、电子货币结算及送货等服务，对于某些可通过网络传输的信息类产品，还可以提供试听和试用。而售后服务的主要内容则是为用户解决产品使用过程中的问题，排除技术故障，提供技术支持，寄发产品改进或升级信息以及获取客户对产品和服务的反馈。

1. 解答客户常见问题

网上客户服务的重要内容之一是为客户提供有关公司产品和服务等各方面的信息。面对众多企业能够提供的信息以及客户可能需要的信息，最好的着手点便是在网站上建立客户常见问题解答(Frequently Asked Questions，FAQ)。FAQ是对公司基本情况的介绍，它既能够引发那些随意浏览者的兴趣，也能够帮助有目的浏览者迅速找到他们所需要的信息。

(1) 建立FAQ。决定在网站上应该放置哪些FAQ的内容并不难，企业客户服务部的人员最了解这方面的情况，他们知道客户问得最多的问题是什么，也知道问题的答案，更重要的是，他们能够透过问题表面，知道客户真正想要问的是什么。比如：若客户问"这东西超过100斤吗"，他们实际是想知道企业的送货制度和费用；若客户询问关于送货方面的问题，他们实际上还想知道让商品安装并投入使用得花多少时间；老客户询问关于保修方面的问题时，实际上还想知道该产品是否可靠。此外网站设计人员还需要花时间与负责公司热线的人员交流，与一线的销售人员交流。通过这些交流，企业将深入了解到客户是如何提问的，这也是建立良好FAQ的关键。

FAQ可以设置成两套：一套针对目标潜在客户和新客户；另一套则针对老客户，进入这一套FAQ需要进行登记。这样做，潜在客户会感受到企业对他们的支持和帮助，因而会更快地转变为现实客户；同时另一套让老客户登记的FAQ对他们也会是不小的诱惑，他们会觉得自己受到重视和特殊待遇，老客户可以在FAQ里有许多一般客户无法获得的消息，如产品何时会增加新的功能、软件里的小问题何时能够纠正等。

(2) 设计FAQ页面。组织良好的FAQ页面能够为企业和客户节约许多花在热线上的时间。在网站中客户应该能够轻易地找到FAQ页面，页面上的内容必须清晰易读、易于浏览。

(3) 保证FAQ的效用。企业建立FAQ，务必要保证它有一定的内容量和深度，问题的回答必须详细到能够对绝大部分客户有所帮助。

(4) 使FAQ简单易寻。网站设计师碰到的普遍问题是：在网站上放置多少信息才能够在充分利用网站空间的同时保证这些信息能够简单易查。一些网站为此制定了严格的规则：任何信息都能够在 4 次按钮操作之内达到，每一条菜单都不能超过 7 个选项等。然而，这一规则很难实现，因为网站的不同区域需要不同的引导工具。在主页上应设有一个突出的按钮指向 FAQ，进而在每一页的工具栏中都设有该按钮。FAQ 也应能够链接到网站的其他文件上去，这样客户就可以通过 FAQ 进入产品及其他信息。同时，在网站的产品和服务信息区域应该设立 FAQ 的反向链接，客户可以在阅读产品信息时回到 FAQ 页面，发现与之相关的其他方面的问题。

(5) 选择合理的 FAQ 格式。企业应站在客户的角度考虑这一问题，看看 FAQ 能够使客户对企业产生什么样的认识。常用的方法是按照主题划分成不同区域，这些区域基本能够使客户知道何处可以查询到所需的答案。

(6) 控制信息暴露度。企业不必把所有关于产品、服务和企业的情况都刊载上去，虽然这样做表现了企业对客户的真诚，但其中有些情况看上去并不大好，这样会赶走一部分客户。此外，竞争对手也会浏览本企业的网站，信息暴露过多会对本企业不利。

2. 利用电子邮件

电子邮件已成为企业进行客户服务的强大工具。企业网站的其他部门都是从企业的角度去揣测客户的需要并满足它，而电子邮件则是直接来自客户，代表了客户的心声和需求，因此是企业实现客户满意的最宝贵的资源之一。

要安排好客户邮件的传输通路，使得这些邮件能够按照不同的类别有专人受理。正如许多企业中负责服务热线的接线员所感受到的那样，客户期望他们的问题得到重视，不论接线员能够直接为他们解决问题，或是转由企业有关负责人解决问题，他们都希望接线员积极地帮助他们。在客户电子邮件管理中存在同样的情况，这就涉及如何有效地进行客户邮件的收阅、归类与转发等问题。

(1) 对客户可能提出的问题做好准备。这可以走访那些负责客户技术热线的人员，与为客户提供售前服务的工程师和企业免费热线的接线员交谈，还可以利用在建立 FAQ 过程中积累的经验。由于客户能提出各种问题，企业必须明确规定谁负责解决这些问题。企业应为每一类客户邮件分派专人仔细阅读，同时，还必须对这些信件划分优先级：特殊问题意味着在企业现有的数据库中没有现成的答复，而需要具体的部门或个人，如产品经理、售货员等来予以答复；而重要问题则需要相应部门的高层决策者来解答。

(2) 提供客户方便。提供客户方便有两种方法：一种方法是企业提供给所有客户统一的电子邮件地址，然后再派专人进行归类与转发；另一种方法是在网页中设置不同类别反馈区，由客户决定自己的问题属于哪一类，从而提高信件的收阅与答复效率。

(3) 尊重客户来信。客户获得的重要信息越多，获得的途径越方便、越迅速，他们就会越满意。有时，一个好的答复未必是客户所期望的答复；如果的确是坏消息，就应该尽快通知客户，并提供临时性方案。如果告诉客户彻底解决问题的期限，势必要履行承诺。

(4) 实现自动答复。为了提高回复客户电子邮件的速度，企业可以利用计算机自动答复。这种答复可以采用某种特定格式，如"本企业经理对您的建议很感兴趣，并十分感谢您为此花费了宝贵的时间"，采取这一方法是因为经理实际上无法抽出时间来一一阅读这些信件，而电子自动答复系统则可以更好地实现这一功能。

3. 客户搜寻

客户不但希望企业的网站能够解决他们的问题，而且希望它易于操作，能够使他们轻松自如地在各个页面和内容之间穿梭。如果网站做不到这一点，客户将逐渐远离该网站，最终远离企业。所以，客户搜寻信息所花的时间在网络客户服务中起到关键作用。

客户搜寻信息所花的时间可以分为两个层面：第一层面是搜寻工作实际所花的时间，即从客户登录、进入公司网站直到搜寻到所需信息。这一过程可能只需花上 3 分钟，也可能花上十几分钟，甚至半小时。第二层面则是客户的心理时间，这一时间层面更加重要。因为浏览网站与浏览产品目录和说明书有很大不同，产品目录和说明书可以随身携带，查看起来十分方便，而当客户查询网页时，就得待在固定的地点，不能从事其他的事情。所以，网上信息必须更具价值才能吸引客户上网，并提供给客户搜寻工具，以避免客户浪费时间。

4. 主动为客户服务

客户服务不仅仅是坐等客户前来询问，而应该进一步采取主动，在客户提出问题以前帮助他们解决，并主动去了解他们需要什么服务。在这方面，电子邮件新闻是很好的工具。客户希望获得信息，希望了解最新情况，他们十分欢迎那些令人感兴趣的新闻，同时极讨厌那些对他们毫无意义的消息。消费者通常喜欢收到行业新闻、促销活动以及如何更好使用产品等方面的信息。

5. 利用公共电子论坛

当互联网的技术和应用蓬勃发展之时，公共讨论这一功能始终保持着其独特的吸引力。互联网上有众多的布告栏(BBS)和新闻组(News-groups)，参加讨论的人用电子邮件进行交流，发表对某一问题的看法，因此称为电子论坛。在电子论坛之下又可划分成不同的讨论区，每一讨论区集中于某一特定的主题。在讨论区中，参加者可以看到其他所有人的信件，同时自己的信件也处于众多人的关注之下。

(1) 公共论坛。如果企业希望知道客户的实际感受如何，就必须鼓励公众讨论，在公共论坛中，会有许多客户谈他们对产品的良好印象，以及使用产品时的愉快经历，这无疑会为企业带来美誉。然而，也会有人散布不利于企业的言论。这些人很喜欢在公众面前揭短，一旦某一天买东西时让他多等了些时候，或是不让他退货，他便会牢记在心，并寻找机会在公众面前出口恶气。如果经常碰到这种情况，企业还是应该鼓励公众讨论，只要管理得当，这些言论便会成为企业提高产品质量与服务的宝贵信息来源。讨论区会使客户形成一个相互帮助的群体，并向客户证明企业对他们意见的重视。因此，关注公共论坛的目的在于理解他们的真实想法，并在公众面前予以回应，以增进与客户之间的感情。

(2) 建立网站论坛。企业可以采取更加主动的措施，在本企业网站上建立论坛，亲自为客户创造讨论平台。为了便于讨论，企业可以设立不同的讨论组。讨论组划分的方法有多种，如可以按产品线进行划分；如果不同地区的客户需求不同，可按地区划分。但分组不能过多，否则客户将无从下手，而且每一个讨论组中缺乏足够的成员。企业应该扩大论题范围，让人们去谈论整个行业，谈论竞争者，企业可以从客户、供应商和行业伙伴那里学到很多东西。

6. 利用 QQ、博客、微信等

企业还可以利用网上目前十分流行的 QQ、博客、微信等方式来与客户进行交流和沟通，以提供良好而精确的服务。

四、提高服务质量的方法

1. 服务质量的评价标准

客户服务按照质量要素的相对重要性由高到低，形成用来判断服务质量的 5 个基本方面：可靠性、响应性、保证性、移情性和有形性。

(1) 可靠性。可靠性是可靠、准确地履行服务承诺的能力。可靠的服务行动是顾客所希望的，它意味着服务以相同的方式、无差错地准时完成。例如，火车的晚点，航班的延误，公车的不准时，都是乘客最为诟病的事情。

(2) 响应性。响应性是指帮助客户并迅速提供服务，对客户的需求反映能及时满足。响应性不仅反映了服务的效率，也反映了服务的态度。让顾客等待，特别是无原因的等待，会对质量感知造成不必要的消极影响。而出现服务失败时，迅速解决问题就是一种积极的响应。如在误点的航班上提供补充饮料或点心可以将旅客潜在的不良感受转化为美好的回忆，而对客户在网购后提出的换货置之不理，就可能产生不良的后果。

(3) 保证性。保证性是指企业完成服务的能力和具备的条件，例如服务的设施、程序以及员工所具有的知识、礼节以及表达出自信与可信的能力。保证性具有的特征：完成服务的能力，对顾客的礼貌和尊敬，与顾客有效的沟通，将顾客最关心的事放在心上的态度。

保证性也是服务质量的体现。

(4) 移情性。移情性是设身处地地为顾客着想和对顾客给予特别的关注。移情性的特点有：接近顾客的能力、敏感性和有效地理解顾客需求。

(5) 有形性。有形性是指有形的设施、设备、人员和沟通的材料以及提供服务的必要载体。有形的环境条件是服务人员对顾客更细致的照顾和关心的有形表现。对这方面的评价(如洁净)可延伸至包括其他正在接受服务的顾客的行动(如旅馆中隔壁房间喧哗的客人)。

2. 服务质量测定

美国市场营销学者白瑞(Bai Tick)等在 1988 年建立了 Servqual 模型来测量企业的服务质量。具体的测量主要是通过问卷调查、顾客打分的方式进行的。该问卷包括两个相互对应的部分，一部分用来测量顾客对企业服务的期望，另一部分则测量顾客对服务质量的感受，而每一部分都包含着上述五个服务质量的评价标准。在问卷中，每一个标准都具体化为 4～5 个问题，由被访者回答。显然，对于某个问题，顾客从期望的角度和从实际感受的角度所给的分数往往不同，二者之间的差异就是在此方面企业服务质量的分数，即

$$Servqual 分数 = 实际感受分数 - 期望分数$$

推而广之，评估整个企业服务质量水平，实际上就是计算平均 Servqual 分数。假定有 N 个顾客参与问卷调查，根据上面公式，单个顾客 Servqual 分数就是其对所有问题的 Servqual 分数加总再除以问题数目，然后，把 N 个顾客 Servqual 分数加在一起除以 N，就是企业的平均 Servqual 分数。

3. 提高企业服务质量的具体方法

(1) 标准跟进。标准跟进就是鼓励企业向竞争者学习的一种方法。它是指企业将自己的产品、服务与市场上的竞争对手，尤其是最好的竞争对手的标准相比较，并在比较和检验的过程中寻找自身的差距，从而提高自身的水平。施乐公司就是最早采用该方法的企业之一。该公司在面临严重的竞争压力和财务危机的情况下，采取了标准跟进法，不仅重新获得了较高的市场份额，而且降低了生产成本，提高了产品质量。

(2) 蓝图技巧。企业要想提供较高水平的服务质量并提高顾客的满意度，就必须理解并控制顾客对服务认识的各种因素。蓝图技巧为企业有效地分析和理解这些因素提供了便利，它是指通过分解组织系统和机构，来鉴别顾客与服务人员的接触点，并从这些接触点出发来改进企业服务质量的一种战略。它借助流程图的方法来分析服务传递过程的各个方面，包括从前台服务到后勤服务的全过程。蓝图技巧的主要步骤如下。

① 将服务所包含的各项内容以流程图的方式画出来，使得服务过程能够清楚、客观地展现出来。

② 将那些容易导致服务失败的环节找出来，通常称之为"质量管理(控制)点"。

③ 找出"质量管理(控制)点"容易出现的问题，将每个问题都视为企业与顾客的服务接触点，并针对每一问题提出改进的措施，不断总结提高，解决问题。

④ 将上述成熟有效的改进措施确定为执行标准和规范，并使这些标准和规范体现出企业的服务质量标准。

本 章 小 结

本章叙述了客户服务发展的必然性。优质、满意的客户服务对企业生存和发展具有重要意义：是企业本身最好的品牌、能给企业带来巨大的经济效益、是企业防止客户流失的最佳屏障和企业发展壮大的重要保障。

本章叙述了客户服务的含义。企业在适当的时间和地点，以适当的方式和价格，为目标客户提供适当的产品或服务，满足客户的适当需求，使企业和客户的价值都得到提升的活动过程。客户服务的目标是企业通过对客户的关怀，为客户提供满意的产品和服务，满足客户的个性化需求，在与客户的双向互动中取得客户的信任。客户服务具有双向互动性、无形性、不可分性、不确定性、时效性、有价性、独特性、广泛性等特征。客户服务的核心就是为客户创造价值。

本章叙述了企业应该树立以客户的需求为导向、为客户创造价值的现代客户服务管理理念。介绍了服务标准内容包括的三个要素——服务硬件、服务软件和服务人员以及这三者之间的相互关系；制定服务标准的基本原则以及制定优质客户服务标准的四个步骤：分解服务过程、找出每个细节的关键因素、把关键因素转化为服务标准、根据客户的需求对标准重新评估和修改。

本章叙述了组建客户服务团队步骤：第一，设计企业优质客户服务岗位；第二，对企业优质客户服务岗位的人员素质进行描述；第三，选拔企业优质客户服务人员；第四，对企业客户服务人员进行技能培训；第五，选拔能胜任的企业客户服务团队领导；第六，在企业内部形成良好的客户服务组织氛围。设计企业客户服务岗位的步骤是：描述服务岗位的目的，明确该岗位的服务员工需要具体做哪些工作，明确该岗位需要的工作条件，制定该岗位优秀业绩的标准，明确该岗位的企业内部关系。

本章叙述了留住客户的策略。与客户沟通的策略：做一个恰当的倾听者；主动向客户询问；进行有效的语言沟通；注重其他的沟通方式。留住客户的策略：让客户"买得放心，用得舒心"；实现与客户的良好互动。提高企业服务质量的具体方法有：标准跟进与蓝图技巧。

思考与练习

1. 企业之间的竞争主要体现在哪些方面？

2. 客户服务对企业有何重要意义？

3. 如何全面而正确地理解客户服务的含义？客户服务的目标、特征有哪些？其核心是什么？

4. 企业应该树立什么样的客户服务理念？

5. 确定优质服务标准对企业的生存和发展有何重要意义？

6. 什么是服务硬件？它包括哪些内容？

7. 什么是服务软件？它由哪些因素组成？

8. 制定客户服务标准的步骤是什么？具体内容包括哪些？

9. 如何与客户进行有效的沟通？

10. 如何设计企业的客户服务岗位？

11. 企业优质客户服务人员必须具备哪些素质？

12. 对企业客户服务人员的培训主要有哪些方面？

实训项目题

重点知识讲授

1. 客户服务的标准；2. 组建客户服务团队；3. 客户服务管理理念

实训项目 1：如何制定客户服务标准

(1) 实训内容：企业客户服务标准的内容及其制定的依据调查。

(2) 实训目的：通过对企业客户服务标准的实际调查，让学生了解企业客户服务标准的内容和掌握企业制定服务标准的依据。

(3) 实训组织如下。

① 人员组织：以 5～6 人为一个小组，将学生分为若干小组。

② 企业选择：品牌电器、银行、医疗机构、网店、物流企业、保险公司、旅游公司、汽车销售公司、广告公司等。

③ 实训过程：让学生深入选定的企业，收集企业的服务标准，并对企业领导、客户服务部门领导及员工进行调查访问，了解企业制定服务标准的依据。

④ 课堂讨论：每个小组派出一名代表介绍本组收集的企业服务标准和一定依据，并就此展开讨论。

实训项目 2. 怎样建立与运作客服团队

(1) 实训内容：企业优质客户服务团队组建全过程的跟踪调查。

(2) 实训目的：通过对企业优质客户服务团队组建全过程的跟踪调查，让学生了解和掌握在企业优质客户服务团队组建过程中，企业客户服务岗位设计、客户服务人员选拔和培训、团队领导人的选拔等方面的具体操作过程和操作技巧。

(3) 实训组织如下。

① 人员组织：以 5～6 人为一个小组，将学生分为若干小组。

② 企业选择：公司或企业的客服部门或客服人员。

③ 实训过程：让学生深入选定的企业，跟踪企业优质客户服务团队组建过程中的企业客户服务岗位设计、客户服务人员选拔和培训、团队领导人的选拔等方面的具体操作。

④ 课堂讨论：每个小组派出一名代表介绍本组跟踪的企业在优质客户服务团队组建过程中的企业客户服务岗位设计、客户服务人员选拔和培训、团队领导人的选拔等方面的具体情况和学习体会。

实训项目 3：如何树立企业客户服务理念

(1) 实训内容：企业客户服务理念的调查。

(2) 实训目的：通过对企业客户服务理念的实际调查，让学生了解和掌握企业客户服务理念的实质内涵，了解企业员工对服务理念的理解、认识及执行情况。

(3) 实训组织如下。

① 人员组织：以 5～6 人为一个小组，将学生分为若干小组。

② 企业选择：品牌电器、品牌食品、品牌日用品、保险公司、旅游公司、汽车销售公司(或品牌代理)、广告公司等。

③ 实训过程：让学生深入选定的企业，直接对企业领导、客户服务部门领导及员工进行调查访问。(可采用问卷调查，座谈会，访谈，网上调查等各种方式)

案 例 分 析

【案例1】宜家，让购买成为一种休闲旅行

宜家家居于 1943 年创建于瑞典，"为大多数人创造更加美好的日常生活"是宜家公司自创立以来一直努力的方向。宜家品牌始终和提高人们的生活质量联系在一起并秉承"为

尽可能多的顾客提供他们能够负担，设计精良，功能齐全，价格低廉的家居用品"的经营宗旨。

宜家提出，让购买成为一种休闲旅行。其服务理念是：使购买家具更为快乐。到宜家就像是"外出休闲的一次旅行"，因此就有了：

舒适的宜家： 在商场内还有一些附属设施，如咖啡店、快餐店和儿童的活动空间；

煽情的宜家： "再现大自然，充满阳光和清新空气，朴实无华"的清新家居理念；温情的色彩。

质量过硬的宜家： 在厨房用品区的数码计数器上显示了门及抽屉可承受开关的次数：至今已有 209440 次。

独具风格的宜家： 设置特色样板间，体验不同家居风格；可以拆分的大件商品，体验组装之乐趣。

宜家的工作人员不叫"销售人员"，而叫"服务人员"；他们不得向顾客直接推销；只提供给顾客目录、尺、铅笔和便条，帮助他们选择；给顾客提供"导购信息"，放映录像和使用挂图；提醒顾客"多看一眼标签"。

产品目录(DM)： 采用 39 种语言编写，由宜家全球的 150 位专业家居设计师和摄影师参与制作，向宜家的顾客群体赠阅。200 多页厚的目录全册全部采用彩色印刷。宜家在中国的目标顾客是年龄在 25~45 岁之间，受过良好教育，工作稳定，高收入的人群。这部分人群并不代表大多数中国人，所以采用针对性较强的 DM 方式，而非主要采用电视广告。

思考与讨论：

1.按照消费者需要产生的过程来看，宜家的营销模式对这一过程有何作用？

2.宜家的购买服务过程给家居企业何种启示？

3.请根据你的体验对宜家的服务模式做出评价。

(资料来源：学习资料共享网，www.87994.com，2014-07)

【案例2】一位饲料销售员的客户服务

在一家饲料公司的每月例会上，销售员小黄介绍了自己为客户服务的经历与体会。

1. 服务对象基本情况

客户莫远文，电话×××××××××××，桂北海川县营洋乡。

母猪存栏 115 头，自繁自养，使用本公司饲料已有几年。去年上半年中断，半年后又回来了，现在母猪料、乳猪料及中大猪料都用我们的料，养猪已有 6 年的时间，经历过两次大的疫情，损失严重，同时技术经验丰富，所以平时本人也很少进入客户饲养场地。

最近几个月强烈反应使用我们的猪场料猪长势差、体型差、肌肉不够丰满，买大猪的老板每次来调猪都说比不上使用别的饲料的猪，所以有计划想用金苹果饲料或者希望饲料做对比试用。

2. 服务过程与问题分析

用户电话沟通后 3 月初进入客户饲养现场查看原因：

170 日龄的猪就 190 斤左右，皮毛较长、不够肥，据客户说采食量跟不上，平均也就 5 斤多一头。同时查看环境和饮水。

总结出 3 个原因：

(1) 密度太大，一个 20 平方米大的栏关了 19～20 头大猪，本来关 13～15 头合适；

(2) 自动料槽放在两个栏中间供两栏猪采食，影响采食；

(3) 饮水不足，水量少。

3. 采取的服务措施或方法

(1) 建议客户分栏，减少密度；

(2) 每天在地板上多喂料 2 餐，同时浇水以增加采食量；

(3) 更换我们公司专利提供的饮水器。

4. 效果

10 天后采食量明显提高，同时皮毛逐渐变好，客户反应长势比之前明显有改善，客户坚信确实是因为密度和料槽的放置不当引起，没有再找饲料的原因。

5. 心得体会

客户投诉必须到现场查看寻找原因，并帮助用户解决存在的问题，因为客户每天都处在同一环境里对存在的问题已经没有反应了，即失去了敏感反应。客户服务只有到现场调查了解分析原因，才能更具有针对性，帮助客户解决问题。

问题：

1. 该饲料公司的优质服务体现了什么服务理念？

2. 小黄为客户服务获得好效果的原因有哪些？

3. 该案例给你什么启示？

(资料来源：李光明. 客户管理讲义. 2015)

第九章　客户关系管理

【学习目标】

通过本章的学习，要求把握客户关系与客户关系管理的含义；理解客户关系管理组织的三个级别和客户关系管理的相关方法；掌握客户关系管理的内容和方法，以及客户关系管理系统(CRM)的构建和实施；理解客户关系管理的作用与意义。

本章关键词：客户关系；客户关系管理；CRM系统

本章项目任务：1. 如何建设客户关系；2. 怎样进行客户关系管理

【开篇引例】小王如何发展客户关系

小王在某高校汽车营销专业毕业后，来到一家本城的福特汽车4S店做业务员。

一天，一位女士来到店里，小王立刻迎了上去，亲切地打招呼："您好，请问有什么需要吗？"接着是规范地请坐、递茶，让女士感觉相当热情。接着两人就聊了起来。

原来这位女士姓刘，她刚拿到驾照不久，想买一辆轿车。开始，她定下的目标是一辆日产车，因为她听朋友说日产车质量较好。在跑了大半个城市看了很多售车点并进行反复的比较后，她今天走进了离家最近的这家福特汽车特约销售点。

在听完刘女士的想法和要求后，小王陪她参观并仔细地介绍了不同型号福特轿车的性能，还上车进行示范，并请刘女士试驾体验。对于刘女士提出的各种各样的问题，小王都耐心、形象、深入浅出地给予回答，并根据刘女士的情况与她商讨最佳购车方案。

刘女士特别注意到，在去停车场的看车、试车的路上，天上正下着雨，小王熟练地撑起雨伞为她挡雨，却把自己淋在雨里。在这一看车、试车的过程中，刘女士不仅加深了对福特轿车的了解，还知道了4S店的服务理念和购买的优惠与服务的周到，她决定买一辆福特轿车。

提车的那一天，却正好是国庆节，因为节日更优惠。刘女士按时前来，但她又提出了新的问题：她是新手，自己开车从来没有上过马路，况且又是新车，不知如何是好。小王想了想，说："我给您开回去。"由于是节日，路上特别堵，短短的一段路竟走了近两个小时，到刘女士家时已经是晚上七点半了。在车上，刘女士问："这也是你们福特销售服务的范围吗？"小王说："我们的销售服务没有规定必须这么做，但是我们的宗旨是要客户满意。"刘女士在聊天当中得知小王还要赶往朋友家聚会，到家后就给他钱让他赶紧打车走。但小王怎么也不肯收，停好车后就挥手道别了。

过了一个月后，小王打电话给刘女士，询问她汽车的情况，提醒她注意磨合期后的保养。刘女士感谢提醒，同时提出汽车的油耗远大于说明书所讲的。小王仔细询问情况，再一次讲解了该款车的驾驶要领，并告诉她节油的"窍门"。后来又来到刘女士家，耐心地指导她如何操作。

　　就这样，刘女士与小王成了熟悉的朋友。她经常会接到小王打来询问车辆的状况和提供咨询的电话。刘女士不断地向她的亲朋好友推荐小王和福特汽车，她成了小王的"铁哥们"。

(资料来源：李光明. 客户管理实务讲义. 2015)

第一节　关系与客户关系

一、关系与客户关系的概念

1. 关系的概念

　　关系(Relationship)是指人和人或人和事物之间的某种性质的联系。人或事物之间的牵涉与关联，相关的联系，是人与自然、环境的关系。这里是指人与人之间的关系，既有单个人之间的个体间关系，也有个人与群体、群体与群体间的某种关系，是一种社会联系。

　　人与人的关系是社会学研究的范畴。人是社会性的动物，一生中有不少的关系。在社会学上，关系是随着人类社会的诞生而出现，随着社会的发展而发展。如：亲缘关系——父母、兄弟、亲戚等；业缘关系——师生、同学、同事等。

　　关系是一种资源、一种能力。《红楼梦》里说："世事洞察皆学问，人情练达即文章。"这里的"人情练达"的文章就是人与人的关系的文章。例如，在《红楼梦》里，薛宝钗会处关系，人缘很好，左右逢源，最后登上了宝二奶奶的宝座；而林黛玉不会处关系，人脉资源又少，就处处受气。关系代表一种能力，可以降低交易成本和信息成本。例如人们在买电脑、买房子、买汽车、看医生等时想找熟人，就是因为这样可以了解到较多、较准确的信息，减少了精力成本以及货币成本。

　　关系是以互惠互利为基础的。人的需求本能决定了对利益的追求。为了自身的、家族的、组织的以及民族的生存、发展和延续，人们就有了不同的利益追求。"天下熙熙，皆为利来；天下攘攘，皆为利往。"因此人与人之间的关系，往往带有利益的色彩。尤其是在一切都几乎商品化的今天，金钱把几乎所有的关系都染上了铜臭味。当然，人性和良知是不可完全泯灭的。人与人之间美好的友谊、互助、博爱，是人类在生存和发展过程中长期形成的美好的人性，是伴随人类的存在而与世长存的。例如，在2008年发生在我国四川汶川的大地震中，就表现出了许许多多的人间互助的美好关系的事例。

2. 客户关系的概念

客户关系是指企业与其客户的关系，这是一种商业关系或者是一种营销关系，因为是在双方发生了交易过程才形成的一种联系。客户关系有三个特征：第一，企业与对方发生了或即将发生商业关系；第二，客户与企业在关系程度上有不同的行为表现；第三，客户与企业在关系程度上有不同的态度倾向，也就是说，客户关系是在不断发生和发展过程中变化的。

二、客户关系的类型

客户关系管理是一种旨在改善企业与客户之间关系的新型管理机制，它实施于企业的市场营销、销售、服务与技术支持等与客户相关的领域，由此我们首先要清楚客户关系的类型，才能实施有效的管理。企业与客户的关系类型如表 9-1 所示。

表 9-1　企业与客户的关系类型表

类　型	特征描述
基本型	销售人员把产品销售出去后就不再与客户接触
被动型	销售人员把产品销售出去后，同意或鼓励客户在遇到问题或有意见时与企业联系
负责型	产品销售完成后，企业及时联系客户，询问产品是否符合客户的要求，有何缺陷或不足，客户有何意见或建议，以帮助企业不断改进产品，使之更加符合客户需求
能动型	销售完成后，企业不断联系客户，提供有关改进产品的建议和新产品的信息
伙伴型	企业不断地协同客户努力，帮助客户解决问题，支持客户的成功，实现共同发展

企业与客户关系类型受以下各项因素影响。

1. 产品的类型

产业用品、消费品、服务品的客户关系是各有不同的。

2. 客户的特征

个人，组织，消费型，生产型，商务型等都有所不同。

3. 企业的战略

企业是否实施客户管理战略，投入的资源多少当然会影响到客户关系。

4. 管理人员的素质

企业管理客户关系人员的观念、专业知识、技能等。

5. 沟通的效率

(1) 联系的媒介。如：电话、邮件，或当面交谈。

(2) 联系的频率。如：是每天、每周，还是每月。

(3) 同谁联系。如：哪个部门、哪位员工等。

(4) 每次联系的内容。如哪些主题等。

(5) 每次联系相互交换的信息。

(6) 每次联系达成的共识。即双方下一步各自该做些什么。

(7) 每次联系的成本。如：费用、时间、顾客诉求所引起的工作压力。

6. 关系价值

客户关系对双方是否有价值。一般要考虑维系成本、交易规模、给双方带来的经济与社会效益。

此外，客户关系类型还肯定受到社会关系的影响。

三、企业选择客户关系类型的考量

客户关系的五种类型之间并不具有简单的优劣对比程度或顺序，因为企业所采用的客户关系类型既然取决它的产品以及客户的特征，那么不同企业甚至同一企业在对待不同客户时，都有可能采用不同的客户关系类型。企业可以根据其客户的数量以及产品的边际利润水平，选择合适的客户关系类型，如图 9-1 所示。

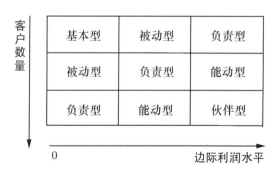

图 9-1　客户的数量以及产品的边际利润水平类型

如果企业在面对少量客户时，提供的产品或服务边际利润水平相当高，那么，它应当采用"伙伴型"的客户关系，力争实现客户成功的同时，自己也获得丰厚的回报；但如果产品或服务的边际利润水平很低，客户数量极其庞大，那么企业应倾向于采用"基本型"的客户关系，否则它可能因为售后服务的较高成本而出现亏损；其余的类型则可由企业自行选择或组合。因此，一般来说企业对客户关系进行管理或改进的趋势，应当是朝着为每个客户提供满意服务并提高产品的边际利润水平的方向转变。

选择与客户关系发展时主要考虑以下三个因素。

1. 客户关系价值

如前所述，某种客户关系的建立、维护、发展为双方产生一定价值，即高于关系成本所带来的利益，包括短期的、长期的利益。如果成本过高，利益不足，是不可能与客户关系长期维系与发展的。需要注意的是，客户关系价值不仅仅只是经济价值，企业还有考量其社会价值。

2. 客户忠诚度

客户忠诚度是企业进行客户关系选型时必须考虑的因素。客户忠诚度包括客户重复交易的次数、客户交易量占其对产品总需求的比例、客户对本企业产品品牌的关注程度、对竞争产品的关注态度、购买时间、对价格的敏感度等。如果企业对客户忠诚度的判断不准确，就有可能选择不恰当的客户关系类型。比如说，对于一个十分忠诚的"高质量"客户，若企业按照"被动型"或"基本型"的客户关系对待它，将影响客户的忠诚度。

3. 交易(销售)规模

交易(销售)额往往是企业客户关系选型时考虑的基本因素。大客户会给企业带来声誉，例如许多生产商希望直接与沃尔玛做生意。但是，企业必须注意不能仅以交易额甚至是历史交易额的指标来选择客户关系类型，因为历史交易额所体现的意义是多样的，单纯地以交易额来衡量客户的重要性往往会判断失误并丧失机遇。过去，企业常发现利润主要来自于中等规模销售额的客户，原因是最大的客户往往要求周到细致的服务和大幅的折扣，从而降低了企业的利润水平；小额的客户又会出现较大的交易费用；而中等规模销售额的客户处于相对弱势的交易地位，较少讨价还价或较少提出过多服务要求，交易费用相对不高。但现在，企业对客户满意和忠诚的高度重视，为客户提供更多的"让渡价值"，实行的累积折扣、优质服务和互动营销等在留住客户、促使客户升级方面有明显的作用。也就是说，目前企业销售额的增长来自于较大规模的客户让渡价值和促成中小规模的客户升级。企业如果只从历史的交易额判断客户的重要性，在建立客户关系时处于"保"的态势而对于"争"重视不足，就难以实现与客户的双赢。

第二节　客户关系管理理念

一、客户关系管理的含义

1. 客户关系管理的概念

客户关系管理(Customer Relationship Management，CRM)起源于 20 世纪 80 年代初期的收集整理客户与企业联系的所有信息的接触管理(Contact Management)理论，到 20 世纪 90 年代初演化为包括电话服务中心与资源资料分析的客户关怀(Customer Care)理论。经过二十多年的发展，它不仅成为一种具有可操作性的管理方法和管理技能，而且成为一种企业战略管理理念。客户关系管理(CRM)有三层含义：

(1) 是新型的经营指导思想和理念。

(2) 是创新的企业管理模式和运营机制。

(3) 是企业管理中信息技术、软硬件系统集成的管理方法和应用解决方案的总和。

客户关系管理的指导思想是：客户是企业的一项重要资产，客户关怀是 CRM 的中心，客户关怀的目的是与所选客户建立长期和有效的业务关系，在与客户的每一个"接触点"上都更加接近客户、了解客户，最大限度地增加利润和利润占有率。

因此，客户关系管理是使企业能够全方位理解并认识客户，与客户建立最好的交流关系，并能够帮助企业从客户身上获取最大价值的管理方法和技术手段的结合。CRM 是继因特网之后又一个成为全世界企业共同关注的热门话题。特别是在企业竞争力与赢利能力受到极大挑战的今天，"客户关系"成了企业生存面临的最基本的管理问题。现在，云计算的全球化使得传统 CRM 软件已逐渐被 Web CRM(又称为"在线 CRM""托管型 CRM"和"按需 CRM")超越，越来越多的客户倾向于采用 Web 来管理 CRM 等业务应用程序。

2. CRM 与 CRM 应用系统

CRM 应用系统就是我们通常所说的 CRM 计算机应用系统，它是一种纯技术的概念，是指利用最新的信息技术，针对销售、服务、营销、客户交互、客户分析等企业业务领域而设计出的各种软件功能模块的组合；而 CRM 包括两个层面的含义，一层含义就是我们上面所说的 CRM 计算机应用系统，另一层更重要的含义是 CRM 管理层面，它是指与营销、销售和服务领域有关的"以客户为中心"的思想业务流程。

企业在实施 CRM 的过程中，应当首先把 CRM 看作是一种经营理念，第一步先制定好企业 CRM 战略；第二步是对员工进行培训，对业务流程进行再造；第三步才是实施 CRM

技术和系统。这也就是要求我们处理好人、流程、技术三者的关系。

3. CRM 与营销理论

从管理学科的角度来考察,CRM 源于市场营销理论;而从解决方案的角度来考察,CRM 则是将市场营销的科学管理理念通过信息技术的手段集成在软件上,从而在全球得以大规模地普及和应用。

下列几种现代营销理论对 CRM 产生了较大影响。

多元化市场营销理论。企业、产品与服务、客户三者之间利益攸关,主要有功能利益、流程利益、关系利益。大多数客户既关注功能利益,也关注流程利益和关系利益。但对这三种利益的价值取向分布却又不完全相同,功能利益、流程利益和关系利益构成了多元化市场营销中的三维。

关系营销理论。关系营销理论是 20 世纪 90 年代才逐渐流行的营销理念,并对营销管理学派形成了强有力的挑战。关系营销的基本思想,是将企业的营销活动置于社会经济系统中进行考察,认为营销活动是以建立、维护、经营、改善、调整各种关系为基本工作的过程,正确处理企业与社会个人和组织的关系是企业营销的核心,也是企业成功的关键所在。在策略运用上,关系营销是将所有与企业相关的各种关系作为市场营销的关键变量,要努力将这些变量内化到企业经营过程之中,建立较为稳固的关系,推动营销活动的发展。关系营销的代表人物格隆罗斯这样定义它:营销就是在一种利益之下建立、维持、巩固与消费者及其他参与者的关系。只有通过相互的交换和承诺去达到与客户的关系营销,各方的目标才能实现。

伙伴营销理论。伙伴营销是一种完全建立在互联网技术基础之上的新型商业模式。它包括互联网技术的两大特点:首先,互联网的发展使得企业和消费者之间可以迅速沟通,电子邮件的广泛应用使企业收到客户反馈信息的速度加快,同时又使企业降低了成本;其次,现在是一个授权于消费者的时代,消费者自己决定希望与哪个公司保持伙伴关系或者不与哪个公司交谈,他们厌恶各种营销活动对正常生活造成的混乱,于是希望寻求一种简单的方法实现购买目的。在伙伴营销模式中不再是企业寻找目标客户,而是客户选择企业。

网络营销理论。网络营销是随着互联网的产生和发展而产生的新的营销方式。它是指利用 Internet 等电子手段进行的营销活动。与传统的营销方式相比,它在营销的手段、方式、工具、渠道以及营销策略上都有本质的区别,但它们营销目的都是为了销售、宣传及服务。

信息技术。作为解决方案的 CRM 应用系统,整合了当今最新的信息技术,包括:互联网和电子商务、多媒体技术、数据库和数据挖掘、专家系统和人工智能、呼叫中心等。

4. 运营型 CRM、分析型 CRM 和协作型 CRM 应用系统

(1) 运营型 CRM。运营型 GRM 也称为前台 CRM,例如销售自动化,它与客户直接发

生接触。运营型 CRM 是为了确保企业与客户的交流，确保企业能够通过各种客户交互渠道收集到所需的客户信息，以便建立客户档案，存储在中央客户数据库中。各种技术的发展与成熟为企业提供了通过不同渠道与客户交流的能力：Internet、Digital、GSM 移动电话和 Kiosks 的出现从根本上改变了企业的分销渠道。最近几年，"增加客户接触渠道"已经成为业务经理的工作主题。

(2) 分析型 CRM。分析型 CRM 也称为后台 CRM，用来分析发生在"前台的客户活动"的是"把数据转为信息，把信息化为知识"。分析型 CRM 具有非常重要的角色，它是企业整套 CRM 发挥功效的前提。分析型 CRM 涉及的技术比较多，主要有数据库、数据挖掘以及一些决策支持技术，这些分析技术统称为商业智能(BI)。企业通过把收集到的客户数据进行科学的分析与预测，将其"生成"客户知识，然后再将这些客户知识应用到企业相应的目标营销上，对其交叉销售、追加销售。

(3) 协作型 CRM。协作型 CRM 用来实现多种客户交流渠道(如对于银行而言，有营业网点、网上银行、银行客户等)的集成和协同工作，以保证企业和客户都能得以共同协作来完成某种任务或解决某个问题。

二、客户关系管理的作用

客户关系管理一方面通过对业务流程的全面管理来优化资源配置、降低成本；另一方面通过提供优质的服务来吸引和保持更多的客户、增加市场份额。客户关系管理的作用如下。

1. 客户管理统一化

在企业内部，客户管理通常是分散的，没有一个部门可以掌握客户关系的全貌，如销售部门掌握着客户档案信息和销售信息，财务部门掌握资金信息和信用信息，生产部门和物流管理部门则只知道根据订单或需货单生产和配送，各部门信息不通关系不协调，从表面上看好像都十分重视客户管理，但实际上给客户带来了诸多不便，客户关系管理的首要作用是打破部门信息封锁的壁垒，整合原本属于各部门分散管理的客户信息，将它们通过现代信息技术和客户关系管理系统统一于一个信息中心，这个信息中心能够为一线员工的客户服务提供业务指导、技术支持和信息保证；为各部门提供共享的全面信息资料，协调各部门行为，避免部门间人为制造工作，扯皮拉筋，无事生非，有事推诿现象；为企业合作伙伴提供信息支持，保证供应、生产、销售、服务的良性运行。

2. 提高客户管理能力

客户关系管理的对象是客户，主体是企业与客户，稳定的客户关系是客户关系管理的出发点，这是客户关系管理的第一个目标。

与客户建立稳定的关系的前提是确认谁是企业的合适客户，谁是关键客户，谁是一般客户和应淘汰的客户；合适客户的个性特征和需求偏好是什么，包括实现消费的合适价格、合适时间、合适地点、合适方式等；预测客户需求动向，合作伙伴与竞争对手等，这些都是影响客户关系的因素。通过客户关系管理，企业能够根据客户的行为变化等信息在第一时间把握环境状况和客户变化情况，应时而变，使企业处于客户关系管理的主动地位，稳定客户关系。

客户关系管理提高了企业的客户管理能力。根据埃森哲的观点，50%的回报来源于 8 项关键能力，它们是：了解客户对企业利润价值，建立有效的客户服务系统，战略性地管理企业的问题并沟通解决方法，通过客户培训来防治客户共同的问题，吸引、培养并保留最优秀的销售人员，把产品价值清晰地表达出来，实施有效的品牌、广告和促销战略，对服务人员给予公平的待遇与奖励。

3. 有利实现企业目标

在组合营销理论看来，客户对企业的意义在于通过吸引更多的客户来扩大市场份额，获得最大化利润。因此他们不惜成本地进行所谓市场开拓，一方面用尽方法来吸引新客户，另一方面又不采取有力措施来留住老客户，从而使自己总是处于忙碌之中。客户关系管理的最终目标也是利润的最大化，但是，企业并不应该那么急功近利。

企业之所以要实施客户关系管理，其指导思想是通过了解客户的需求并对其进行系统化的分析和追踪研究，在此基础上进行"一对一"的个性化服务，提高客户的满意度和客户价值，为企业带来更多的利润，并最终提高企业的核心竞争力。

从直接的目标层面看，企业希望通过实施客户关系管理来给予客户更多的关怀，提高客户的满意度，维持老客户，并且在发展新客户的过程中充分发挥老客户的口碑作用，使合适客户群体日益扩大，从而降低营销成本，提高效率，获得利润最大化。

从深层的原动力看，客户关系管理所起的作用绝不是多发展几个新客户，多留住几个老客户，它的独特之处在于，通过实现前端的供应商伙伴关系管理和后端的客户服务，使企业与其上游供应商和下游客户之间能够形成多方的良性互动，在发展和维持客户的同时，与业务伙伴和供应商建立良好的关系，最大限度地挖掘和协调利用企业资源，包括信息资源、客户资源、生产资源和人力资源，拓展企业的生存和发展空间。

4. 增强企业竞争力

客户关系管理有利于企业营销合理化的实现和客户与企业互动关系的良性运行，可以有效整合资源，规避市场风险，增强企业竞争力。主要表现为：

（1）通过与合适客户的稳定关系，确定企业的市场定位，实现企业的市场目标，从而实现企业的利润目标，提高企业收益性竞争力。

（2）通过与合作伙伴建立稳定的关系，降低运行成本，分散单个企业的竞争压力，以合作伙伴的整体规避市场风险，提高企业抗风险能力。

（3）物流服务在提供给客户之前就能够满足个性化需要，即按照客户需要进行个性化设计，按照客户需求进行客户化定制，按照客户需要实现敏捷配送，通过客户价值的实现来提高企业竞争力。

5. 提供协同互动平台

从技术的角度讲，由于客户关系管理在电子化商务平台基础上建立起了一种面向客户的融合企业管理理念、市场营销、客户服务和技术支持的自动化解决方案，客户关系管理能够带来如下直接效果：

（1）客户可以不受地域和时间限制，随时访问企业，通过企业呼叫中心自动进入客户关系管理信息库，获取相关信息或得到服务指导。

（2）企业能够对各种销售活动进行跟踪，对客户的需求动向和偏好进行分析。企业可以从不同的角度获得成本、利润、生产率、风险率等信息，并根据客户需求变化对产品、职能、网点、物流配送等进行适时调整。

（3）及时了解供应商的业务安排、工作进程、流程速度、信用风险、环境变化等信息，规避供应链风险，保障客户利益不受影响。

6. 增加销售效益

销售人员提高了工作效率。一般的，在实施 CRM 系统的前三年内，每个销售代表的年销售总额至少增长 10%；市场销售费用和管理费用至少减少了 5%。因为企业和市场人员可以更有针对性地对目标客户使用他们的资源，选择沟通渠道。

据统计，在应用 CRM 系统的过程中，每笔生意价值至少增加 1% 的边际利润。由于销售人员可以与那些经过仔细选择的客户群更紧密地合作，这些客户群像注重折扣一样注重价值销售，所以销售人员趋向于给顾客更多的折扣。客户满意率至少增加了 5%。

三、CRM 组织系统

1. 组织再造

传统的"金字塔"结构，其特点是决策权集中、管理层次较多，职能部门独立，有较明显和严格的等级。高度集权、信息结构多层次与单一传递的渠道，往往使得企业内各职能部门缺乏横向联系，信息交流不畅，管理成本过高，已逐渐不能适应协调、监控、评估和决策日益复杂的环境，逐渐开始朝着以决策分工为基础的组织演变。

再造组织成为企业通过 CRM 系统应用来提高核心竞争力的目标之一。哈默和钱伯尔在定义"再造"时为其"显著改善"的含义制订了一个目标：周转期缩短 70%，成本降低 40%，顾客满意度和企业收益提高 40%，市场份额增长 25%。现在看来，企业通过 CRM 系统实现组织再造，取得这种"跃升"式的进步是极具可能的。

CRM 成功地实现组织再造，可以提高企业的决策效率；充分调动企业员工的积极性。但是在再造过程中，势必因触动部分组织的局部利益而引起矛盾。因此，再造不仅要合理规划重新设计组织，还要考虑建立什么样的组织，如何有效地建立这些组织，如何使组织有效发挥作用等问题。这种情况下，构建的层级组织是否具有可扩展性将成为关键。

2. CRM 组织系统的三个级别

从实际应用的角度来看，CRM 组织系统按企业不同层级的需求可划分为三个级别：第一，部门级别；第二，协同级别；第三，企业级别。

(1) 部门级别(部门运用)。企业中对 CRM 有最强烈需求的是市场营销、销售和客户服务等部门。要满足部门级的需求，CRM 系统至少应该包含数据库：数据挖掘系统、销售(自动化)管理、营销(自动化)管理、客户服务与支持等子系统，从而支持市场营销部门开展市场活动管理、跟踪和反馈、进行活动评价，同时得到对客户的构成、地理分布等信息，分析客户行为、对客户状态进行分类；支持销售部门提出销售任务、分配任务、评价和度量销售；同时，使客户服务部门及时得到系统提供的为客户服务的准确信息，保证服务中心一致对待客户等。

(2) 协同级别(部门连接)。协同需求。主要解决企业在运作过程中遇到的实时传递信息和渠道优化的问题。满足了企业的部门协同级的需求，才能将市场、销售和服务部门紧密地结合在一起；只有将营销数据分析的结果实时传递给销售和服务部门，它们才能更好地理解客户的行为，留住老客户；同时，销售和服务部门收集信息也要及时传递给市场部，以便对销售、服务和投诉等信息进行及时分析，从而制定出更有效的竞争策略。渠道优化则是指在众多的销售渠道中选取效果最佳、最低的销售渠道。

(3) 企业级别(供应链连接)。CRM 还要满足企业级管理的需求。CRM 要担负起不同系统之间的相互协调功能，充分提高企业的运作效率、降低系统的成本。企业管理系统如财务系统、后端支持生产制造的 ERP，支持供应流转的 SCM 等系统，都要通过 CRM 融合形成终合的系统。

第三节　客户关系管理的内容与方法

一、客户关系管理的主要内容

在企业的日常工作中,一般的客户关系管理大概有五个方面的内容:客户识别与管理(建立客户关系),客户服务管理(维护客户关系),客户市场行为管理,客户伙伴关系管理,客户信息与系统管理。

1. 客户识别与管理

(1) 客户信息资料的收集。客户信息资料的收集为下列工作打下基础:分辨谁是一般客户、合适客户和关键客户;与合适客户和关键客户建立深入关系;根据客户信息制订客户服务方案,满足客户个性化需求,提高客户价值。

(2) 客户信息分析。客户信息分析不能仅仅停留在对客户信息的数据分析上,更重要的是对客户的态度、能力、信用、社会关系进行评价。

(3) 信息交流与反馈管理。

① 信息交流。客户管理过程就是与客户交流信息的过程。

② 客户反馈管理。投诉是客户反馈的主要途径,正确处理客户的意见和投诉是十分重要的。

(4) 服务管理。服务管理的主要内容包括:服务项目的快速录入;服务项目的调度和重新分配,搜索和跟踪与某一业务相关的事件;生成事件报告;服务协议和合同;订单管理和跟踪;问题及其解决方法的数据库。

(5) 时间管理。时间管理的主要内容有:日历;设计约会、活动计划,进行事件安排;备忘录;进行团队事件安排;查看团队中其他人的安排,以免发生冲突;把事件的安排通知相关的人;任务表;预告或提示;记事本;电子邮件;传真;配送安排等。

2. 客户服务管理

在"纵向一体化"管理模式下,客户服务管理只涉及本体系的销售服务部门,而在"供应链一体化"模式下,可能同时有销售商的服务人员、生产商的服务人员以及业务外包括合作机构的服务人员在为客户服务,只有都被纳入到客户关系管理系统之中,在信息协同共享的情况下才能规范地为客户服务。因此,客户关系管理还包括服务人员对客户信息的掌握,对客户的分级,与客户进行互动与沟通,对客户进行满意度分析,并想办法实现客户的忠诚等客户管理工作。

3. 客户市场行为管理

客户关系管理中的市场行为管理主要包括如何进行基于客户关系管理理念下的销售、营销，以及客户服务与支持的业务流程重组，如何实现 CRM 与其他信息化技术手段(如ERP、OA、SCM、KMS)的协同与整合。

(1) 营销管理。营销管理的目标是通过对市场营销活动有效规划执行、监测和分析，使活动开始前有详细计划，活动过程中有规范操作和控制，活动后有分析和评估，从而使销售和服务有序进行。其主要内容包括：营销策划与进程控制；营销人员培训；营销活动的协调与支持；营销信息的收入、整理及分享；营销过程中偶发事件及应急处理；安排重大营销活动；媒体关系及公共关系等。

(2) 销售管理。销售管理的主要内容包括：营销策划与进程落实；营销人员管理(包括考核、奖惩)；收集与管理销售信息；产品特性、功能、种类管理；采购、仓储与配送管理；做出各销售业务的阶段报告并给出业务所处阶段、所需时间、成功的可能性、历史销售状况评价等信息；对地域渠道资料(省市、邮编、地区、行业、相关客户、联系人等)进行维护；终端管理；客户联谊活动；销售渠道资料管理；物流管理；销售费用管理；等等。

(3) 响应管理。响应管理的主要内容包括：呼入呼出电话管理；互联网回呼；呼叫中心运行管理；客户投诉管理；客户求助管理；客户交流；报表统计分析；管理分析工具；通过传真、电话、电子邮件、打印机等自动进行资料发送；呼入呼出调度管理。

(4) 电子商务。电子商务的主要功能包括：个性化界面、服务；网站内容管理；店面；订单和业务处理；销售空间拓展；客户自助服务；网站运行情况的分析和报告。

(5) 竞争对手管理。传统的竞争对手管理的目的是收集竞争对手的信息，使自己在与竞争对手的竞争中处于有利地位，或者直接利用竞争对手的信息使竞争对手陷入困境。而客户关系管理中的竞争对手管理应该是通过吸取竞争对手的先进经验和操作方法，结合企业自身实际，创造出适合客户需要的独特服务方法，提高客户价值；同时通过掌握竞争对手的发展趋势，使企业在战略决策中有个参照系，以规避市场风险；再者，通过分析与竞争对手直接相关的信息，根据企业发展的需要，寻求合作的机会，将竞争对手客户化作为一种战略联盟的形式。

4. 客户伙伴关系管理

伙伴关系管理包括三个方面，即销售商伙伴关系管理、生产制造商伙伴关系管理和业务外包管理。其主要内容包括：对企业数据库信息设置存取权限，合作伙伴通过标准的 Web浏览器以密码登录的方式对客户信息、企业数据库、与渠道活动相关的文档进行存取和更新；合作伙伴可以方便地存取与销售渠道有关的销售机会信息；合作伙伴通过浏览器使用销售管理工具和销售机会管理工具，并使用预定义和自定义的报告；在客户关系破裂的情况下，应该如何恢复客户关系，如何挽回已流失的客户等。

5. 客户信息与系统管理

信息系统管理主要是如何建设、应用 CRM 软件系统，如何应用呼叫中心、数据仓库、数据挖掘、商务智能、互联网、电子商务、移动设备、无线设备等现代化技术工具来辅助客户关系管理。

(1) 公开信息管理。在客户关系管理中，信息是共享的，但并不意味着所有的信息都是公开的。公开信息管理的主要内容包括：电话本；做出电话列表，并把它们与顾客、联系人和业务建立关联；把电话号码分配到销售员手中；记录电话细节，并安排回电；电话营销内容草稿；电话录音，同时给出书写记录，顾客可作记录；电话统计和报告；自动拨号等。

(2) 平台管理。平台管理的主要内容包括：系统维护与升级；信息收集与整理；文档管理；对竞争对手的 Web 站点进行监测，如果发现变化，则向使用者、顾客报告；根据使用者、顾客定义的关键词对 Web 站点的变化进行监视等。

(3) 商业功能。商业功能的主要功能包括：预定义查询和报告；顾客定制查询和报告时可看到查询和报告的 SQI 号码；以报告或图表形式查看潜在顾客和业务可能带来的收入；通过预定义的图表工具进行潜在顾客和业务的传递途径分析；将数据转移到第三方的预测和计划工具系统运行状态显示器；能力预警等。

(4) 信息集成管理。客户关系管理系统所收集的信息最初并不具有系统性，甚至不能被企业有效应用，信息集成管理的目的就是对这些零散的信息进行筛选、整理、汇编、编辑，然后按照规范程序进行分散和发送，使之与企业的其他信息糅合，达到共享。

二、客户关系管理的基本方法

对不同类型的客户关系进行管理，需要采用科学的管理方法。一般来讲，主要有巡视管理、关系追踪与分析筛选。

1. 巡视管理

巡视管理是了解客户建立客户关系的基本途径，它的基本思想即是与客户进行接触，与客户沟通，才能建立关系。销售人员在进行巡视的时候，至少要做以下三项基本工作。

(1) 倾听与沟通。倾听可以帮助了解客户的真实情况，加强与客户的沟通。倾听的方式既可以是拜访客户，如召开客户会议，也可以是热情接待来访客户，还可以是利用现代通信工具与客户进行沟通交流。现在许多企业通过安装客户免费"热线"投诉电话来处理客户抱怨和倾听客户的心声。深入与客户沟通，倾听他想说的事情，了解他不想说的事情；

从另一方面来看，是个很好的市场调查机会，借此可以了解客户对企业产品是否满意；同时，使客户了解企业的产品与信息，建立良好关系的基础。

(2) 教育。在巡视客户的过程中进行理念的教育。一方面是对客户进行教育，引导客户树立正确的合作、消费等观念，教会客户如何购买、查询和使用企业的产品和服务；另一方面是虚心接受客户的意见，将客户信函、来电公布在企业的公告牌上，使销售人员倾听到客户的心声。在相互教育的过程中与客户增进理解，建立关系。

(3) 帮助。通过巡视，可以帮助客户解决购买、接送、安装、支付、使用等方面所产生的问题，为客户提供优质服务；指导客户的业务，培训客户的员工，帮助客户提高经营绩效，从而加速关系的稳定发展。

2. 关系追踪

关系追踪能指导企业销售人员如何与客户打交道。销售人员能与客户主动搞好关系，那么他就能与客户做成交易，进而培养客户的忠诚度，建立与客户长久的业务关系。

(1) 为每个大客户选派精干的大客户业务经理。对许多企业来说，重点客户(大客户)占了企业大部分销售额，销售人员与重点客户打交道，除了进行业务访问外，还要做其他一些事情，比如邀请客户一起外出共同进餐，或者一起游玩，对他们业务提供有价值的建议等。因此，很有必要为每个重点客户安排一名专职的客户经理。这名客户经理既要承担销售人员的职责，又要充当公关经理的角色。其职责一是协调好客户组织机构中所有对购买有影响的人和事，以顺利完成销售任务；二是协调好企业各部门的关系，为客户提供最佳的服务；三是为客户的业务提供咨询与帮助。

(2) 加强对客户的追踪。对客户的追踪是与客户建立长久关系的有效途径。美国销售培训大师汤姆·霍普金斯认为，对客户的追踪有四种方法：

一是电话追踪。电话追踪也许是最常见和成本最低的，同时也是最难将追踪活动转化为销售和长久关系的追踪方式。客户可能通过自动应答机器以及语音邮件等设备回避接听电话。客户经理必须很有创意并激起对方足够好奇的方法使客户接听电话。

二是邮件追踪。这是一种常见的追踪方法，但是邮件应别具特色。和电话追踪一样，也应该使计划个性化，以使客户或潜在客户有所记忆。比如可以在邮件中包含额外优惠，即当顾客回信时将会得到的物质鼓励，也许是特别促销折扣或者优惠券。利用电子邮件与QQ和微信是现代进行关系追踪的良好方法。

三是温情追踪。每个人都喜欢得到别人的感谢，应利用追踪系统让客户知道企业或业务人员感谢他们、尊重他们、关心他们。温情追踪一般采取短信致谢、电话道谢、节日祝贺等的形式。

四是水平追踪。水平追踪是指在不同的时间采用不同的追踪方式对同一客户进行追踪。例如不同级别或部门的其他人员对客户的拜访、追踪，通过会议与客户交往等。

3. 分析筛选

分析筛选是指企业销售人员每年年末时对自己的客户进行筛选，以确定客户关系是否具有价值。筛选后发展重点客户、好客户的关系，而将无利润、无发展潜力的客户关系终止放弃。在筛选时，销售人员应将客户数据调出来，进行增补删改，将客户每月的交易量及交易价格详细填写，并转移到该客户明年的数据库里。有些客户的数据库里仅填写了客户名称及地址，其他交易情况则空缺，此时销售人员就应将该客户有关情况记录进去，诸如客户组织中主管人员的性格志向、营业情况、财务状况，甚至将竞争对手情形一并记入。

在筛选客户时，可以从以下五个方面衡量客户，作为筛选依据。

(1) 规模性。将 1～12 月份的交易额予以统计。

(2) 收益性。即计算该客户毛利额的大小。

(3) 安全性。销售人员要了解货款能否足额回收。若客户今年的货款没有结清，哪怕他发誓明年的购买量是今年的几倍、十几倍，销售人员都应坚持要他结清货款。

(4) 未来性。销售员要了解客户在同行中的地位及其经营方法，看其发展前途。

(5) 合作性。销售人员要了解客户对产品的购买率、付款情况等。

针对上述五种衡量指标逐一打分。例如满分为 100 分，其中规模性 40 分、收益性 10 分、安全性 30 分、未来性 10 分、合作性 10 分。对客户作如此筛选之后，就会发现有一些客户犹如仓库里的呆滞品或残次品，这样就要给予他们特别处理，甚至"丢弃"。

第四节　客户关系管理系统的构建与实施

一、客户关系管理系统的构建基础

1. 客户数据库

客户数据库是客户关系管理系统的信息心脏，是客户信息集成和企业借以决策并快速反应的依据。

2. 供应链伙伴关系的建立

供应链伙伴关系是供应链一体化的载体，是客户关系管理系统运行的支柱。没有供应链伙伴关系，企业就会恢复到原先的模样。

3. 技术的集成

集成和连接的概念不同。集成不是简单地把两个或多个单元连接在一起，而是将原来没有联系或联系不紧密的单元组成有一定功能的紧密联系的新系统。

(1) 信息集成。企业应从信息资源管理(IRM)出发，进行全企业的数据总体规划与应用分析，统一规划设计建立数据库系统，使不同部门、不同专业、不同层次的人员在信息资源方面达到高度共享；通过公用系统和可兼容系统的连接，可实现合作伙伴的信息共享。

(2) 系统运行环境的集成。系统运行环境的集成主要是将不同的硬件设备、操作系统、网络操作系统、数据库管理系统、开发工具以及其他系统支撑软件集成为一个系统，形成一个统一的、高效协调运行的应用平台，以实现系统软、硬件资源的共享。

(3) 应用功能的集成。应用功能的集成就是将决策支持系统(DSS)、计算机管理信息系统(MIS)、计算机辅助工程(CAE)、计算机辅助设计(CAD)、客户关系管理系统(CRM)和企业资源规划系统(ERP)等应用系统融为一体，从而将产品设计、制造、库存、分配、采购、物流、财务、人力资源等连接起来，建成计算机集成工程设计系统。

(4) 技术的集成。开发建设面向行业应用的计算机集成应用系统是多种高技术的综合运用，如网络通信技术、数据库技术、多媒体技术、可视化技术、并行工程与计算机支持的协同工作、人工智能与优化技术以及工程设计理论与技术、管理科学等。

(5) 人和组织的集成。首先，要开发建设集成应用系统，高层领导必须亲自介入，加强统一领导；其次，随着集成应用系统规划、分析、设计实施逐步完成，必须促使管理机制的改革，使之真正达到管理机构和生产组织的现代化和科学化；最后，对集成应用系统的每一个管理者和使用者，都要有系统集成的明确观念。

4. 业务流程重组

现行企业的组织结构大都是基于职能部门的专业化官僚模式，业务流程受专业化职能部门的控制，由专业部门对企业资源进行配置。客户关系管理系统是建立在业务流程简洁化、职能分工明确化、生产运作协同化、客户需求快速反应化的基础上的，系统最终转化为"供应链一体化"。

5. 系统特点

(1) 一个设计一个系统(ODOS)：采用统一的数据库，确保客户数据的精准和查询便捷；CRM 与 ERP、HR、采购等管理模块统一在一个平台中，拓展易，成本低。

(2) 动态 BBS 架构：支持不同数据结构的全面关联与实时同步，可层层深入追踪各种业务数据，获得所需详细信息。

(3) 嵌入式商业智能：支持对客户信息进行细分，其结果与电子邮件营销技术相结合，可自动向目标客户群体发送个性化的电子邮件。

(4) 实时在线的网络平台：可通过平板电脑或手机进行访问，方便在外出差及在家办公人员使用；

(5) 可集成：系统提供多个对外接口，可与多款企业管理软件集成。

二、客户关系管理系统的模型设计

1. 建模的原则

一个良好的客户关系管理系统必须同时满足管理者、员工、客户和合作伙伴以下四个方面的需要。

(1) 有利于进行考核和跟踪。

(2) 为员工提供足够的、有用的、容易解读的信息，帮助员工采取正确的客户服务行动方案。

(3) 向客户提供一个简单易行、可随时向客户提供支持和反馈的系统。

(4) 能够及时与合作伙伴沟通，实现信息共享，协调运行的系统。

因此，企业在设计客户关系管理系统时，应体现三个有利的建模原则：有利于企业与客户的互动；有利于企业内部资源共享和基层员工应用；有利于合作伙伴信息共享。

2. 建模要解决的问题

客户关系管理模型设计的总原则是以企业在供应链中的层级和企业业务流程特点为基础的。因此，在设计建模时要重点解决好如下问题。

(1) 企业类型。企业类型不同，客户关系管理的内容也是有区别的，如直接面向顾客的零售企业和制造企业，其客户管理的对象、要素、内容、要求都不相同。

(2) 客户界定。客户的行为特征千差万别，企业应该根据对客户的合理划分来设计客户关系管理系统，使之能够方便地辨别出一般客户、合适客户和关键客户，然后提供有针对性的服务。

(3) 供应链的层级。在设计客户关系管理系统时，要使之与现有客户关系管理系统尤其是核心企业的系统兼容。

(4) 处理好四种关系：与企业组织再造的关系；与环境的关系；与物流系统的关系；与先进制造模式的关系。

3. 建模方法的应用领域

通常的建模方法适用于以下几个方面。

(1) 客户细分。客户细分是 CRM 的一种初始性方法，在拥有足够的客户数据基础上，你可以采取任何参数和导向来进行细分。无论是采用传统方法，还是根据利润贡献度、忠诚度和价值变化的方法，CRM 都能使我们在构建管理模型的基础上，将客户细分到具体的方方面面。

(2) 客户保留。开发并使用模型来预见哪些客户可能流失，加上利润潜力模型，就可以确定哪些客户是应该保留的，从而进行客户保留管理。预见性建模技术的运用，可以通过区分企业针对不同客户需求所提供的不同服务达到客户保留的目的。客户保留也能从客户细分中受益，为每一个细分的客户策划商业活动，这里的每一个细分的客户包含了与背叛成本(失去的利润率×估计的持续寿命)相关的其他类似假定。客户保留模型基本包括：对保留客户的主要因素；对赢回客户的主要因素和活动方式的验证；对忠诚客户的特性的确定。

(3) 目标营销。CRM 将数据库运用于目标营销，反应率可以达到 20%~25%，而以前最高的不过 8%。建模技术在目标营销中可以通过细分得到多种应用。

第一，从最近类似的商业活动中分析数据验证反应良好的客户的特性。一些客户对一个或一个以上的活动做出反应，而另一些客户却没有，企业应通过开发一种预测模型验证客户的特性，这种预测模型采用了反映客户平衡样本的修整和测试数据；接着将模型应用到目前客户的数据库中去，根据他们对该商业活动的良好反应的周期倾向为他们做记号；然后从做过记号的数据库中选择那些可能反应良好的客户，并且将目标限定在该商业活动的子集上。

第二，在试验邮寄的基础上为新客户建立一个模型，包括选择一个随机样本。比如说有 10 万名客户，企业发邮件给他们新产品，然后根据由邮寄得出的数据建立一个预测模型。

第三，对各种各样的个人和社会经济数据进行客户细分，并且为每一个验证过的细分建立预测模型。这很可能显示，一些细分将比其他的细分具有更高的成功率。对每一个细分的进一步分析也将可能显示变化中的利润率和客户保留率，然后企业就可以为每一个细分开发出经过修整的营销活动。

(4) 欺诈检测。数据建模能够以几种方式应用到欺诈分析和检测的问题上去。与目标营销和客户保留方面的手段相似，即开发一个预测模型，然后利用这个模型指示客户的欺诈倾向。在预测模型中，首先应当分析与已知的欺诈性客户和非欺诈性客户例子有关的数据，并找出可能影响欺诈的诸多因素，如客户的年龄、性别、欠费金额等，在此基础上，再通过相关的测试就可得出客户的欺诈的可能概率。这个模型可应用于当前的客户数据库，从而为客户的欺诈概率记分，或应用于某些服务的新申请，如预测欺诈的可能性。

(5) 关联分析。在零售行业(在其他行业程度较小)，通过验证产品购买的关联性，能够获得有价值的见解。产品购买的关联性，即在同次交易中不同的产品被一起购买。数据可视化技术能够提供关联分析——一个可选择的或者互补的方法，特别是蜘蛛网图表能够被用来使产品或者其他关联性可视化：每一个被购买的物品在图表上被显示为一个点，任何两个物品的购买关系的强弱程度用连接它们的线的粗细来表示。

三、客户关系管理系统的实施步骤

1. 进行可行性评估

实行 CRM 项目的可行性评估不只是一种技术评估，更是一种文化的评估。从全球实施 CRM 的经验来看，企业成败在企业文化的变革之上。

以下是四种企业实行 CRM 项目的可行性评估。

(1) 不必实施 CRM 项目的企业。如果企业的规模小，供应商不多，生产流程简单，产品品种有限，业务量不大，下游企业和客户都很明确的话，只需要开设一个总的服务电话，用计算机建立一套适合自身业务需要的档案系统即可。

(2) 不适宜实施 CRM 项目的企业。如生产和销售季节性日用品的企业、生产量大而价格低的短生命周期产品的企业、没有长远发展规划的企业等。

(3) 不能实施 CRM 项目的企业。如果企业经营困难重重，业务流程混乱、发展前景不乐观，暂时不能上 CRM 项目。只有运行良好、业务流程清晰、动作规范的企业，上 CRM 项目才能进一步提升其竞争力。

(4) 宜暂缓实施 CRM 项目的企业。如果企业在某一条供应链中处于非核心地位，并且希望能够在此供应链中长期与核心企业合作，最好在核心企业上了 CRM 项目之后再上。

2. 规划 CRM 战略目标

CRM 战略目标包括方向、目的、方针、指标体系、措施等。企业实施 CRM 的战略目标往往与企业的发展战略目标相一致。因为客户关系战略的方向、目的、方针等，都必须服从企业的营销战略和经营战略。

3. 确定阶段目标和实施路线

CRM 作为一个复杂的系统工程，其实施并非一蹴而就的，它需要分阶段来实施。企业实施进程之前，应先定位顾客的关心点。企业关心的是顾客；而顾客关心的则是产品的质量、出货的时间、响应速度，还有解决问题的能力。据此拟定出 CRM 实施进程中的阶段目标，量化评估 CRM 项目实施的效果。

确定 CRM 的入口，需要根据企业的具体情况而定，要改变认为实施 CRM 一定要有呼叫中心的偏见。

4. 分析组织结构

企业的管理理念应从"产品中心论"向"客户中心论"转变，只有把握这种趋势才能围绕顾客这个中心更好地设计企业的业务流程。成功的项目小组应该把注意力放在流程上，技术只是促进因素，其本身不是解决方案。因此，好的项目小组开展工作后的第一件事就是花费时间去研究现有的销售和服务策略，并找出改进方法。业务流程确定之后，企业应该根据业务流程调整组织结构，使企业的组织结构具有足够的弹性，增强对市场和顾客的反应能力，避免企业行为与市场行为脱节。

5. 设计 CRM 系统结构

一般说来，CRM 系统的结构功能可以归纳为三个方面：对供应商、销售商、客户和企业内部信息的流程化、系统化和信息化；与供应商、销售商、客户进行沟通所需手段(如电话、传真、网络、电子邮件等)的集成和自动化处理；对上面两部分功能产生的信息进行加工处理，产生客户智能，为企业的战略决策提供支持。而对于每个企业，这三方面功能的实现需要结合企业的业务流程细化为不同的功能模块，然后设计相应的 CRM 体系架构。

6. 实施 CRM 系统

实施 CRM 系统的关键首先是企业观念的转变。CRM 是建立在以客户为中心的管理理念上的企业管理系统软件，CRM 在企业的实施也必须建立在这一基础上。在此基础上，必须策划完整的实施方案，经企业领导批准后组织实施。

7. 系统的整合

系统各个部分的集成对 CRM 的成功很重要。CRM 的效率和有效性的获得有一个过程，它们依次是：终端用户效率的提高，终端用户有效性的提高，团队有效性的提高，企业有效性的提高，企业间有效性的提高。在 CRM 系统试运行过程中应当使之与企业的其他信息系统，如物料采购系统、生产制造资源系统等相吻合，形成信息兼容的庞大功能群。

8. 评估实施效果

企业在实施 CRM 时，可聘请专业监理公司参与进来，这样一方面可以让其为企业当顾问，另一方面可以适时评估实施进程和实施效果。

四、中小企业实施客户关系管理的途径

中小企业建立 CRM 系统基本有三种方式：自建、购买和外包。

1. 自建

企业内部自行开发 CRM 系统，也是最为昂贵的模式。首先是开发时间长，通常需要 1～2 年；其次是成本过高，企业不仅在软硬件和研发上投入大量的资金，还要承担后期维护所引起高昂费用；再次是系统运行管理复杂性高、难度大，并且收集、整理和分析数据也并

非大多数中小企业的核心能力。

2. 购买

企业购买现成的授权软件，并通过一定量的个性化定制满足自身应用的需求。这种方式同样需要花费大量的资金，包括软件购买费用、后期升级费用、软件终生维护费用和个性化定制的咨询服务费用。除此之外，"购买"方案也意味着与"自建"一样，企业必须购买软硬件和自行配置、运行、管理整个复杂的系统。

3. 通过 ASP 租赁 CRM

应用服务提供商(Application Service Provider，ASP)是指配置、租赁和管理应用解决方案，为商业和个人顾客服务的公司。应用服务是双方在共同签署的外包协议或合同的基础上，客户将其部分或全部与业务流程相关的应用委托给服务提供商，服务商保证这些业务流程的平滑运作，既不仅要负责应用程序的建立、维护与升级，还要对应用系统进行管理，所有这些服务的交付都基于网络，客户通过网络远程获得这些服务。

第五节　客户关系管理平台的建立

一、客户数据库

CRM 相关技术的发展可以用"日新月异"来形容，尤其是分析型 CRM 的相关技术的发展，使得很多 CRM 理想中的功能实现成为可能，例如数据挖掘、云计算等。

1. 客户数据库技术

深入了解客户需求，实时地将客户的意见反馈到产品、服务设计中心，为客户提供更加个性化、深入化的服务，是企业成功的关键。客户资料的融合、客户资料分析和客户互动的个性化，都离不开数据库，CRM 的兴起推动了数据库软件的增长，主要体现在：

首先，数据库将客户行为数据和其他相关客户数据集中起来，为市场分析提供依据。其次，数据库将对客户行为的分析以联机分析处理信息、报表等形式传递给市场专家，市场专家利用这些分析结果，制定准确、有效的市场策略。同时，利用数据挖掘技术可发现交叉销售、增量销售、客户保持和寻找潜在客户的方法，并将这些分析结果转化为市场机会。通过数据库的分析，企业可以产生不同类型的市场机会，针对这些不同类型的市场机会，企业分别确定"客户关怀"业务流程，依照"客户关怀"业务流程，销售或服务部门通过与客户的交流，达到关怀客户和提高利润的目的。最后，数据库将客户的市场机会的反应行为集中到数据库中，作为评价市场策略的依据。

同时，数据库作为一个中央存储系统，可以帮助企业员工回答来自客户的业务问题。在 CRM 中，数据库将大量复杂的客户行为数据集中起来，建立一个融合的、结构化的数据模型。在此基础对数据进行标准化、抽象化、规范化分类和分析，可为企业管理层提供及时的决策信息，为企业各部门提供有效的反馈数据。

2. 数据挖掘

所谓数据挖掘就是从大量的数据中，抽取出潜在的、有价值的知识、模型或规则的过程。数据挖掘也可以称为数据库中的知识发现，即从数据中提取出可信、新颖、有效并能被人理解的模式的高级处理过程。

数据挖掘技术在 CRM 中能够起的作用表现在以下几个方面。

(1) 新客户获取。可以通过数据挖掘来进行客户特征多维分析，挖掘客户的个性需求，客户属性描述要包括地址、年龄、性别、收入、职业、教育程度等多个层面，可以进行多维的组合型分析并快速给出符合条件的客户名单和数量。

(2) 个性化营销。通过数据挖掘，可以结合客户信息对某一客户群的消费行为进行分析。企业可针对不同的消费行为及其变化，制定个性化营销策略，并从中筛选出"黄金客户"。

(3) 客户忠诚度分析。忠诚度分析包括客户持久性、牢固性及稳定性分析。

(4) 销售分析与销售预期。这包括按产品、促销效果、销售渠道、销售方式等进行的分析。同时，要分析不同客户对企业效益的不同影响，分析客户行为对企业收益的影响，使企业与客户的关系及企业利益得到最优化。

(5) 参数调整。参数调整的作用主要是为了提高分析结果的灵活度，扩大其适用范围。例如，价格的变化对收入会有什么样的影响？客户的消费点临近什么值时开始成为"正利润"客户？企业需要通过对收集到的各种信息进行整理和分析，利用科学的方法做出各种决策。

二、呼叫中心

呼叫中心(Call Center)源于 20 世纪 30 年代的民航业，其最初目的是为了能更方便地向乘客提供咨询服务以及有效处理乘客投诉。早期的呼叫中心就是现在我们常说的热线电话，客户只要拨通指定的电话就可以与客户代表直接交谈。随着近年来通信和计算机技术的发展和融合，呼叫中心已被赋予了新的内容。

1. 呼叫中心发展的 4 个阶段

第一阶段——人工坐席，全部通过人工接听电话。手工在计算机上输入信息，回答用户的提问。

第二阶段——人工坐席，自动语音应答。在人工接听电话的基础上增加基于自动语音应答技术的全自动语音应答服务。

第三阶段——人工坐席+自动语音+CTI。这一阶段的 Call Center 是目前的主流，是为适应客户越来越强的个性化需求而出现的。其主要特点是：计算机电话集成(CTI)技术使得计算机网和通信网融为一体。企业利用 CTI 技术可让客户得到客户中心最合适的业务代表的服务，同时还可以更加完善地管理客户服务/呼叫中心。此阶段的 Call Center 往往成为企业在竞争中留住老客户，争取新客户，从而在竞争中保持优势的重要战略手段。

第四阶段——人工坐席+自动语音应答+CTI+Internet。在这一阶段，呼叫中心在两个关键技术上有了很大进步：其一是在接入方式上集成了 Internet 渠道，这种集成并不是简单地把信息公布在网上，而是使用户通过点击公司主页上的按钮即可方便地与呼叫中心的客户代表进行电话交谈；另一关键技术是在管理上融入了 CRM 思想，呼叫中心不再仅仅是一个客户服务部门，而是立足于全局，把生产、销售、配送、服务等部门形成一个互动的整体。CRM 与 ERP、电子商务的融合为新经济环境下的企业创造了新的发展模式。

2. 呼叫中心的重要地位

如今，网络技术、多媒体通信技术的快速发展大大缩短了客户与供应商之间的距离，扩大了客户对供应商的选择余地，客户的忠诚度大大下降。这些变化给企业带来了非常大的压力，企业必须改变原来那种"酒香不怕巷子深"的传统观念，将以产品为中心的管理模式发展为以客户为中心——"酒香还需勤招徕"的管理模式。

CRM 就是以提高客户忠诚度，保持和发展良好、长久的客户关系为目标的。CRM 的作用在于：通过把传统方式的交流、网络交流、实时语音交流汇集成智能的工作管理，使企业之间有效联接，从而协助进行业务鉴定，确定在正确的时间、地点，以正确的渠道和合适的成本，为客户提供正确的商品与服务。

企业通过 CRM，应当建立一种"以客户服务中心为前台"的新型服务模式，统一客户服务的平台。客户只需要和客户服务中心打交道，所有的问题都可以通过客户服务中心来解决，而且用户只需要打一次电话即可解决所有问题。同时，客户服务中心作为一个信息岛，统一与企业内部各部门、各资源进行沟通，以方便解决用户的所有问题。

第六节　客户伙伴关系的建设

一、建立客户伙伴关系

与客户建立合作伙伴关系是客户及客户关系管理的终极形式。企业可以通过与客户密切合作、良好交流来共同受益。建立和保持这种伙伴关系需要进行下列各项管理活动。

(1) 分析客户的业务活动，发现建立伙伴关系的途径。

(2) 通过一系列公关活动，改善公司与客户之间和其他公司之间的伙伴关系。

(3) 改变"销售额至上"的观念将十分有利于保持伙伴关系。

(4) 与客户广泛接触，满足他们不断变化的需求。

(5) 为客户提供优质服务，进一步巩固伙伴关系。

企业分析客户业务活动的目的是为了寻求与客户建立伙伴关系。客户关系管理系统所收集的信息最初并不具有系统性，甚至不能被企业管理有效应用，信息集成管理的目的就是对这些零散的信息进行筛选、整理、汇编、编辑，然后按照规范、程序进行分散和发送，使之与企业其他信息耦合，达到共享。

企业通过分析客户的业务活动可以寻求到与客户建立伙伴关系的途径。同样，客户也是十分愿意与公司建立良好关系的，一方面他们能够得到高品质的服务；另一方面他们本人可以从这种长期、稳固的合作关系中得到一般客户所无法享受到的优惠。

因此，企业应认真分析一下自己目前的经营状况和竞争能力，从企业现有的客户名单中寻找建立伙伴关系的机会。分析要点如下：

①客户能从企业提供的高品质服务中受益吗？②客户的购买模式是什么？③公司经营的产品或服务能否满足客户的要求？④企业的服务是否有助于客户长期计划的实施？⑤客户在开发新的工艺方面是否需要企业的支持和帮助？⑥企业招募的员工是否积极进取、对客户是否持有强烈的责任心？⑦企业是否对员工进行了专门的建立客户忠诚度培训？

二、改善客户伙伴关系

企业与客户建立起伙伴关系后必须珍惜这种伙伴关系，并想方设法加以改善。

传统的观念认为伙伴关系的好坏都是销售部门、服务部门的事情，殊不知它与公司各部门都有密切的关系。

(1) 伙伴关系的建立是自上至下实施的，高层主管先得认同这种关系的重要性并承担一定的责任。

(2) 不直接与客户打交道的非销售、服务部门也要对伙伴关系的成败承担责任。比如，产品制造部门，由于产品质量低劣导致客户不满，那么担任服务部门的员工有一千个笑脸也是枉然。

所以伙伴关系的改善犹如建立客户忠诚度这样一个庞大的计划一样，需要企业全体同仁的一致努力方可实现。

此外，企业还应深知公关活动在改善伙伴关系中所扮演的重要角色。比如，公司采用各种形式的调查，调查客户对产品及服务的满意程度，调查客户对前台服务人员工作的满意程度。当对有佳绩的员工进行奖励的时候，可以邀请一些重要客户参加，并由这些客户来颁奖；公司每年可以定期举办"优秀客户会议"，会议期间邀请客户们参观本公司，甚至提供资金让他们度假。当然这是针对那种比较大的公司来说的。小公司也可以用赠送礼品的方式对长期以来支持自己的客户们表示感谢。此类公关活动还可以举出很多来，再比如，记住一些大客户的生日，然后在其生日那天为他们寄去礼物并表示问候；对于那些合作公司，同样也可用诸如此类的做法，当听说合作公司面临经济等方面的困难时，应该及时伸出援助之手，给予力所能及的帮助。

不要以为这些公关活动是"老生常谈"，它们确实是十分有利于增进公司与客户、公司与公司之间友谊的。很多人认为给那些为公司做出贡献的客户发奖章、奖品是件滑稽可笑的事情，事实却绝非如此。有一次，某个公司赠给一个大客户一套炉具，奖励他长久以来对公司的支持。这位客户家中本有一套相同的炉具，但他却换下原来的那套弃之不用，改用奖励给自己的炉具。他说："这是一种荣誉！"

三、发展客户伙伴关系

企业与客户的合作伙伴关系可采用下面的方法予以维持与发展。

1. 增加财务利益

企业可用两种方法来增加财务利益：频繁营销计划和俱乐部营销计划。频繁营销计划就是向经常购买或大量购买的客户提供奖励。频繁营销计划体现出一个事实，20%的企业客户占据了80%的企业业务。

俱乐部营销计划是指向其成员提供优惠。俱乐部成员可以因客户购买而自动成为会员，也可以通过其购买一定数量的商品，或者付一定的会费而成为会员。这种方法现在在服务行业应用很广泛。

开放式的俱乐部在建立数据库或者从竞争者那里迅速争抢客户是有好处的，而限制式的会员资格俱乐部在长期的忠诚方面更强有力。费用和会员资格条件阻止了那些对公司产品只是暂时关心的人的加入。限制式客户俱乐部吸引并保留了那些对最大的一部分生意负责任的客户。

2. 增加社交利益

增加社交利益是指企业的员工通过了解客户各种个人的需求和爱好，将公司的服务个别化、私人化，从而增加客户的社交利益。从本质上说，明智的公司把它们的顾客变成了客户。因为对于某个机构来说，顾客可以说是没有名字的，而客户则不能没有名字；顾客是作为某个群体的一部分获得服务的，而客户则是以个体为基础的；顾客可以是公司的任何人为其服务，而客户则是指定由专人服务的。企业可以采取一些措施，把客户集中在一起让他们互相满足和享受乐趣。

3. 增加结构利益

企业可以向客户提供某种特定设备或计算机联网，以帮助客户管理他们的订单、工资、存货等，以增加相互之间的结构性利益。

本 章 小 结

本章叙述了客户关系管理(CRM)的基本含义。客户关系管理是使企业能够全方位理解并认识客户，与客户建立最好的交流关系，并能够帮助企业从客户身上获取最大价值的管理方法和技术手段的结合。客户关系管理的主要作用是：客户管理统一化；提高客户管理能力；有利于实现企业目标；提高企业竞争力；提供协同互动的平台；提高销售的效益。

本章叙述了客户关系管理的内容与方法。客户关系管理有五个方面的内容：客户的识别与管理，客户服务人员管理，客户市场行为管理，客户伙伴关系、信息与系统管理。客户关系管理的基础是识别客户并建立客户数据库，其重点是构建客户关系管理系统，利用现代管理技术和工具，保证适时的客户；交流，处理好人、流程、技术三者的关系。CRM的组织系统包括：组织再造；CRM组织系统按企业不同层级的需求可划分为三个级别，即部门级别、协同级别和企业级别。

客户关系管理系统的构建基础为：客户数据库；供应链伙伴关系的建立；技术的集成；业务流程重组。客户关系管理系统实施程序为：①可行性评估。有四种企业实行CRM项目的可行性评估：不必实施CRM项目的企业、不适宜实施CRM项目的企业、不能实施CRM项目的企业、宜暂缓实施CRM项目的企业。②规划CRM战略目标。③确定阶段目标和实施路线。④分析组织结构。⑤设计CRM系统结构。⑥实施CRM系统。⑦系统的整合。⑧评估实施效果。

客户关系的管理平台为：客户数据库和呼叫中心。与客户建立和保持伙伴关系是非常重要的。其方法有：增加财务利益；增加社交利益；增加结构性联系利益。

思 考 与 练 习

1. 什么是客户关系管理?其内容是什么?

2. 客户关系管理组织有几个层次?

3. 客户关系管理系统的基础工作是什么?如何创建客户关系管理系统?

4. 客户关系管理的相关技术主要有哪些?各有什么作用?

实训项目题

重点知识讲授

1. 客户关系类型与 CRM 的概念;2. 客户关系管理的内容与方法;3. 客户关系管理系统实施步骤;4. 中小企业实施客户关系管理的途径;5. 客户伙伴关系的建设

实训项目 1:如何建设客户关系

学生 3~5 人为一组,选择一家银行,调查分析他们是如何建设与发展客户关系的。写出 2000~3000 字的分析报告。

实训项目 2:怎样进行客户关系管理

(1) 实训项目:具体分析某企业的客户关系管理。

(2) 实训目的:了解企业客户关系管理现状。

(3) 实训组织:

① 人员组织:以 5~7 人为一组,将学生分为若干组,以小组为单位,明确分工。

② 企业选择:选择有一定规模、经营活动稳定的企业。例如华为、阿里巴巴等。

③ 实训过程:学生可从本地,也可从网上寻找典型企业,深入调查,分析其客户关系管理的情况,写出分析报告。

案 例 分 析

【案例】上海金丰易居客户关系管理

金丰易居为 A 股上市公司金丰投资(证券代码 600606)旗下专业从事房地产策划与销售代理的企业。它是集租赁、销售、装潢、物业管理于一身的房地产集团。金丰易居在上海有 250 多家连锁门店的有形网点,以前如果客户有购房、租房的需求,都是通过电话、传真等原始的手段与之联系。由于没有统一的客服中心,而服务员的水平参差不齐,导致用户常常要多次交涉才能找到适合解答他们关心问题的部门。又由于各个部门信息共享程度很低,所以用户从不同部门得到的回复有很大的出入,由此给用户留下了很不好的印象,很多客户因此干脆就弃之而去。更让金丰易居一筹莫展的是，尽管以前积累了大量的客户资料和信息，但由于缺乏对客户潜在需求的分析和分类，这些很有价值的资料利用率很低。金丰易居的总经理意识到，在互联网时代，如果再不去了解客户的真正需求，主动出击，肯定会在竞争中被淘汰。1999 年 5 月，金丰易居与美国艾克公司接触后，决定采用该公司的 eCRM 产品。

一、初步合作

经过双方人员充分沟通之后，艾克认为金丰易居的条件很适合实施客户关系管理系统，艾克公司的中国区产品行销总监说："首先，金丰易居有很丰富的客户资料，只要把各个分支的资料放在一个统一的数据库中，就可以作为 eCRM 的资料源；另外，金丰易居有自己的电子商务平台，可以作为 eCRM 与客户交流的接口。"

但是金丰易居还是有不少顾虑，因为客户关系管理在国内还没有多少成功的案例。另外，传统的 CRM 系统需要具备庞大的客户数据样本库，并且建设的周期长，投资大，不是一般的企业可以承受的。最后，eCRM 系统的特色打消了金丰易居的顾虑，eCRM 系统与传统的 CRM 有很大的不同——它是模块化的结构，用户可以各取所需；用户选定模块后，厂商只需做一些定制化的工作就可以运行起来，实施的周期也很短，很适合中小企业使用。经过充分沟通以后，为了尽量减少风险，双方都认为先从需求最迫切的地方入手，根据实施的效果，然后再决定下一步的实施。

通过对金丰易居情况的分析，双方人员最后决定先从以下几个部分实施：

1. 金丰易居有营销中心、网上查询等服务，因此需要设立多媒体、多渠道的即时客服中心，提高整体服务质量，节省管理成本。

2. 实现一对一的客户需求回应，通过对客户爱好、需求分析，实现个性化服务。

3. 有效利用已积累的客户资料，挖掘客户的潜在价值。

4. 充分利用数据库信息，挖掘潜在客户，并通过电话主动拜访客户和向客户推荐满足客户要求的房型，以达到充分了解客户，提高销售机会。

5. 实时数据库资源共享使金丰易居的网站技术中心、服务中心与实体业务有效结合，降低销售和管理成本。

二、确定方案

艾克公司为金丰易居提供的客户关系管理平台包括前端的"综合客户服务中心 UCC"以及后端的数据分析模块。前端采用艾克 UCC3.20，该产品整合了电话、Web、传真等多渠道、多媒介传播及多方式分析系统的综合应用平台。在前端与后端之间是数据库，它如同信息蓄水池，可以把从各个渠道接收的信息分类，如客户基本信息、交易信息和行为记录等。后台采用艾克 OTO2.0，它用于数据分析，找出产品与产品之间的关系，根据不同的目的，从中间的数据库中抽取相应的数据，并得出结果，然后返回数据库。于是，从前端就可以看到行销建议或者市场指导计划，由此构成了从前到后的实时的一对一行销平台。通过这个平台，解决了金丰易居的大部分需求。

在前端，UCC 系统整合电话、Web、传真等多种服务，客服人员在为客户提供多媒体交流的同时，还可以服务于来自电话、Web、传真等媒介的需求，管理人员可以实时监控、管理客服人员的服务状况，实现统一管理。这个统一的服务中心设立统一标准问题集及统一客服号，利用问题分组及话务分配随时让客户找到适合回答问题的服务人员，得到满意的答复。该系统中的 UCC-Approach 模块可以有效挖掘客户潜在的价值。

三、计划实施

实施的原则是，必须以金丰易居的现有系统和业务不做大的改动为前提，充分利用现有的硬件、软件和网络环境，并且与以前的系统有效地整合在一起。

1. 建立多渠道客户沟通方式

这一步骤包括 3 个部分 UCC-Web、UCC-Ware 和 UCC-Approach。

UCC-Web 客户通过 Web 进来时，客户的基本信息与以往交易记录一并显示于服务界面，客服人员可给予客户个性化服务，并根据后端分析结果做出连带的销售建议。

UCC-Ware 客户租房、买房等咨询电话经话务分配后到达专门的服务人员，同时自动调用后台客户数据显示于客服界面供客服人员参考，而一些标准问题，可以利用 IVR 系统做自动语音、传真回复，节省人力。

CC-Approach 根据 CRM 系统分析出数据所制定的服务和行销计划，对目标客户发送电话呼叫，将接通的电话自动转到适当的座席，为客户提供产品售后回访或者新产品行销服务。

2. 实现 OTO 分析与前端互动功能的整合

利用 OTO 分析结果，直接进入 UCC 的 Planer 数据库，作为建议事项及外拨行销依据。目前金丰易居有 4 项主营业务，已积累了大量的客户资料。该部分针对资料做检测，剔除无效信息，对有效信息按照业务需求类型分组，然后对分组数据做 PTP 分析，找出相关性最强的两种产品，据此可以做连带销售建议。同时，对目标客户贡献度做分析，找到在一定时效内对产品有购买能力与贡献度最大的客户，其余客户可按照时效及重要程度做力度和方式不同的跟踪处理。

另外，金丰易居以前的销售系统、楼盘管理系统、购房中心系统和业务办公系统，现在都通过艾克产品提供的接口，整合到客户关系系统内。该项目的实施总共只花了 3 个星期，由于前期的工作做得很充分，所以项目实施很顺利，并且很快就运行起来。

为了防止系统在实施过程中发生意外，艾克和金丰易居在实施之前签订了一个协议，明确规定什么时候完成什么事情，完成到什么程度，达到什么样的效果，由谁来负责，然后在实施过程中按照这个步骤执行，有效保证了系统的顺利实施。

应用艾克的客户关系管理系统之后，金丰易居很快取得了很好的效果，统一的服务平台不仅提高了企业的服务形象，还节省了人力物力。通过挖掘客户的潜在价值，金丰易居制定了更具特色的服务方法，提高了业务量。另外，由于客户关系管理整合了内部的管理资源，降低了管理成本。

问题：

1. 金丰易居为什么要实施 CRM？

2. 金丰易居实施 CRM 成功的关键点有哪些？

3. 金丰易居的客户关系管理有何特色？

(资料来源：智库百科，wiki.mbalib.com，2015.7)

参 考 文 献

[1]苏朝晖. 客户管理基础[M]. 北京：中国经济出版社，2012.

[2]范云峰. 客户管理营销[M]. 北京：中国经济出版社，2003.

[3]杨路明. 客户关系管理理论与实践[M]. 北京：电子工业出版社，2012.

[4]李国冰. 客户服务实务[M]. 重庆：重庆大学出版社，2005.

[5]王淑翠. 客户管理案例[M]. 北京：中国经济出版社，2012.

[6]聂元昆，等. 营销前沿理论[M]. 北京：清华大学出版社，2014.

[7]舒昌，李光明. 市场营销学[M]. 2 版. 北京：清华大学出版社，2009.

[8]滕宝红. 客户管理实操细节[M]. 广州：广东经济出版社，2006.

[9]丁建石，张玉双. 客户关系管理[M]. 北京：北京大学出版社，2009.

[10]王艳，等. 现代营销理论与实务[M]. 北京：人民邮电出版社，2012.

[11]邓西录，李茹. 关系营销策略谈[J]. 北京：经济论坛，2003(16).

[12]菲利普·科特勒，加里·阿姆斯特朗. 市场营销原理[M]. 9 版. 北京：清华大学出版社，2003.

[13]李胜强. 客户管理 365[M]. 深圳：海天出版社，2004.

[14]王宏. 客户服务部规范化管理工具箱[M]. 北京：人民邮电出版社，2007.

[15]中国就业培训技术指导中心. 营销师[M]. 北京：中央广播电视大学出版社，2006.

[16]李先国. 客户管理新论[M]. 北京：中国商业出版社，2005.

[17]李红梅. 现代推销实务[M]. 北京：电子工业出版社，2006.

[18]郭国庆. 市场营销学通论[M]. 6 版. 北京：北京大学出版社，2014.

[19]陈祝平. 服务营销管理[M]. 北京：电子工业出版社，2008.

[20]库马尔. 赢得盈利客户[M]. 北京：中国人民大学出版社，2010.

[21]李伟其，李光明. 库马尔客户终身价值模型及其参数的简化[J]. 科技视界，2012(28).

[22]李伟其. 略论客户管理过程中项目管理方法的运用[J]. 沿海企业与科技，2011(9).

[23]邱华. 服务营销[M]. 北京：科学出版社，2007.

[24]子秋. 本土客户管理案例精解[M]. 广州：广东经济出版社，2005.

[25]文锋. 轻松管客户[M]. 广州：广东经济出版社，2005.

[26]博瑞森. 好客户是管出来的[M]. 北京：机械工业出版社，2006.

[27]王秀丽，林涛. 中间商业务管理精要[M]. 北京：中国纺织出版社，2002.

[28]胡娟. 销售渠道管理[M]. 北京：北京工业大学出版社，2004.